コロナの影響と政策

—社会・経済・環境の観点から—

石川良文［編著］

創成社

はしがき

新型コロナウイルス感染症は，2019年末に中国湖北省武漢市で最初に確認され，2020年の初めから世界中に急拡大した。それから2年間で世界の感染者数は約4億人，死者数は約570万人を数え（2022年1月末時点），その影響は多岐にわたる。社会経済のグローバル化と人々の価値観の多様化と共に，現代社会が抱える諸課題は複雑なものになっているといわれるが，新型コロナウイルス感染症ほどあらゆる側面に影響を与え，総合的な観点から迅速に対応策が求められた課題はあっただろうか。

編著者石川が所属する南山大学総合政策学部では，これまで現代社会が抱える様々な課題に対して教育や研究に取り組んできたが，新型コロナウイルス感染症の拡大を受け，多面的な影響と政策のあり方を検討するため，ただちに研究プロジェクトを立ち上げた。本書は，プロジェクトに参加した各教員の成果の一部であり，新型コロナウイルス感染症の影響を社会・経済・環境の3側面から総合的に捉え，その対応がいかなるものであったかをまとめたものである。政府の対応においては，医療崩壊を防ぐことと経済的損失を最小限に抑えることの2つの側面でその成否を問われることが多い。しかし，新型コロナウイルス感染症は医療や経済だけでなく，社会や環境にも大きな影響をもたらしたと考えられるため，それらを含む総合的見地から政策のあり方を論じる必要がある。

まず第1章では，新型コロナウイルス感染症が世界各地でどのように拡大し対策がとられたかを解説すると共に，社会，経済，環境の3側面における様々な影響を概観した。

第2章では，特に日本の地域別の感染状況を概説した上で，大気環境と水環境の変化を分析した。その結果，新型コロナウイルス感染症の感染者数は，主に首都圏や関西圏など大都市部において人口に比して多く，交通量の減少と共に窒素酸化物濃度が減少するなど，環境面での影響があったことが確認された。

第３章では，経済への影響として特に旅行消費の減少による地域経済への影響を推計している。感染拡大を防ぐため移動の自粛が求められたが，そのために感染者が多くない地域においても経済影響が大きい地域があることが分析された。

第４章では，コロナ禍における国と自治体の財政面の対応を解説し，自治体として特に東京都の財政対応を検証した。経済的影響を最小限に食い止めるため大規模な財政出動が不可欠であったが，自治体の財政調整基金の活用の実態と課題が示された。

第５章では，政策形成における市民参加による熟議の可能性を論じている。欧州や日本の自治体で行われた事例を基に，市民参加によるコロナ対策の検証や今後の社会づくりのための熟議の必要性を示した。

第６章は，強く自粛が求められた若者の意識と行動を取り上げた。若者といっても社会的属性や社会意識に様々な違いがあり，会食の自粛については，特に性差，家族構成などの属性の他，権威主義的態度や同調性が影響していることを分析している。

第７章では，特に重症化のリスクが高い高齢者に着目し，高齢者を支える家族や介護従事者などへ影響と国の政策を論じた上で，政策対応の課題と今後の政策の方向性を示した。

第８章では，特に日本に居住する外国人に焦点をあて，彼らが直面した様々な困難を示すと共に，国，自治体，市民団体などがどのような対応を行ったかを解説した。

第９章では，コロナ禍における生活時間に着目し，特に在宅勤務による通勤時間の減少や余暇時間の増加が，人々の幸福度にどのように影響をしたかを分析した。在宅勤務が多くの面で幸福度の向上に寄与する一方で，女性がマイナスの影響を受ける可能性や，人と人とのつながりの重要性を示唆した。

第10章は，ニュージーランド政府が行った新型コロナウイルス感染症対策に対する国民の理解を得るためのリスクコミュニケーション手法についての検証である。首相と専門家が毎日定時に記者会見を行い，さらにSNSを効果的に利用したことなどを評価している。

第11章は，これまでの感染症の歴史と国際的な対応を俯瞰した上で，国際政治からみた新型コロナウイルス感染症への対応を検証している。今回のグローバルな危機に対して国際的協調が機能しない要因を，大国の対立や国際社会の富や医療などの「偏り」などから論じ，今後生じうる新たな感染症への対応の在り方を示唆している。

第12章では，インドで実施された政策，とりわけロックダウンに着目し，関連する法的な枠組みを解説した上で，ロックダウンの正当性と様々な論点を見出している。

各章は一つ一つ独立した論考であるが，社会，経済，環境の3側面を総合的に捉えて構成された。また，経済学，社会学，社会心理学，法学，政治学，環境科学など従来型の学問分野で培った方法や知見を基にしている。もっとも総合的かつ多様なアプローチをとったといっても，当然本書だけで捉えきることはできず，新型コロナウイルス感染症の影響と政策を捉えるための一端とみるべきであろう。本書が，パンデミックとなる感染症の対策をはじめ，環境問題や災害問題など複雑な諸課題に対して総合的に挑むきっかけとなれば幸いである。

本書の刊行にあたっては，書籍として出版することに賛同し，各章を執筆頂いた南山大学総合政策学部の有志教員，各章を充実させるためにサポート頂いた共著者の方々，また本書の出版にご理解いただいた総合政策学部の全教員・職員に感謝したい。最後に，本書の出版にあたってご尽力頂き，多忙な執筆者との間の原稿・ゲラのやりとりを丁寧に進めて頂いた創成社西田徹氏には改めて感謝の意を表したい。

2022年2月

石川良文

目　次

第1章 新型コロナウイルス感染症の拡大とその多面的影響

1.1 はじめに

新型コロナウイルスは，その感染力の強さから人間の活動を通じて世界中に瞬(またた)く間に広がった。感染すると人の健康を害し重症化したり死亡したりすることもあることから，主として感染症疫学など医学的な見地から感染防止策が次々と講じられた。また，ワクチンや治療薬の開発も過去に例がないスピードで進められ，中国湖北省武漢市で最初の感染が確認されてからわずか1年足らずでワクチンの接種が始められるようになった。感染者が増え重症化した患者が多くなると医療現場が逼迫するようになり，感染拡大を食い止め，医療崩壊を引き起こさないために，世界各地でロックダウン（都市封鎖）や日本の緊急事態措置などの外出抑制策が行われた。すると企業活動や市民生活に対して様々な影響が生じ，その影響を緩和するため様々な対策がとられるようになった。

新型コロナウイルス感染症（COVID-19）の影響は，人体への影響のみならず，経済，社会，環境など様々な側面に大きな影響をもたらした。経済面では，人の移動の制限に伴い宿泊業や運輸業などの旅行業界に直接的な打撃が生じ，外食抑制のため飲食業などにも多大な影響が生じた。さらに，人々の消費行動にも変化が生じ販売が減少する分野も見られた。輸出や企業の投資も減少し，それらの影響は産業間の連関構造を通じて様々な産業分野に及んだ。社会面では，保育，学校教育，高齢者福祉，地域コミュニティをはじめ多様な場面で影響が生じた。社会面での影響は逐次得られる調査や統計データが少ないため，報道で事例的に知られることはあっても，その実態を迅速かつ広く把握することが困難であった。しかし，精神的なストレスを含め市民生活に多大な影響が生じ，「自粛疲れ」といった言葉も広がった。環境面では，人の移動が減少し企業活動も停滞したため，大気質，水質，廃棄物量など様々な面で変化があった。環境面での影響は，経済や社会における影響ほど人々の関心は少なかったかもしれないが，社会経済活動は環境と密接に関わっており，その影響は多岐にわたる。

本章ではこれらを踏まえ，社会・経済・環境の様々な影響をできるだけ統計や調査資料に基づき客観的に俯瞰する。パンデミックとなった新型コロナウイルス感染症の影響範囲は広く，全ての影響を正確に捉えることはできないが，次章に続く様々な観点での論考の前に影響の広がりを捉える。その前段として，まず最初の感染確認から２年が経過した現時点（2022年１月）での新型コロナウイルス感染症の拡大の様子とその対策を見ておきたい。

1.2　新型コロナウイルス感染症の拡大と対策

（１）初期段階における感染症の拡大と対策

2019年12月，中国湖北省武漢市において新型コロナウイルス感染症の発生が報告され，翌年１月15日には日本でも初めて感染者が確認された[1)]。中国各地で感染が拡大する中，日本を含め世界各国での感染は当初多くなかったが，１月末にかけ徐々に拡大し，厚生労働省によると2020年１月31日時点で確認された感染者数は，日本で12名（うち中国居住者７名，日本居住者５名），アジアではタイ14名，マレーシア８名，台湾９名，韓国７名など，欧米では米国６名，フランス６名，ドイツ４名などの他，オーストラリアで９名などという状況になった[2)]。

一方，中国では感染が急速に拡大し，１月24日時点の厚生労働省の確認では感染者数は830名だったが，１月31日には9,692名とわずか１週間で10倍以上に増加した[3)]。また，中国国内での死者数も１月31日時点では212名にも上った。このように急速に感染が拡大する中，2020年１月30日，世界保健機関（World Health Organization：WHO）が「国際的に懸念される公衆衛生上の緊急事態」（Public Health Emergency of International Concern：PHEIC）を宣言した[4)]。

２月中旬から韓国で感染者が急増し，欧州各国でも感染が相次ぐなど世界的な感染の拡大がみられると，WHOは３月11日に新型コロナウイルス感染症をパンデミック（世界的な大流行）とみなせると表明した。その頃には114か国で約11万８千件の症例があり，4,291名の死者が出る状況となっていた[5)]。感染者が多い国々では，小売店舗や飲食店の営業禁止，人の移動制限，学校の休校，イベントの中止などの対策をとるようになり，３月17日時点で米国やイタリアなど少なくとも20の国・地域の政府が非常事態や緊急事態を宣言した[6)]。一方，中国は３月になると急速に感染者数が減少し，WHOの３月16日の集計では，中国本土以外の国・地域の感染者が中国本土を上回るようになった。３月末には新規感染者数が全世界で６万人ほどになり，特に米国で感染者が急増した。

日本では２月下旬から感染者が多くなり，３月末には急激な増加となった。日本政府は感染拡大を受け，全世界を対象に，感染症危険情報をレベル１の「渡航に十分注意」とし，３月21日からは欧州を中心に38カ国について，発給済みの査証（ビザ）の効力を停止するなど入国制限を行った。EUでもEU域外からの外国人の入域を禁止することとなり，世界各地で事実上の国境封鎖が行われた。

世界的な感染拡大により人の移動や経済活動が制限され，景気の悪化が生じるようになっていった。そのため，各国は大規模な経済対策を実施することとなり，米国では2020年３月以降，大規模な経済対策が次々と実施された。第１弾として３月６日に成立した83億ドル（日本円換算で約8,964億円[7)]）規模の追加予算は，ワクチンなど予防・治療法の研究，マスクなど医療体制支援，影響を受けた中小企業の低利融資などに充てられ，３月18日には第２弾として「新型コロナウイルス対策法（Families First Coronavirus Response Act）」が成立し，1,919億ドル（約20兆7,252億円）規模の対策が実施されることとなった。さらに３月27日には第３弾となる経済対策法（Coronavirus Aid, Relief, and Economic Security Act）が成立し，２兆2,240億ドル（約240兆1,920億円）の大規

図1－1　感染初期における主要国の新規感染者数の推移（2020年３月末まで）

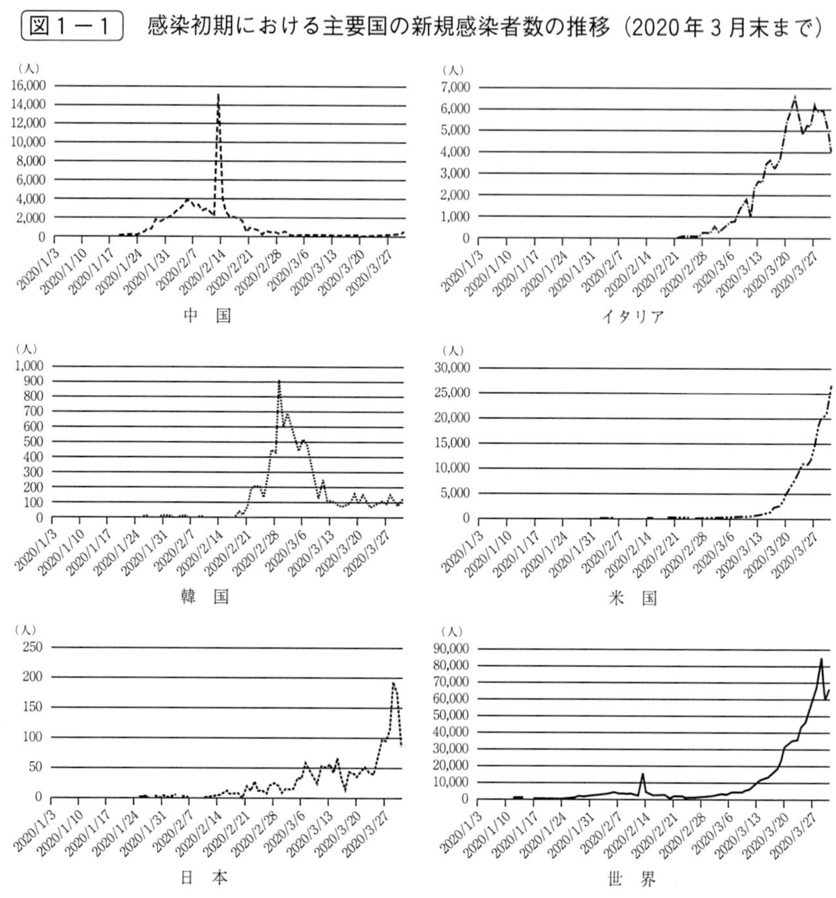

出所：WHO「COVID-19 Dashboard」より著者作成。

模な対策が実施された。その後も中小企業向け融資や医療体制支援などのために追加策が講じられた[8)]。

日本では感染の拡大を受けて，2020年２月13日に第１弾として2019年度の予備費103億円を講じ，帰国者等の受入支援，国内感染対策の強化，水際対策の強化など総額153億円の対応策を実行した。さらに，３月10日には第２弾として財政措置4,308億円，金融措置１兆６千億円により，感染防止策と医療提供体制の整備，事業活動の縮小や雇用への対応，学校の臨時休業に伴って生じる課題への対応などが行われた。2020年度予算が国会で成立すると，４月７日および４月20日に安倍内閣は，臨時閣議で新型コロナウイルスの感染拡大に伴う緊急経済対策を決定した。事業規模は過去最大の117兆円であり，財政支出は2019年12月５日に閣議決定した総合経済対策のうち今後効果が発現すると見込まれるもの9.8兆円と緊急対応策第１弾・第２弾を含み48.4兆円となった。４月30日には2020年度の補正予算が成立し，国民１人当たり一律10万円の現金給付の他，企業向けの持続化給付金，地方自治体への１兆円の臨時交付金などが盛り込まれた[9)]。

（２）長期にわたる感染症の拡大と対策

新型コロナウイルス感染症は長期にわたって終息せず，2019年12月に中国武漢市で確認された最初の感染から２年経った2021年12月時点でもなお感染が続いた。世界の感染者数は，2020年８月に2,000万人，そのおよそ２カ月後の10月に倍の4,000万人を突破し，2020年12月末に8,000万人を超えると１カ月後の翌2021年１月には遂に１億人となった。その後2021年８月に２億人に達し，2022年１月７日時点で世界の感染者数は累計３億人を超えた。さらに１カ月後の２月８日には，オミクロン株による急速な感染拡大により累計４億人を突破した。死者数は2021年１月のピーク時から減少傾向にあったが，全世界の死者数は2022年２月10日時点の累計で約577万人となった[10)]。

この間，各国で感染者数の増加と減少を繰り返していたが，終息のための救世主とも期待されたワクチンが早期に開発され，2020年12月中旬までに米国や英国などでファイザー製のワクチン接種が始まった。同年の年末にはドイツやフランスなどEU各国やUAE（アラブ首長国連邦）など中東でも接種が開始され，世界各国での接種が本格化した。その後，モデルナ製やアストラゼネカ製などを含め多くのワクチンが世界中に供給され，中国やロシアなどでも独自のワクチンを開発し国内のみならず世界各地で供給が行われた[11)]。日本では，2021年２月17日から医療従事者等で先行的に接種が行われ，続いて高齢者に対する接種が４月12日から開始された。接種の開始自体は遅れたもののワクチンの供給が安定すると急速に接種が進み，2021年７月末の総接種回数は

9,455万回となった。65歳以上の高齢者では87％が１回目接種を終え，77％が２回目接種を終えた[12)]。

世界でのワクチンの総接種量は，最初の接種からおよそ１年後の2022年１月９日時点で約95億回に上り，少なくとも１回の接種を終えた人は世界人口の59.3％となった[13)]。日本の接種率は高く，２回目接種を終えた人の割合は同時点で約80％となり，シンガポール，中国，カナダなどでも同様に高い接種率となった。その一方で，例えばアフリカのエチオピアで２回目接種を終えた人の割合は1.3％と極めて低く，ワクチンの公平な分配が呼びかけられた[14)]。

中国での感染の確認から１年後にワクチンの接種が始まったが，前述したように，その後も世界の感染者数は増え続け終息に至っていない（2022年２月10日現在）。日本では2021年10月以降，新規感染者が激減したが，同年11月下旬に南アフリカで新型コロナウイルスのオミクロン株が確認されると，程なくして世界各地に飛び火し，欧州や米国では感染者数が急速に増加した。2021年11月30日，日本政府は新型コロナウイルス感染症の新たな変異株「オミクロン株」の感染者が日本で初めて確認されたと発表した[15)]。波はありつつも世界中で感染が拡大した２年間だったが，国別で２年間の感染の状況を見ると，結果として感染の多い国や地域とそうでない国や地域に分かれた。どの国も感染の波を繰り返しているが，2021年12月31日時点で人口あたりの感染者数

図１－２　世界の新規感染者数の推移（2022年２月末まで）

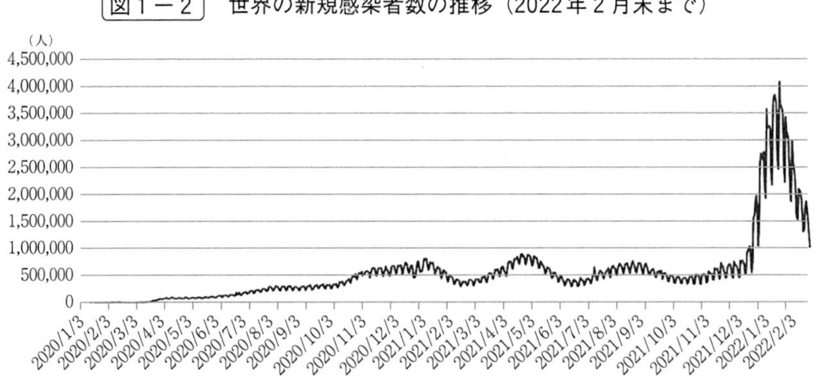

出所：WHO「COVID-19 Dashboard」より著者作成。

図1－3　日本の新規感染者数の推移（2022年2月末まで）

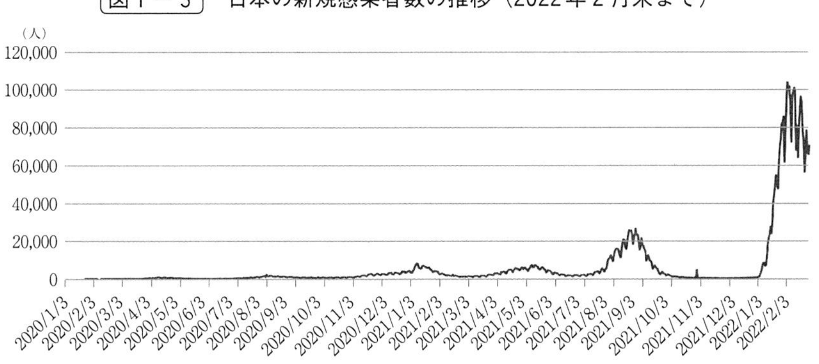

出所：WHO「COVID-19 Dashboard」より著者作成。

は，日本が10万人あたり1,372人に対して米国16,444人，英国19,076人，ドイツ8,574人，フランス15,402人であり，日本の感染率は極めて低かった[16)]。死者数についても人口あたりでは，日本で10万人あたり15人に対して，米国248人，英国219人，ドイツ134人，フランス191人であった。

長期化する新型コロナウイルス感染症の影響に対して，各国で大規模な経済対策が実施されたが，日本では，2020年4月に緊急経済対策，同年12月と2021年11月にそれぞれ直接的なコロナ対策を含む総合経済対策が閣議決定され，2020年度，2021年度共に大規模な財政出動となった（表1－1参照）。2020年度は4月の緊急経済対策を含み3度の補正予算が組まれ，当初予算約103兆円に対して20年度の歳出規模は約176兆円と1.7倍に膨らんだ。2021年度は12月に可決した過去最大の補正予算35兆9,895億円を合わせて142.5兆円の予算規模となった。2021年度の補正予算では，新型コロナウイルス感染症の拡大防止に18兆6,059億円，ウィズコロナ下での社会経済活動の再開と次なる危機への備えとして1兆7,687億円などが盛り込まれた。2020年度から2021年度にかけて2019年度の予算規模104兆6,517億円と比較し2年間でかなりの予算が投じられた。2020年度の第1次補正予算では，地方創生臨時交付金（1兆円），全ての国民1人あたり10万円の現金給付（12兆8,803億円），Go To キャンペーン（1兆6,794億円），中小・小規模事業者等への資金繰り対策（3兆8,316億

表1－1　新型コロナに対する政府の経済対策

	2020年４月	2020年12月	2021年11月
対策名称	新型コロナウイルス感染症緊急経済対策～国民の命と生活を守り抜き，経済再生～	国民の命と暮らしを守る安心と希望のための総合経済対策	コロナ克服・新時代改革のための経済対策
内　容	①　緊急支援フェーズ ・感染拡大防止策と医療提供体制の整備及び治療薬の開発 ・雇用の維持と事業の継続 ②　Ｖ字回復フェーズ ・次の段階として官民挙げた経済活動の回復 ・強靱な経済構造の構築 ③　今後への備え ・新たな予備費の創設	①　新型コロナウイルス感染症の拡大防止策 ②　ポストコロナに向けた経済構造の転換・好循環の実現 ③　防災・減災，国土強靱化の推進など安全・安心の確保 ④　新型コロナウイルス感染症対策予備費の適時適切な執行	①　新型コロナウイルス感染症の拡大防止 ②　「ウイズコロナ」下での社会経済活動の再開と次なる危機への備え ③　未来社会を切り拓く「新しい資本主義」の起動 ④　防災・減災，国土強靱化の推進など安全・安心の確保
財政支出	48.4兆円程度	40.0兆円	55.7兆円
事業規模	117.1兆円程度	73.6兆円	78.9兆円
実質GDP下支え・押上げ効果	4.4％程度	3.6％程度	5.6％程度

出所：内閣府資料より著者作成。

円）や給付金（２兆3,176億円）など，第２次補正では，資金繰り対応の強化（11兆6,390億円），地方創生臨時交付金の拡充（２兆円），持続化給付金の対応強化（１兆9,400億円）など，第３次補正では病床や宿泊療養施設等の確保（１兆6,447億円），地方創生臨時交付金（１兆5,000億円）などが盛り込まれた。2021年度の補正予算では，18才以下への10万円相当の給付（１兆2,162億円），観光需要の喚起策Go Toトラベル（2,685億円）などが盛り込まれた[17)]。

1.3　経済への影響

パンデミックとなった新型コロナウイルス感染症により世界経済は大きく落ち込み，IMFによると世界の実質GDP成長率は2020年−3.1％となった。そ

図１－４　世界経済の実質GDP成長率の推移

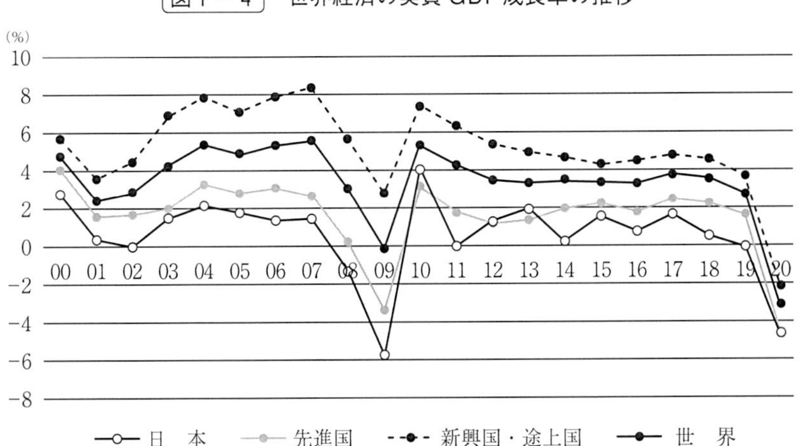

出所：IMF「Real GDP growth」より著者作成。

の落ち込みはリーマンショックよりも大きく，先進国で−4.5％，新興国・途上国で−2.1％であった。先進国では特にスペイン，英国，イタリア，フランスなど欧州の国で大きなマイナスとなり，日本のGDPは2019年度の550.6兆円から2020年度は525.7兆円と約25兆円減少し，経済成長率は−4.5％だった。特に民間最終消費支出の減少による影響が大きく，輸出や民間企業設備投資の影響もあった（図１－５）。産業別では，特に運輸，宿泊，飲食などで落ち込みが大きく，2020年（暦年）の経済活動別国内総生産対前年増加率では，運輸・郵便業，宿泊・飲食サービス業がそれぞれ−25.1％，−31.2％となった。

コロナ禍における個人消費の落ち込みは，経済全体に大きく影響したが，ここでは小売業，飲食業，旅行業の影響を見ておこう。まず，小売業への影響である。業態としては，百貨店，スーパー，ドラッグストア，コンビニエンスストア，家電大型専門店，ホームセンターなどがあるが，各業態でコロナ禍の影響は異なった。図１－６は，2019年同月比で2020年１月から2021年10月までの商品販売額の動向を見たものであるが，これらの業態の中でも百貨店の影響が大きいことが見てとれる。特に2020年４月から５月にかけての最初の緊急事態宣言下では販売額が大きく落ち込み，2019年同月比で４月29％，５月

図1－5　日本の実質 GDP 成長率の推移と支出項目別寄与率

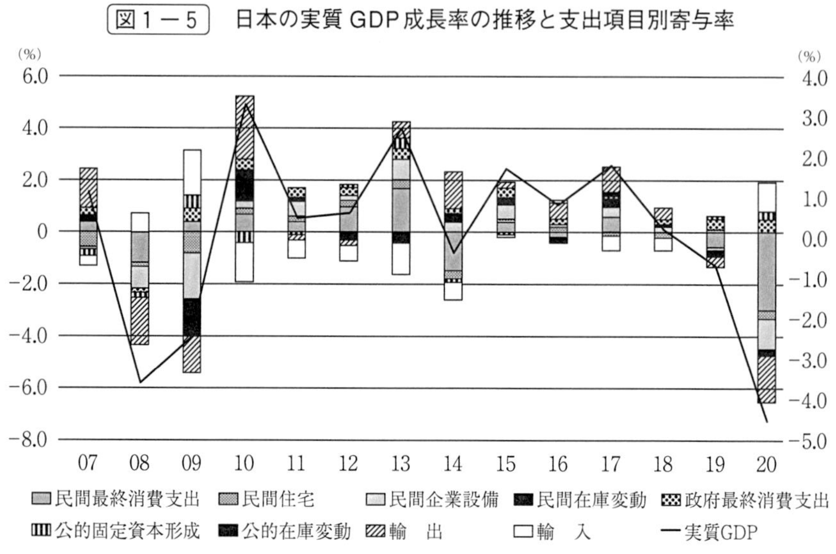

出所：内閣府「国民経済計算」より著者作成。

図1－6　業態別商業販売額（2019年同月比）の推移

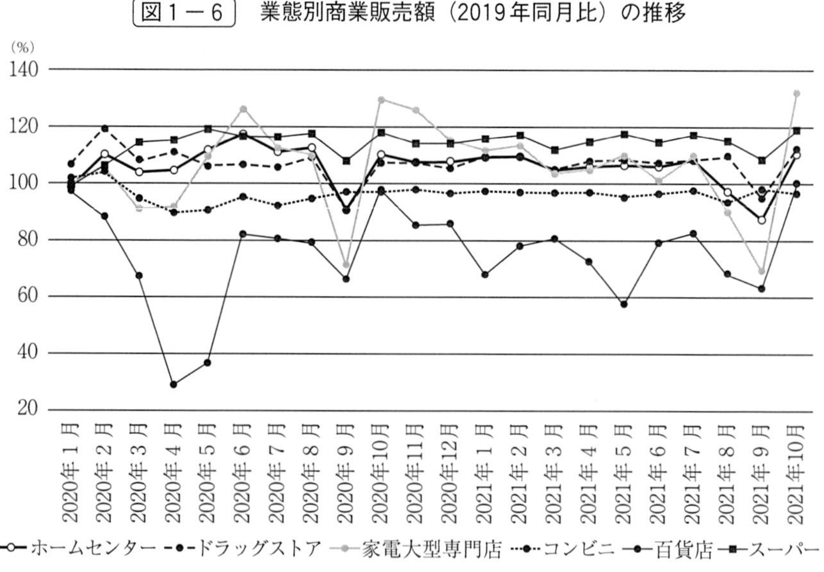

出所：経済産業省「商業動態統計」より著者作成。

図1－7　世帯あたりインターネット利用支出総額と利用世帯割合の推移

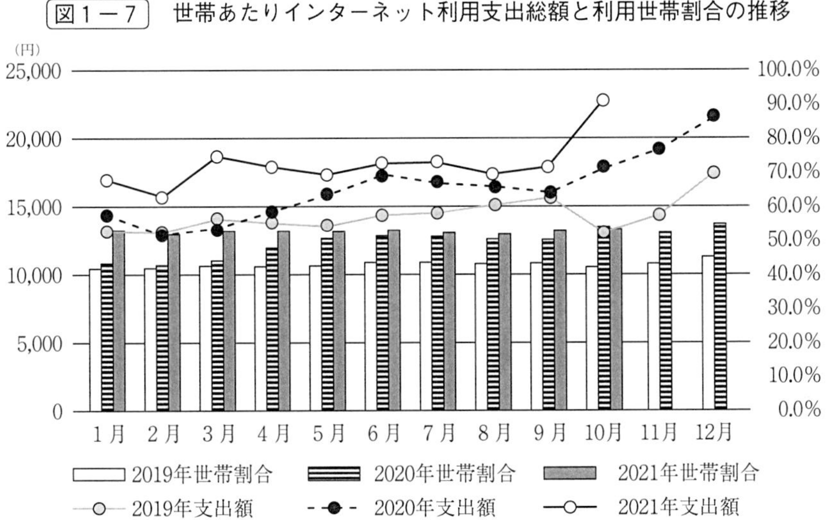

出所：総務省統計局「家計消費状況調査」より著者作成。

36％まで落ち込んだ。その後，回復基調が見られたが，感染拡大と呼応して大きく減少する月が見られた。2021年10月から11月にかけて新規感染者数が激減すると，概ねコロナ前まで回復した。一方，スーパー，ドラッグストア，ホームセンターなど主に日常の生活用品を販売する業態では，販売が好調な月が続き，全体としてはコロナによるマイナスの影響は少なかった。しかし，商品別でみると，例えばスーパーでは衣料品，ホームセンターではオフィス用品，ドラッグストアでは化粧品などの販売が減少した。また，家電大型専門店は変動が大きく，1人10万円給付があった2020年6月前後や感染拡大が落ち着いている頃に大幅な販売額の増加が見られた。コンビニエンスストアは，全体として低調な月が続き，特にオフィス街などではテレワークの増加により売上が大きく減少する店舗があった。

人と人の接触を避け，テレワークなどの在宅勤務が進む中，インターネットを利用した消費が拡大した。図1－7はインターネットを利用した世帯当たり支出総額の推移であるが，2020年4月の緊急事態宣言以降インターネットを利用した消費は急増した。また，インターネットを通じて注文した世帯割合は

図1－8　飲食業業態別売上金額の変化（2020年／2019年）

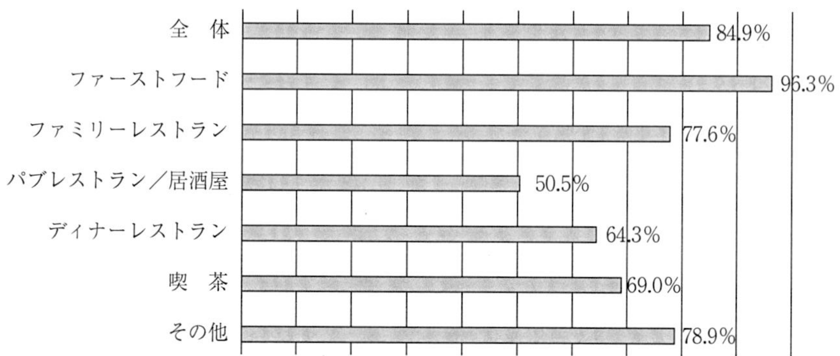

出所：日本フードサービス協会「外食産業市場動向調査」より著者作成。

2019年1月に41.5％だったのに対して，2021年1月は51.9％と約10％増加した。

飲食店は，政府の緊急事態宣言や飲食店への営業時間の短縮要請もあり，新型コロナウイルス感染症拡大と共に大幅に来店者および消費が減少した。日本フードサービス協会の「外食産業市場動向調査」[18]によると，緊急事態宣言下の2020年4月の売上は前年同月比で60.4％となり，年間では前年比84.9％と1994年の調査開始以来最大の下げ幅となった。業態別では，テイクアウト・デリバリー需要に支えられた「ファーストフード」(96.3％) のような業態も一部あったものの，感染を避ける消費行動や，テレワークの増加など働き方の変化も影響し，店内飲食を主とする「ファミリーレストラン」(77.6%)，「喫茶」(69.0%)，「ディナーレストラン」(64.3%)，「パブレストラン／居酒屋」(50.5%) 等は大きな影響を受けた。全国的に1年ぶりの営業時間の短縮要請が解除され，酒類提供の制限も無くなった2021年11月の店舗形態別の売上高を2019年11月と比較すると，ファストフードは103.1％とコロナ禍前を超える一方で，ファミリーレストランは83.7％，ディナーレストラン，喫茶はそれぞれ80.0％，77.7％とコロナ前の8割程度しか回復せず，居酒屋 (50.8％)，パブ・ビアホール (54.2％) は半分程度にしか回復していない。

図1－9　飲食店情報の閲覧数（2019年同期比）の推移

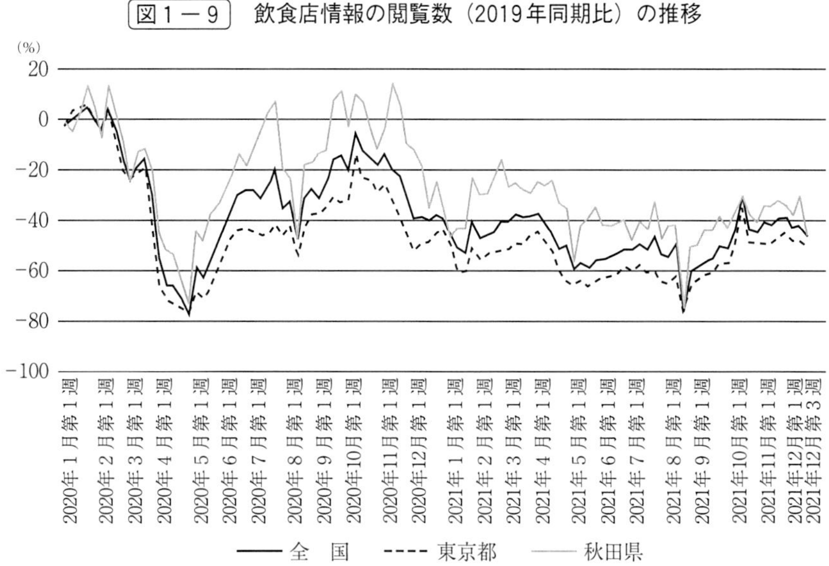

出所：V-RESAS，Retty株式会社『Food Data Platform』より著者作成。

V-RESASの飲食店情報の閲覧数においてもその傾向は見て取れる。2020年の4，5月の緊急事態宣言下では全国の閲覧数は前年同期比で約80％マイナスまで落ち込み，2020年10月頃をピークに回復基調にあったものの，その後は低い水準で推移した。2021年10月に再び閲覧数が増加したが，コロナ禍前までの回復には程遠い状況となった。飲食店の状況は都市と地方でも大きく異なり，特に東京での落ち込みは大きい一方で，地方の例えば秋田では，2020年の夏から冬にかけて一時期コロナ禍前と同水準にまで達した。ただし，秋田でも緊急事態宣言下では東京並みに閲覧数が減少し，2021年も東京ほどでないもののコロナ禍前には回復していない。

旅行関連の詳細な影響は第3章で示すが，これまで日本国内での旅行者数は順調に増加し，コロナ禍前の2019年の訪日外国人旅行者は3,188万人，日本人の国内延べ旅行者数は5億8,710万人であった。ところが2020年の訪日外国人旅行者は412万人と前年のわずか13％となり，日本人の国内旅行も前年比で50％の2億9,341万人と落ち込んだ。宿泊業の影響は特に厳しく客室稼働率は

図１－10　施設タイプ別の客室稼働率の2019年同月比の推移

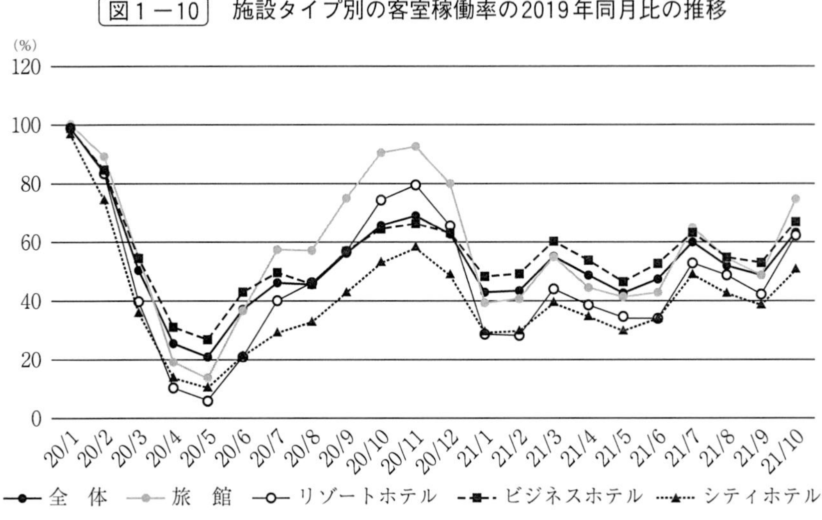

出所：宿泊旅行統計調査より著者作成。

2020年５月には13.2％まで減少した。2019年同月は63.2％であったことから，図１－10に示すように，2019年同月比で５分の１まで落ち込んだ。その後2020年秋にかけて回復基調にあったが，感染が拡大すると再び稼働率は低迷した。業態別では特に訪日外国人旅行客の多かったシティホテルにおいて，稼働状況が極めて厳しい状況が続いた。運輸業の状況は，石川（2022）で詳細に示されているが，鉄道，バスそれぞれ輸送量が大きく落ち込み，鉄道，バス共に2020年度の輸送人員は2019年度の７割程度となった。

1.4　社会への影響

社会への影響は多岐にわたり，全てを網羅することはできないが，社会を構成する主体を区分することで様々な影響が見えてくる。まず個人には様々な属性があり，コロナ禍ではそれぞれの特性や置かれている立場において影響の内容や度合いが異なるだろう。例えば，若者は学校や友人との交流などを通じて様々なことを経験するはずの時期に，学校に登校できず，自由に旅行することもできなくなってしまった。高齢者は福祉施設が閉鎖され，デイケアサービスを受けられなくなったり，体の不調があっても病院に行くことも憚（はばか）られるようになったりした。また，労働者の立場では，テレワークが普及したことにより働き方が変わり，社員間のコミュニケーションがとりにくくなる一方で，自宅で過ごす時間が増え，それにより子どもの送り迎えができるようになったり，家族と過ごす時間が増えたりした。近隣社会では自治会の対面での会合やイベントができなくなり，防災訓練や研修の機会にも影響した。このように社会では様々な影響が生じたと考えられるが，ここではまず学校を取り巻く影響から見てみたい。

日本では，新型コロナウイルス感染症の国内での拡大が懸念された2020年３月２日から，小中学校などの学校では政府の要請により全国の一斉臨時休業が行われた。その後４月７日の政府の緊急事態宣言の発令や４月16日に全都道府県が緊急事態措置の対象になったこと等を受け，大部分の学校が５月末までの臨時休業を行った[19)]。多くは６月に登校を再開したが，４月１日以降の臨時休業の実施日数が30日を超えた学校は小学校36％，中学校35％，高等学校45％であった[20)]。

また，文部科学省の調査[21)]によると，2020年度に新型コロナウイルス感染症の感染回避を理由に30日以上登校しなかった児童生徒数は，小学校14,238人，中学校6,667人，高校9,382人にも上った。同省では経年的に児童生徒の問題行動・不登校等生徒指導上の諸課題に関して調査を行っているが，2020年度の調査結果ではいじめの認知件数や暴力行為は減少した。この状況については，新型コロナウイルス感染症の影響により，生活環境が変化し児童生徒の物理的な距離が広がったこと，様々な活動が制限され，子どもたちが直接対面してやり取りする機会やきっかけが減少したこと，年間授業日数が少ない学校があったことなどを要因として挙げている。同時にいじめや暴力行為が減少したと言え，様々な活動の制限は子供たちが得られるはずだった学びの機会や経験が減少した可能性を含んでおり，必ずしも肯定的に捉えることはできないとしている。いじめや暴力行為が減少した一方で，自殺した児童生徒数は2020年度415人と前年度の317人から大きく増加した。新型コロナウイルス感染症との関連性は分からないが，これらの状況を受け，文部科学省では，不安や悩みを相談できない子供たちがいる可能性があること，子どもたちの不安や悩みが従来とは異なる形で現れたり，一人で抱え込んだりする可能性に配慮する必要があるとして，スクールカウンセラー，スクールソーシャルワーカーなどとの連携による相談体制の充実や，いじめの認知と組織的対応を徹底することを提示した。

大学も授業運営の変更を余儀なくされるなど対応に追われた。卒業式や入学式が中止され，入学しても対面形式の授業が受けられなかったり，課外活動に参加できなかったりすることとなった。文部科学省による2020年7月1日時点の調査では，大学等において16.2％が対面授業，23.8％が遠隔授業となり，対面と遠隔を併用するハイブリッド授業は60.1％と最も多かった[22)]。同年後期になると約半数の大学等では授業全体の半分以上を対面授業で実施するようになったが，授業や課外活動を通じた人的交流の様々な機会の多くが失われてしまった。2021年度後期の授業実施方針に関する調査では，半分以上を対面授業とする予定とした大学等は全体の97.6％になり，学生はかなり対面での授業を受けられるようになった。また，経済的に困難な学生に対する支援状況や退学者・休学者の状況を調査したところ，2020年10月時点で全体の98.3％の大学等が後期分の授業料の納付猶予を実施し，71.8％の大学等は，経済的に困難な学生を対象とした各大学等による授業料などの免除を実施していることが判明した。同調査によると，結果的には2020年4月から10月の中退者数および休学者の割合は，2019年度に比べて少ない結果となった。

高齢者の影響については，まず新型コロナウイルス感染症に罹患すると重症化しやすく死亡リスクが高いといった医学的な見地での影響が大きいが，自粛生活の長期化による身体的精神的影響も大きい。飯島（2021）では，東京都内の集合住宅に居住する高齢者に対する調査結果が示されているが，それによると外出自粛要請・緊急事態宣言（2020年4月）の発令前後で41.2％の高齢者の外出頻度が低下し，13.9％は新たに閉じこもり傾向となった。また，2020年4月の緊急事態宣言前後で体幹筋量が顕著に減少したことが示された。このように自粛生活の長期化により高齢者の健康に対する影響が浮き彫りになった。

また，内閣府の調査によれば，同居する人以外と誰とも話さないという60歳以上の人は，感染症拡大前の13.2％から感染症拡大後の20.4％に増加し，１人以下の人としか会話していない人は26.9％から44.1％となった[23]。多くの高齢者が社会との分断を余儀なくされ，日本能率協会（2020）でも75歳以上の調査結果として，外出の回数が減っているとした人が2019年と2020年の前後で20％増加したことが示されている。

労働者の立場では，雇用とテレワークなどの働き方に与えた影響が大きいであろう。テレワークは，時間や場所を有効に活用できる柔軟な働き方としてコロナ禍前から推進されていたが，オフィスや通勤時の密を避けるためにもコロナ禍において急速に導入が進んだ。総務省による「通信利用動向調査」[24]によると，コロナ禍前の2019年の調査ではテレワークを導入している企業は20.2％であったが，2020年には47.5％と大幅に増加し，産業別では情報通信業での導入が92.7％と突出して多かった。また金融・保険業67.6％，不動産業68.1％でも導入が多かった。企業規模では資本金規模の大きい企業での導入が多く，資本金10億円から50億円の企業で87.1％導入しているのに対して，1,000万円から3,000万円未満の企業では31.1％の導入であった。

個人に対する調査では，テレワークをしたことがあると回答した人の割合はコロナ禍の2020年に19.1％であり，職種や業種，あるいは企業規模でコロナ禍におけるテレワークの進展は異なった。内閣府が行った別の調査[25]によると，東京と地方でのテレワーク導入の格差も浮き彫りになった。東京都では2019年12月にはテレワークを実施する企業が17.8％であったが，2021年９－10月で55.2％となり，地方圏では同期間で8.1％から23.5％へ伸びた。これは東京と地方の産業の違いや業種割合，職種の違いなどが影響していると思われる。また，就業者のテレワークの実施頻度では，テレワーク中心（ほぼ100％あるいはテレワーク中心で定期的に出勤を併用）の就業者が2021年９－10月時点で全国では12.5％に対して，東京都23区では31.8％であった。

このようなテレワーク実施の進展は，都市の姿にも影響を与えている。特に東京都心部ではオフィスの縮小や撤退が相次ぎ，オフィスの空室率はコロナ禍でかなり増加した。東京の空室率はリーマンショックの影響後2010年には

９％台まで上昇したが，景気回復に伴い13年以降は低下傾向にあった。コロナ禍直前は東京オリンピック・パラリンピックに向けた再開発で大量のオフィスが供給されたものの2019年は１％台で推移していた。しかし，感染拡大を

図１－11　オフィスの平均空室率の推移

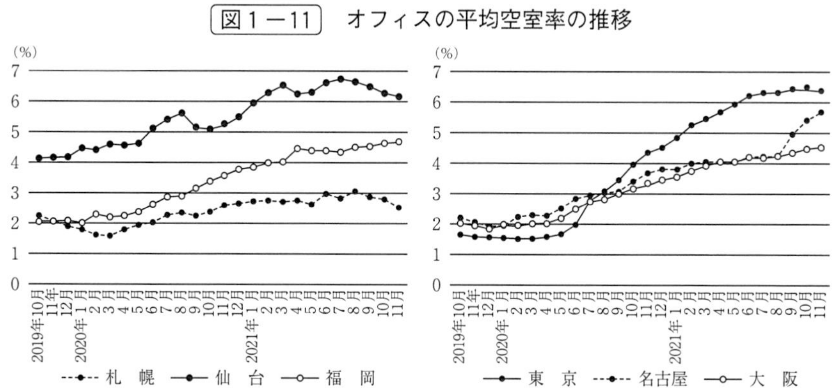

出所：三鬼商事『オフィスマーケットデータ』より著者作成。

図１－12　東京都の社会増減の推移

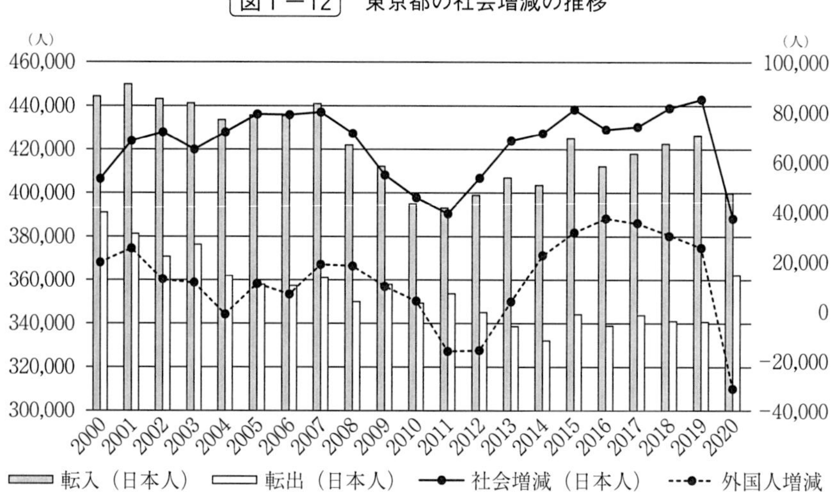

（注）転出・転入・社会増減は日本人の他県との移動増減であり，外国人増減は外国人の出入国などからなる。

出所：東京都「人の動き」より著者作成。

図１－13　インターネットトラヒックの推移

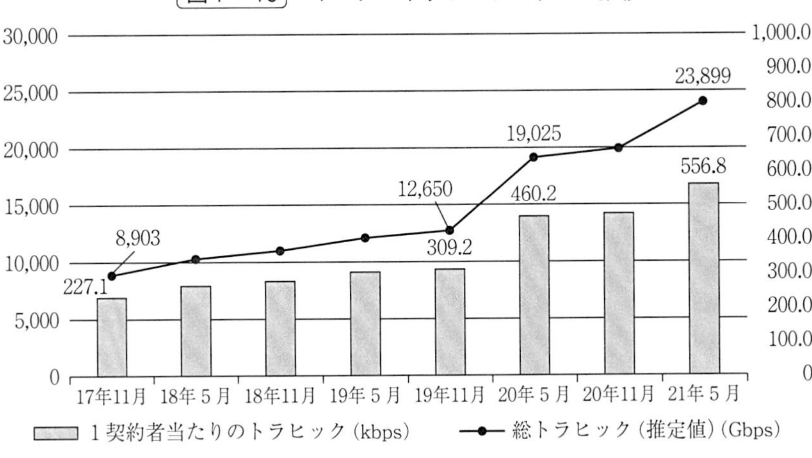

出所：総務省「我が国のインターネットにおけるトラヒックの集計・試算」より著者作成。

受けて状況は一変し毎月増加し続け，2021年10月の空室率は6.47％となった。一方，札幌や仙台などの地方都市では空室率の急激な増加は見られなかったが，東京，横浜，名古屋，大阪など大規模な都市では大幅に増加した[26)]。

このような状況は，人々の居住地選択にも影響を与えている。東京都の人口は地方の人口が減少する中でこれまで一貫して増加し，東京一極集中が進んでいた。しかし，近年大きくなっていった社会増が2020年には37,505人となり，2019年の84,758人から５万人近く減少した。2000年以降，転出は概ね減少傾向にあったが，2020年のコロナ禍では転入の減少と共に転出がかなり多くなり，主として首都圏内の移住が進んだ。

新型コロナウイルス感染症の拡大に伴い外出や対面での活動が抑制されたが，そのような中でも非接触・非対面による活動手段としてデジタルの活用が進んだ。学校教育における遠隔授業，企業におけるテレワーク，家庭でのネットショッピングなどのデジタル活用の影響は，図１－13でみるようにインターネットトラヒック（通信量）の増大に顕著に現れている。総務省の集計・試算結果では，トラヒック量はコロナ禍前の2019年11月から2020年５月の間に1.5倍に急増し，その１年後にはさらに1.3倍に増大している。コロナ禍ではインターネットショッピング，キャッシュレス決済，ネット動画配信などの消費活動のデジタル化が顕著に進み，また，オンライン診療，イベントのオンライン開催，VR（仮想現実）などを使った観光，就職活動時のWEB説明会や面接など，様々な場面でのデジタル化が見られるようになった。

1.5 環境への影響

新型コロナウイルス感染症の流行により，各国でロックダウンなどの行動抑制策がとられ，社会経済活動が大きく落ち込んだ。この変化は様々な面で環境に影響を与えており，例えば2020年の二酸化炭素など温室効果ガスの排出量は大きく減少した。環境省および国立環境研究所によると，2020年度の我が国の温室効果ガス総排出量は11億4,900トン（CO_2換算）で，前年度比5.1％の減少となった[27)]。部門別の排出量は産業部門（工場等），運輸部門（自動車等）においてこれまでの傾向より大きく減少しているため，コロナ禍での影響が大

表1－2　CO_2の排出量変化（電気・熱配分前）

単位：百万トン

		2019年度	2020年度	変化量	変化率
合　計		1,108	1,044	-63.7	-5.7%
エネルギー起源		1,029	967	-61.5	-6.0%
	産業部門（工場等）	279	252	-27.4	-9.8%
	運輸部門（自動車等）	198	177	-21	-10.6%
	業務その他部門	63.7	60.3	-3.4	-5.3%
	家庭部門	53.4	55.8	2.4	4.5%
	エネルギー転換部門	434	422	-12.2	-2.8%
非エネルギー起源		78.9	76.6	-2.2	-2.8%
	工業プロセス及び製品の使用	45	42.7	-2.3	-5.1%
	廃棄物（焼却等）	30.8	31	0.11	0.4%
	その他（間接CO_2等）	3	2.9	-0.09	-3.0%

（注）この表は，温室効果ガスのうち二酸化炭素（CO_2）排出量を示したものである。メタンなど他の温室効果ガスを含めると，本文の総排出量となる。

出所：環境省「2020年度（令和2年度）の温室効果ガス排出量（速報値）について」より著者作成。

図1－14　東京23区におけるごみ収集状況の推移

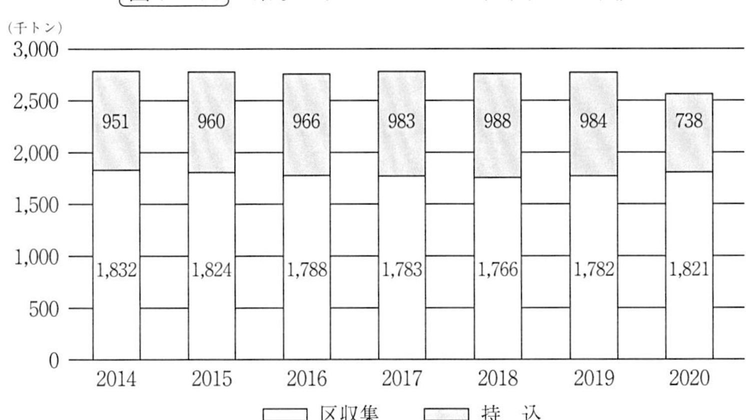

（注）区収集は家庭から出されるごみ，持込は事業者自ら又は一般廃棄物処理業者が処理施設に搬入するごみ

出所：東京二十三区清掃一部事務組合「清掃事業年報」より著者作成。

きいと考えられるが，我が国の温室効果ガス総排出量は2014年以降毎年減少していることから，コロナ禍との関連性を見極めるためにはより深い分析が必要である。また，海洋研究開発機構と気象庁は，新型コロナウイルス感染症の流行による温室効果ガスや人為起源エアロゾル等の排出量減少が地球温暖化の進行に与える影響を評価しているが，2020年から2021年の2年間のみ温室効果ガスや人為起源エアロゾル等の排出量が減少しても，2020年から2024年の地上気温や降水量にはほとんど影響しないことが示された[28)]。

新型コロナウイルス感染症の流行による社会経済活動の変化は，廃棄物量にも影響する。東京23区のごみ搬入量の変化をみると，2020年度の家庭から排出されたごみは前年度と比較して2.2％の増加となった一方，事業所等から排出された一般廃棄物は25％減少し，合計で7.5％の減少となった。これはテレワークなどでオフィスでの活動が減少した一方で，家庭での生活時間と巣ごもり消費が増えたことが影響していると考えられる。

このように新型コロナウイルス感染症の流行は，社会経済に大きな変化を与えたと考えられるが，その変化がさらに様々な環境に影響を与える。一方で新型コロナウイルス感染症などの新興感染症は，森林の減少など土地利用の変化や野生動物の生息地への人間の居住等が発生要因になっていることが指摘されており[29]，人間活動と自然界との関係性の上で生じた環境問題の１つとして捉えることができる。

1.6　おわりに

これまで見てきたように，新型コロナウイルス感染症は世界中で猛威を振るい，感染の波を繰り返しながら，社会，経済，環境の多くの面で多大な影響をもたらした。人々の健康を害し重症化や死亡する患者も多いことから，まずは医療面での対策に重点が置かれたが，感染拡大を抑え込むために海外で行われたロックダウンや，日本の緊急事態宣言の発令などにより，人流や対面での活動を抑制すると，経済に大きな影響が及んだ。各国では大規模な経済対策を実施すると共に感染症拡大の影響を最小限に抑え込むため，ワクチン接種を含め様々な対策が行われたが，現時点（2022年１月12日）で，新たな変異株の出現などもあり新型コロナウイルス感染症の影響に翻弄されている。

本章で俯瞰したように，新型コロナウイルス感染症は，経済面での大きな影響はもとより社会面，環境面での影響も大きく多岐にわたる。またそれらは相互に連関しており，市民生活の変化が経済に影響を与え，反対に経済の影響が市民生活に影響をもたらす。さらに，経済と市民生活の変化が環境への変化となる。また，自然環境の変化が新型コロナウイルスのような新興感染症を引き起こすこともある。これらの影響が人々の幸福度や生活満足度を規定するため，複雑な社会経済システムを総合的に捉えて，それぞれの政策がどのような効果・影響をもたらすかを科学的に検証しつつ考えなくてはならない。

本章では，主に各種時系列データから日本の感染症拡大前後あるいは期間中の変化を見ることによりその影響を概観したが，単純な前後比較では新型コロナウイルス感染症との関連性が正確には示されない。また，本来はマイナスの影響を緩和するために実施された政策がどの程度の効果をもたらしているかということも示す必要がある。政策評価の分野ではランダム化比較試験や計量経済学的手法により政策の効果を分析することも考えられるが，いずれにしてもまずは分析に必要なデータが迅速に得られることが必要である。経済データは比較的体系的に整備されているが速報性に課題があり，特に個票や地域レベルの詳細な集計データを迅速に得られる状況にないといった課題がある。社会面でのデータについては体系的に整備されていない側面もあるため，臨機応変に調査を実施すると共に，計画的な調査設計が必要とされる。これらの課題を解決するためにはデジタル化の対応が必要であろう。現在でも携帯電話を用いた位置情報や商業分野でのPOSデータなど活用可能なデータもあるが，より広範囲で分析に必要なデータの整備が求められる。コロナ禍を機に広範囲のデータを正確にかつ迅速に取得し，EBPM（Evidence-Based Policy Making：証拠に基づく政策立案）を確実に実行する必要がある。

【注】

１）厚生労働省　2020年１月16日「新型コロナウイルスに関連した肺炎の患者の発生について（１例目）」https://www.mhlw.go.jp/stf/newpage_08906.html（最終閲覧日：2022年１月12日）では，１月15日に新型コロナウイルス陽性の結果が得られたと報告している。

２）厚生労働省　2020年１月31日「中華人民共和国湖北省武漢市における新型コロナウイルス関連肺炎について（令和２年１月31日版）」https://www.mhlw.go.jp/stf/newpage_09267.html（最終閲覧日：2022年１月12日）で示された国外の発生状況に基づく。

３）厚生労働省「中華人民共和国湖北省武漢市における新型コロナウイルス関連肺炎について（令和２年１月24日版）」及び「同（令和２年１月31日版）」https://www.mhlw.go.jp/stf/houdou/houdou_list_202001.html（最終閲覧日：2022年１月12日）に基づく。

４）WHO　2020年１月30日「Statement on the second meeting of the International Health Regulations (2005) Emergency Committee regarding the outbreak of novel coronavirus (2019-nCoV)」https://www.who.int/news/item/30-01-2020-statement-on-the-second-meeting-of-the-international-health-regulations-(2005)-emergency-committee-regarding-the-outbreak-of-novel-coronavirus-(2019-ncov)（最終閲覧日：2022年１月12日）

５）WHO　2020年３月11日「WHO Director-General's opening remarks at the media briefing on COVID-19 - 11 March 2020」https://www.who.int/director-general/speeches/detail/who-director-general-s-opening-remarks-at-the-media-briefing-on-covid-19---11-march-2020（最終閲覧日：2022年１月12日）

６）読売新聞　2020年３月18日朝刊１面

7）2020年３月平均の米ドル円相場１ドル108円により換算した。
8）内閣府　2021年８月「世界経済の潮流2020年Ⅰポストコロナに向けて」https://www5.cao.go.jp/j-j/sekai_chouryuu/sh21-01/index-pdf.html（最終閲覧日：2022年１月12日）
9）内閣府　2020年４月20日「新型コロナウイルス感染症緊急経済対策～国民の命と生活を守り抜き，経済再生へ」https://www5.cao.go.jp/keizai1/keizaitaisaku/2020/20200420_taisaku.pdf（最終閲覧日：2022年１月12日）
10）WHO Coronavirus (COVID-19) Dashboard (https://covid19.who.int) による。
11）NHK「特設サイト新型コロナウイルス　ワクチン開発や接種　世界の状況は」https://www3.nhk.or.jp/news/special/coronavirus/vaccine/world_2022/（最終閲覧日：2022年１月12日）
12）首相官邸　『新型コロナワクチンの接種スケジュールについて』https://www.kantei.go.jp/jp/headline/kansensho/vaccine_supply.html（最終閲覧日：2022年１月12日）
13）Our World in Data　2022年１月９日　https://ourworldindata.org/covid-vaccinations（最終閲覧日：2022年１月12日）
14）Our World in Data　2022年１月９日　https://ourworldindata.org/covid-vaccinations（最終閲覧日：2022年１月12日）
15）厚生労働省　2021年11月30日「新型コロナウイルス感染症（変異株）の無症状病原体保有者について（空港検疫）」https://www.mhlw.go.jp/stf/newpage_22507.html（最終閲覧日：2022年１月12日）
16）ワクチン接種回数はWHO，人口はDemographic Yearbook 2020 より試算。
17）財務省毎年度の予算資料https://www.mof.go.jp/policy/budget/budger_workflow/budget/（最終閲覧日2022年１月12日）
18）一般社団法人日本フードサービス協会『データからみる外食産業』http://www.jfnet.or.jp/data/data_c.html（最終閲覧日：2022年１月12日）のデータを用いた。
19）文部科学省『学校における新型コロナウイルス感染症に関する衛生管理マニュアル～「学校の新しい生活様式」～』2021年11月22日ver
20）文部科学省『新型コロナウイルス感染症の影響を踏まえた公立学校における学習指導等に関する状況について』において学校設置者に対して実施された調査結果　https://www.mext.go.jp/content/20200717-mxt_kouhou01-000004520_1.pdf（最終閲覧日：2022年１月12日）
21）文部科学省　2021年10月13日「令和２年度児童生徒の問題行動・不登校等生徒指導上の諸課題に関する調査結果の概要」https://www.mext.go.jp/content/20201015-mext_jidou02-100002753_01.pdf（最終閲覧日：2022年１月12日）
22）文部科学省『大学等における後期等の授業の実施状況に関する調査』https://www.mext.go.jp/content/20201223-mxt_kouhou01-000004520_01.pdf（最終閲覧日：2022年１月12日）
23）内閣府「第２回新型コロナウイルス感染症の影響下における生活意識・行動の変化に関

する調査」2020年12月24日

24）総務省による通信利用動向調査の結果を基にした。2020年は９月に，2019年は12月に調査された。

25）内閣府「第４回新型コロナウイルス感染症の影響下における生活意識・行動の変化に関する調査」2021年11月１日

26）三鬼商事『オフィスマーケットデータ』

27）環境省・国立環境研究所　2021年12月10日「2020年度（令和２年度）の温室効果ガス排出量（速報値）について」における速報値https://www.nies.go.jp/whatsnew/20211210/20211210.html（最終閲覧日：2022年１月12日）

28）Chris D. Jones et al. The Climate Response to Emissions Reductions Due to COVID-19: Initial Results From CovidMIP，Geophysical Research Letters, Volume,48, Issue8, 28 April 2021

29）Secretariat of the Convention on Biological Diversity "Global Biodiversity Outlook 5", 2020年９月

参考文献

石川良文 2022「第３章 地域公共交通の価値と政策評価―コロナ禍における公共交通維持の必要性を踏まえて―」，地域政策研究プロジェクト編『地域公共交通政策の新展開』，勁草書房，pp.71-96.

飯島勝矢 2021「フレイル健診 COVID-19流行の影響と対策：「コロナフレイル」への警鐘」日本老年医学会雑誌，58巻２号，pp.228-234.

日本能率協会 2020『新型コロナウイルス感染症影響下における高齢者の心身への影響【中間的報告】』

（石川良文）

第2章

日本の感染状況と環境

2.1 はじめに

新型コロナウイルス感染症（COVID-19）は，2019年12月初旬に，中国の武漢市で1例目の感染者が報告されてから，わずか数カ月ほどの間にパンデミックと言われる世界的な流行となった。日本においては，2020年1月15日に最初の感染者が確認されて，2月4日には横浜港に到着した大型クルーズ船「ダイヤモンド・プリンセス号」における事例，3月2日から小学校，中学校，高等学校および特別支援学校等における一斉臨時休業が開始された事例など，危機管理上で重大な課題であるとの認識の下，「未知のウイルス」としながらも，情報が多くない中で対策がなされてきた。しかし，次第に感染者が増加し，4月7日には新型インフルエンザ等対策特別措置法に基づく緊急事態宣言が発出され，通勤ラッシュ回避や学校の休校，イベント自粛，不要不急の外出を控える等の要請がなされてきた。

本章では，第一に，『新型コロナウイルス感染症　緊急事態宣言の実施状況に関する報告』（内閣官房 2020，内閣官房 2021）より，第1回から第3回における緊急事態宣言に係る経緯等について時系列にて各地域の感染状況について整理し，新規感染者の増減について地域的な特徴をまとめる。

第二に，COVID-19の影響による日本の社会状況の変化とそれに伴う環境の変化について目を向ける。緊急事態宣言の発令により経済活動に制限を課されることで感染拡大抑え込みの政策が実行されているが，全国の移動人口（スマートフォンの特定のアプリケーションから，ユーザの同意の上取得したGPSデータを昼夜間人口ベースに人口統計化したデータ；内閣府より）の動向は，2019年同週比（以降，前年同週比）と比べて2021年11月第１週では87.2％と記録されており，緊急事態宣言が解除されていても2019年相当に回復していない。一方，世界気象機関（WMO）などは，世界各国でのロックダウン政策などで，コロナ禍による経済の停滞などもあり化石燃料由来のCO_2排出量は19年比で約６％減少したが，これは，森林などが自然に吸収する量を上回る減少量に相当し，大気中の二酸化炭素（CO_2）濃度が2020年に過去最高を更新したと報告するなど，環境への影響についても報告がなされてきている。

2.2　感染者の地域的広がりについて

COVID-19は，主に東京都，大阪府，愛知県およびその都市圏周辺の府県などでウイルスの拡大・収束期間が長くなる傾向にある。これは，感染拡大・収束期間と人口密度に比較的相関関係があり，人口密度に相当するソーシャルディスタンシング（感染拡大を防ぐために物理的な距離をとる）の重要性を示唆している（平田 2020）。また，飛沫飛散経路による感染シミュレーションが公開される（理化学研究所 2020）など，COVID-19の対策としてのマスクの効果といった研究成果が発表されてきた。これらは，気候が乾燥状態であれば飛沫は飛散しやすくなることが想定され，季節的な感染の流行予測に寄与してきたといえる。さらに，2021年11月現在では，ワクチン接種の効果や新規変異株に伴う感染力の強弱など，COVID-19の終息に向けて，感染者数増加に対する対応や経済を回復させるための新たな政策が進められている。ここでは，まず，日本のCOVID-19の感染者数の動向について整理し，地域的な特徴についてまとめる。

図２－１には，2020年２月１日～2022年１月31日までの全国のCOVID-19の新規感染者数についての時系列変化を日次統計と移動平均（７日間）で示す。この間，一般的には５つの波が確認され，新規感染者数の増減を繰り返し，

図２－１　全国の感染者数（2020年２月１日～2022年１月31日）

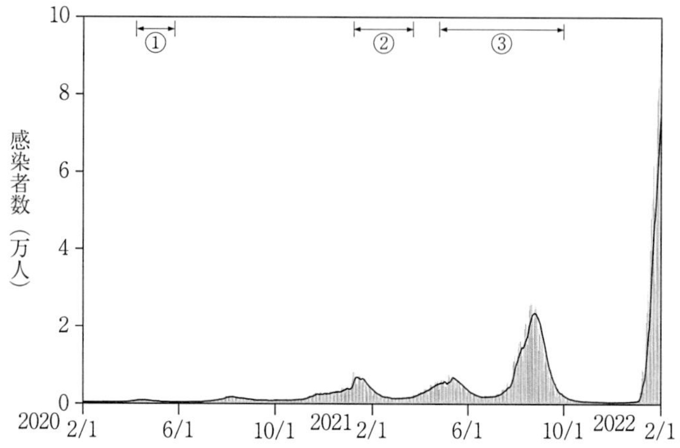

①第１回緊急事態宣言　②第２回緊急事態宣言　③第３回緊急事態宣言

出所：棒グラフは日次統計，実線は７日間の移動平均。厚生労働省の資料より作成。

３回にわたる緊急事態宣言が発出されている。2021年11月～12月には，感染者数が全国で100人未満になったが，2021年12月下旬より感染者数が増加しはじめた。2022年２月５日には一日の感染確認が全国で初めて10万人を超えたと報告されている。

第１回の緊急事態宣言は，2020年４月７日に７都府県に発令され，４月16日には47都道府県すべてが対象となった（図２－２）。

図２－３には，日本における各地域（関東４都県：東京都・神奈川県・埼玉県・千葉県，関西３府県：大阪府・京都府・兵庫県，東海３県：愛知県・岐阜県・三重県，北海道，沖縄県およびそのほかの県）の全国に占める人口割合（2020年10月）を示し，図２－４には，2020年４月１日～９月30日までの新規感染者の各地域の割合を示す。ここでは，COVID-19は，東京都区部や政令指定都市といった人口の多い都市を抱える都道府県の多くで感染拡大がみられており，各地域の傾向をみるため，上記のような区域としている。2020年４月７日から７都府県で発出された緊急事態宣言の期間中，関東４都県の割合が概ね50％を占め，４月頃から北海道の占める割合が高くなっている。また，緊急事態宣言が解除の頃

図2－2　第1回緊急事態宣言における対象地域の時系列

	第1回緊急事態宣言				
2020年	4/7	4/16	5/14	5/21	5/25
実施項目	7都府県で実施	40道府県の追加	39県の解除	3府県の解除	緊急事態宣言の解除
対象都道府県	福岡県 神奈川県・大阪府・兵庫県・埼玉県・千葉県・東京都・	左記以外の40道府県が追加	【実施継続】京都府・大阪府・兵庫県で東京都・神奈川県・北海道・埼玉県・千葉県・	京都府・大阪府・兵庫県の解除	
対象数	⑦	㊼	⑧		

出所：内閣官房（2020）の資料より作成。

図2－3　日本の各地域における全国に占める人口割合

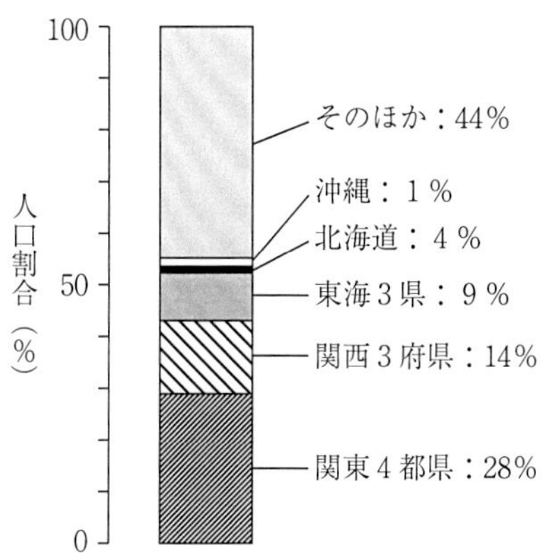

出所：総務省統計局の資料より作成。関東4都県は，東京都・神奈川県・埼玉県・千葉県，関西3府県は，大阪府・京都府・兵庫県，東海3県は，愛知県・岐阜県・三重県を示す。

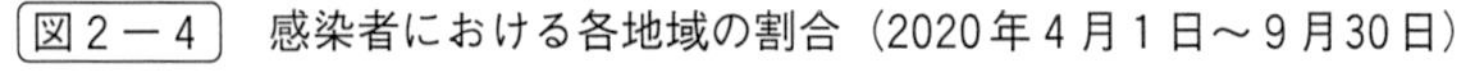

図2－4　感染者における各地域の割合（2020年4月1日～9月30日）

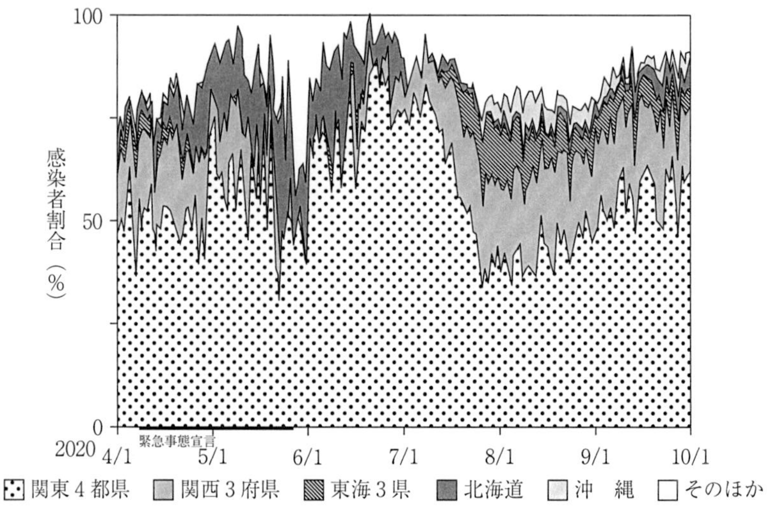

出所：厚生労働省の資料より作成。

は，再び，関東4都県の占める割合が90％近くに達するなど，特定の地域の占める割合の変動が大きい。この緊急事態宣言の期間中の全国での最大感染者数は644人（4月11日）で，このとき東京都では200人，関東4都県の合計で334人との感染者が確認された。感染の場の特性としては，いわゆるクラスターなどの特定場所での感染者数が全国の新規感染者に占める割合が多いことから，感染者割合の各地域の変動が大きいと考えられる。

7月・8月には，第2波とも呼ばれる新規感染者数のピークを迎え，一日の新規感染者数が全国で1,597人（8月7日）に達した。8月から10月にかけては，関東4都県，関西3府県，東海3県で，新規感染者の占める割合が80～90％ほどになり，人口の多い都市での感染者の占める割合が多くなっていることに加え，この頃のさらなる特徴として，北海道や沖縄県での感染者数の占める割合が増加してきている（図2－4）。しかし，第1回目の緊急事態宣言発動時に比べ，感染者には30代以下の人が多いことで重症化する人の割合が少なく，死者数が少ない中で，医療現場は逼迫していないなどとして，安倍晋三

図2－5　感染者における各地域の割合（2020年10月1日〜2021年3月31日）

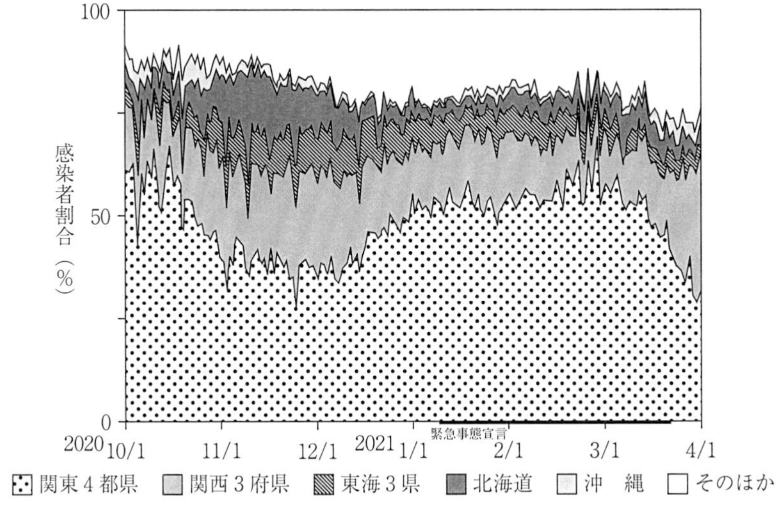

出所：厚生労働省の資料より作成。

元首相は「直ちに緊急事態宣言を出すような状況ではない」と述べ（朝日新聞2020），Go Toトラベルなどの事業が継続された。経済活動としては，特に，全国の宿泊者数の動向をみると，2020年9月第3週から前年同週と比較して+28％と増加に転じている。11月第3週には+121％と最大となり，前年同週比の増加の状態は12月第3週まで継続する（この時は+18％）。

次に，第3波が到来し，12月31日に東京都で新規感染者数が1,353人と，一日の感染者数として都道府県単位ではじめて1,000人を超す新規感染者が確認され（全国では4,500人），主に首都圏での新規感染者の急増（図2－5）に端を発し，第2回目の緊急事態宣言の発出となった（図2－6）。

2021年2月3日に改正された新型コロナウイルス対策の新型インフルエンザ等対策特別措置法では「まん延防止等重点措置」が新設された。これは，緊急事態宣言が出されていなくても集中的な対策を可能にするものとして制定された。しかし，2月下旬には，人口比の高い都市部の中でも関東4都県の占める新規感染者が依然として高く60〜70％（2月下旬の新規感染者数の平均は620.9

図2－6　第2回緊急事態宣言における対象地域の時系列

	第2回緊急事態宣言				
2021年	1/8	1/14	2/7	2/25	3/21
実施項目	4都府県で実施	7府県の追加	1県の解除	6府県の解除	緊急事態宣言の解除
対象都道府県	神奈川県 埼玉県・千葉県・東京都・	福岡県 京都府・大阪府・兵庫県・ 栃木県・岐阜県・愛知県・	栃木県	大阪府・兵庫県・福岡県 岐阜県・愛知県・京都府・	
対象数	④	⑪	⑩	④	

出所：内閣官房（2021）の資料より作成。

人であり，全国平均では1,132.5人）で推移し，関東４都県では緊急事態宣言の１カ月ほどの実施延長となり，３月21日に第２回目の緊急事態宣言が解除された。これ以降，大阪府では感染者が増加し，３月下旬には，関東４都県と関西３府県の感染者の占める割合が逆転し，４月５日から大阪府が「まん延防止等重点措置」の実施区域に指定された。程なくして，第４波では，大阪府を中心として，医療の逼迫が生じ長期（158日間）にわたる３回目の緊急事態宣言の発出となっていく（図２－６）。

関西３府県では，2021年４月13日に全国に占める割合にして，約45％の新規感染者が確認された（図２－７）。この時，大阪府では，一日の新規感染者数としてはじめて1,000人を超す1,099人の新規感染者が確認された。全国の人口に対する関西３府県の人口の割合は14％であるが，人口の割合の高い関東４都県を上回る比率での感染者が確認されたことがわかる。第３回目は関西３府県等での感染拡大により緊急事態宣言となっていく（図２－８）。なお，第３回目の緊急事態宣言の期間中には，５月23日に沖縄県が対象区域に加わり，

図2－7　感染者における各地域の割合（2021年4月1日～9月30日）

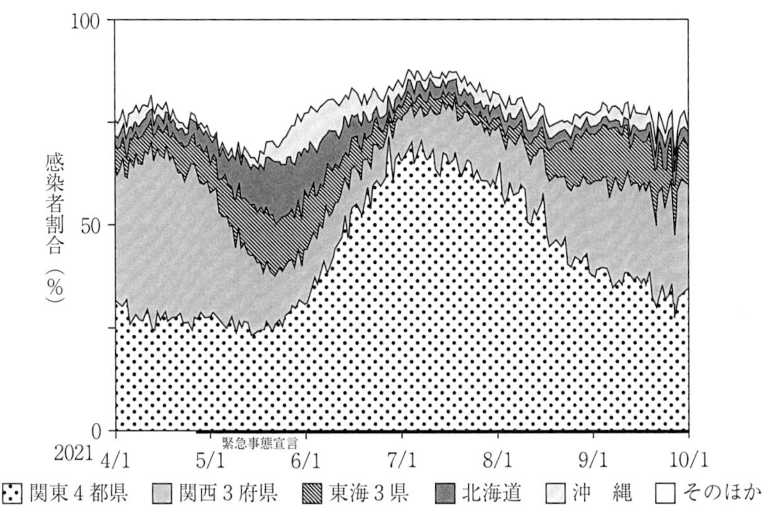

出所：厚生労働省の資料より作成。

図2－8　第3回緊急事態宣言における対象地域の時系列

	第3回緊急事態宣言										
2021年	4/25	5/12	5/16	5/23	6/20	7/12	8/2	8/20	8/27	9/13	9/30
実施項目	4都府県で実施	2県の追加	3道県の追加	1県の追加	9都道県の解除	1都の追加	4府県の追加	7府県の追加	8道県の追加	2県の解除	緊急事態宣言の解除
対象都道府県	東京都・京都府・大阪府・兵庫県	愛知県・福岡県	北海道・岡山県・広島県	沖縄県	北海道・宮城県・東京都・岐阜県・愛知県・三重県・滋賀県・岡山県・広島県	東京都	埼玉県・千葉県・神奈川県・大阪府	茨城県・栃木県・群馬県・静岡県・京都府・兵庫県・福岡県	北海道・宮城県・岐阜県・愛知県・三重県・滋賀県・岡山県・広島県	宮城県・岡山県	
対象数	④	⑥	⑨	⑩	①	②	⑥	⑬	㉑	⑲	

出所：内閣官房（2021）の資料より作成。

9月30日までの間宣言下となった。そのほかの都道府県では，解除と再度の緊急事態宣言が繰り返され，「4回目」と表現されている地域もあった。2021年10月1日以降，新規感染者数は2021年11月末までは減少し，新規感染者が0人の府県も報告された。また，人口が集中する都心部でも10人未満の地域が出てきている。

2.3 COVID-19と大気環境

世界各国・地域では，COVID-19の対応として，全面的もしくは一部でロックダウン（都市封鎖）政策がなされ，世界規模の生産活動の縮小にもつながった。また，海外では都市封鎖した上で，外出禁止令を出し，違反者の逮捕や罰金に踏み切る国・地域もあったが，日本では新型インフルエンザ等対策特別措置法に根拠をおいて移動自粛要請の対策がなされた。一方，都市封鎖の措置は，工場の操業停止や外出自粛要請により，短期間のうちに人類社会と世界経済に深刻な打撃となった一方，社会経済の活動量の減少により汚染物質の排出量が減り大気汚染の濃度も低下をもたらした。例えば，アメリカ航空宇宙局（NASA）などの衛星による観測データからは，インドや中国で大気汚染が著しく改善した結果が公表され，世界各国で大気環境の改善に関する研究・報道が多くある（Dutheil 2020など）。宮崎ほか（2021）では，2020年4月と5月には，大気汚染物質である窒素酸化物（NOx）の排出量は地球全体で少なくとも15％，欧州や北米では18～25％ほど減少したと報告している。また，排出量の減少により，地球全体の対流圏のオゾン総量は2％ほど減少し，大気汚染のみならず地球の放射バランスにも顕著な影響を及ぼしたと報告している。また，CNN（2021）の報道によれば，スイスの調査会社IQエアが世界106カ国の政府や民間企業からデータを集め，微小粒子状物質（PM2.5）の濃度などを調べ，その結果，調査対象のうち65％の都市，84％の国で大気環境の改善がみられたと報道されている。ここでは，日本におけるCOVID-19と環境の関連性についても目を向け，日本における自動車の交通量と大気環境との関係から，COVID-19と環境について考察する。国土交通省では，1回目の緊急事態宣

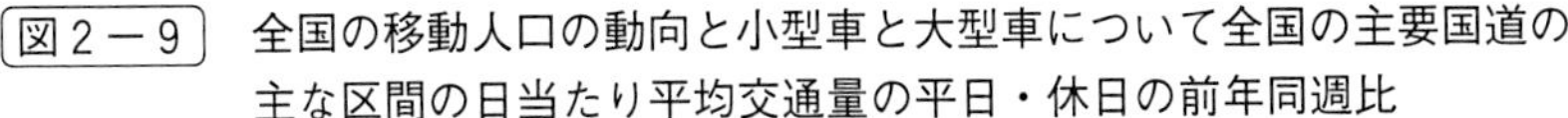
図2－9　全国の移動人口の動向と小型車と大型車について全国の主要国道の主な区間の日当たり平均交通量の平日・休日の前年同週比

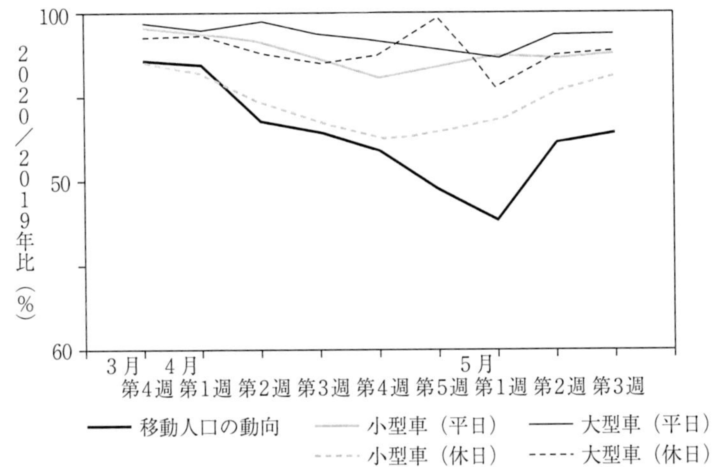

出所：移動人口の動向はV-RESAS，株式会社Agoop『流動人口データ』をもとに著者作成，平均交通量は国土交通省の資料より作成。

言発出以降の全国・主要都市圏における高速道路・主要国道の主な区間の交通量増減についてまとめている。図2－9には，流動人口データを元に2020年の全国の移動人口の動向（内閣府のデータを利用）と，小型車と大型車について全国の主要国道の主な区間の日当たり平均交通量の平日・休日の2019年の前年同週比について示した。1回目の緊急事態宣言が発出されていた期間は，移動人口が5月第1週の前年同週比37.8％（−62.2％）になるなど，移動人口の動向に大きな影響を与えたといえる。なお，緊急事態宣言の解除直後の6月第1週には57.6％まで増加し，6月第3週（76.9％）以降，前年同週比として概ね75％～95％の数値で推移しており，1回目の緊急事態宣言は，特に人の移動に大きな影響を与えたといえる。この時の小型車の交通量の増減は，1回目の緊急事態宣言の発出期間，特に，ゴールデンウィーク期間などの休日を中心に交通量が減少しており，前年同週比として平日は81～91％，休日は63～81％と平日と休日との減少率に差が大きく，主に休日の自粛につながっていたとい

図2－10　東京・愛知・三大都市圏における主要国道の平均日交通の前年同週比（2020／2019年比）

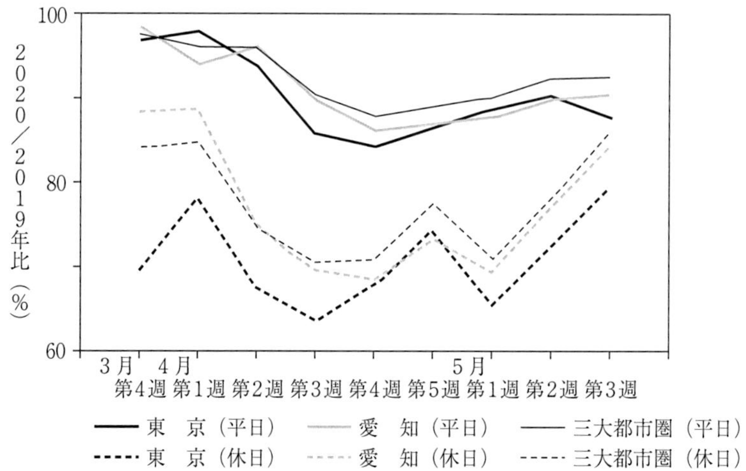

出所：平均日交通量は国土交通省の資料より作成。

える。一方，大型車の交通量は，平日が86～97％，休日が77～99％と，人口移動の動向や，小型車の交通量の同週比ほどの減少に至っていない。国土交通省関東地方整備局（2021）によれば，神奈川県内のCOVID-19の感染流行の前後での交通情勢の変化について，同じように，交通量は平日・休日ともに減少している一方，大型車交通量の減少率は小さいことを報告している。また，これらのことは，主要渋滞箇所における大気モニタリング指標の適合状況についても考えられる。

図2－10には，東京都（西馬込：大田区），愛知県（東中島：名古屋市中川区）および三大都市圏（ここでは，国土交通省の資料に基づく三大都市圏の各国道1号での観測点の平均日交通量）の全車における日当たりの交通量の平均値（平均日交通量）について，平日と休日に分けて前年同週比を示す。この期間では，全車における小型車の比率は，平日でおよそ8割，休日ではおよそ9割を小型車が占めることから，図2－10のように，全車における平均日交通量を比較した場合，小型車の交通量の変動が全体の平均日交通量の増減に影響を及ぼしているといえ

る。東京都では，平日・休日ともにほとんどの前年同週比で下回っているが，愛知県では，4月第3週以降（4月13日～19日）より平日の平均日交通量は三大都市圏の平均日交通量より下回っている。ゴールデンウィーク期間などを中心とした休日を除くそれ以外の休日の平均日交通量は，三大都市圏とほぼ同等となっており，大型車の平均日交通量の減少があったといえる。これらから，東京都では三大都市圏のいずれよりも平均日交通量の減少が大きく，京阪神（ここでは，国土交通省の資料に基づき，京都府の資料を使用）での平均日交通量は，東京都・愛知県よりも減少率が小さかったといえる（前年同週比で，増加している週もある）。なお，全国的な平均日交通量は，連休期間中（4月第5週・5月第1週）には，小型車の平均日交通量が減少しており，全車として交通量が回復しない事例がみられるが，三大都市圏の平均日交通量との変動の差異はほとんどない。

このような交通量の増減は，自動車排出ガスによる大気環境についても影響を与えたと考えられる。そこで，緊急事態宣言発出以降の全国・主要都市圏における高速道路・主要国道で計測している自動車排出ガス測定局（以下，自排局）の大気汚染物質である窒素酸化物の時間変動について示す。

自排局とは，大気汚染の状況を常時監視するために設置する測定局のうち，自動車から排出される有害大気汚染物質による大気の汚染状況の把握のため，人が常時生活し，活動している場所で，自動車排出ガスの影響が最も強く現れる道路端またはこれにできるだけ近接した場所付近に設置されている測定局のことである。測定項目は，二酸化硫黄（SO_2），二酸化窒素（NO_2），一酸化炭素（CO），浮遊粒子状物質（SPM），光化学オキシダント（Ox），微小粒子状物質（PM2.5）などである。これらの数値は，工場・事業場からの排出抑制対策，自動車排出ガス対策，低公害車の普及の立案等に使用される。

窒素酸化物（NO_x）は，大気汚染物質として重要な一酸化窒素（NO）や二酸化窒素などを指し，大気の常時監視ではこの両者の濃度の合計値を意味する。窒素酸化物が生成される要因は，主に①石油などの燃料が燃焼する際に，燃料中に含まれている窒素（N）が，燃焼時に大気中の酸素（O）と結合して生成されるもの，②燃料などが高温で燃焼する際に，空気中に約80％含まれている

図２－11　2019年および2020年における東京都「北品川交差点」地点の窒素酸化物の変化

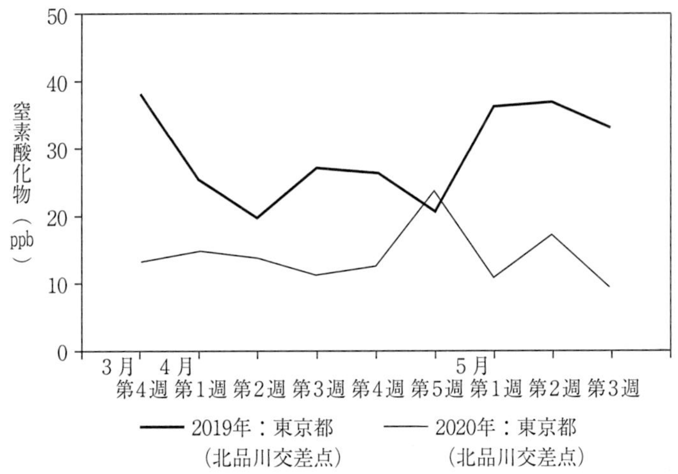

出所：東京都環境局の資料より作成。

窒素が，大気中の酸素と結合して生成されるものである。つまり，工場や事業場のボイラ（重油，都市ガス等），自動車のエンジン（ガソリン，軽油等），家庭のコンロやストーブ（都市ガス，プロパンガス，灯油等）などで燃料等を燃焼させると，その過程で必ず窒素酸化物が発生し，燃焼温度が高温になるほど発生量が多くなる。二酸化窒素には環境基準が設定されており，代表的な大気汚染物質の一つとして，大気汚染防止法で規制・監視の対象となっていることから，ここでは，窒素酸化物の変動について採用した。

図２－11および図２－12には，図２－10における交通量の観測地点付近にある自排局の観測値を用いることとし，東京都「北品川交差点」と，愛知県「熱田神宮公園」の観測地点における，2019年と2020年の窒素酸化物の観測値を用いた。観測値は，１時間ごとの観測値であり，朝夕などの時間における変動，曜日の違いによる交通量の差異を考慮し，７日間の移動平均を算出し平滑化した値とした。「北品川交差点」では，19.4～38.3ppb（2019年），9.4～23.7ppb（2020年）で変動しており，交通量調査の結果（図２－９・２－10）のと

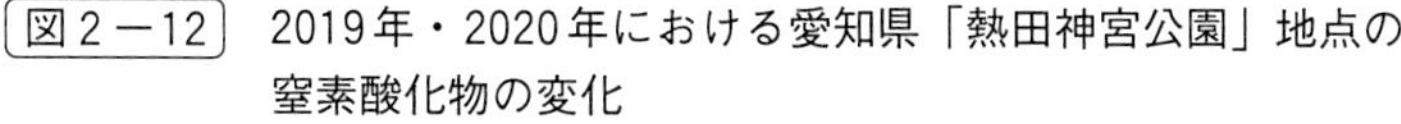

図２－12　2019年・2020年における愛知県「熱田神宮公園」地点の窒素酸化物の変化

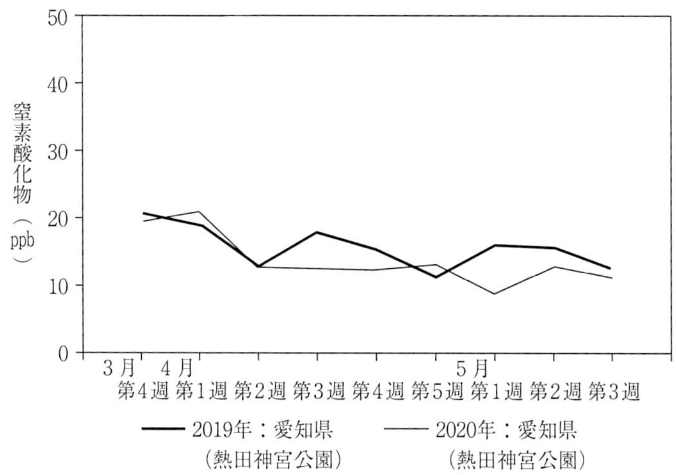

出所：名古屋市の資料より作成。

おり，2020年の交通量減少に伴う窒素酸化物濃度の低下が，顕著に認められる（図２－11）。愛知県「熱田神宮公園」では，３月第４週には同程度であるが（20.5ppb（2019年），21.1ppb（2020年）），以降，５月第３週にかけて濃度低下する傾向は，2019年，2020年ともにほぼ変わらない（図２－12）。自動車の排気ガスを窒素酸化物の主な起源として論じるためには，地点ごとの交通量はもとより，地形的影響による風の有無なども異なる。したがって，その濃度の違いから議論を深めるより，ここでは，2019年と2020年との窒素酸化物の濃度の差の変動傾向から考察を進める。

図２－13には，「北品川交差点」と「熱田神宮公園」について，2019年と2020年の窒素酸化物濃度差の変動について示した。前述の通り，東京都および愛知県では，１回目の緊急事態宣言の際に，ゴールデンウィークにあたる連休の期間はCOVID-19の流行前の2019年とは異なる増減傾向が認められた。しかし，概ね両地域の主要な国道における交通量の減少が，窒素酸化物の排出量の減少へとつながり，やや増加している時期が認められるものの，結果とし

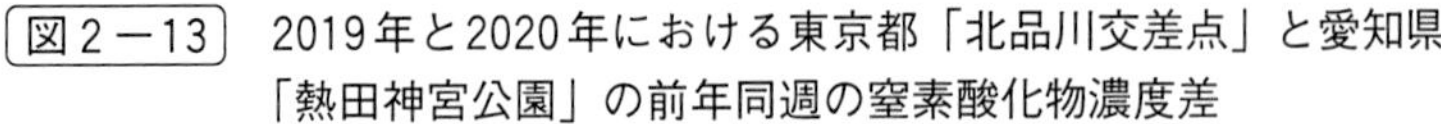
図2－13　2019年と2020年における東京都「北品川交差点」と愛知県「熱田神宮公園」の前年同週の窒素酸化物濃度差

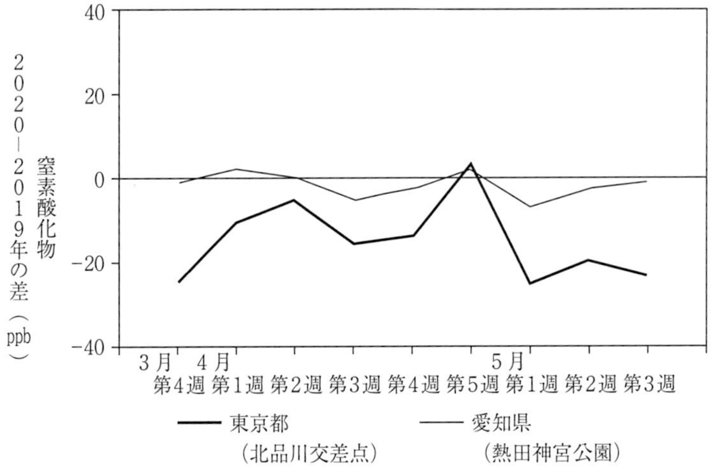

出所：「北品川交差点」は東京都環境局の資料，「熱田神宮公園」は名古屋市の資料より作成。

て，2020年4月第2週から5月第3週の緊急事態宣言中の期間の平均として14.5ppb（北品川交差点），2.6ppb（熱田神宮公園）の減少となっている。これは，2019年のこの期間の窒素酸化物の濃度の平均値から考えると，52％減（北品川交差点），12％減（熱田神宮公園）となる。さらに，他地域を算出してみると，東京都の他の自排局「環七通り松原橋（大田区）」では17％減，愛知県名古屋市の他の自排局「元塩公園（名古屋市南区）」では3％減，大阪府大阪市の自排局「今里交差点（大阪市東成区）」では12％減と，緊急事態宣言の期間中，各地域でも窒素酸化物の濃度の低下が認められた。

日本では，かつて公害問題が多発し，その改善に向けて，様々な対策・規制がとられてきた。現在では，すでに空気が比較的きれいな国となっており，多くの人々が住んでいる割には，きれいな状態となっているため，他国に比べて例年との違いを肌感覚で認識するのは難しいものと考えられる。しかしながら，実際には，窒素酸化物の減少は認められ，統計的に有意な差が出ていると考えられる。

2.4　COVID−19と水環境

日本におけるCOVID−19と環境の関連性については，自動車の交通量と大気環境との関係を前節で指摘した。加えて，COVID−19の対応に伴う都市封鎖は，大気環境のみならず，水環境の変化にも影響があったと伝えられる。例えば，CNN（2020）によれば，2020年３月に，イタリアの観光地であるベネチアにおいて，運河を流れる水が澄んでみえ，小さな魚が泳ぐ姿も見られるようになったと報道された。これは，ベネチアの海洋科学研究所などによれば，水質改善ではないが，観光客が減少し，船が引き起こす水流が減ったことで，運河に沈殿する固形物が巻き上がりにくく，水が澄んだものと伝えている（朝日新聞 2020）。

また，自然環境下における水環境調査により，新型コロナウイルス（以降，SARS-CoV-2）の下水からの検出なども報告されている。例えば，米国やオランダでは，施設や都市の下水に含まれるSARS−CoV-2を定期的にモニタリングすることで，流行状況の早期検知や収束判断などを実施している。イタリアでは，下水と河川におけるSARS−CoV-2の存在と感染性について報告され，下水処理場の流入水と河川水の一部からSARS−CoV-2は検出されたが，その処理水からは検出されず，また，いずれもウイルスの感染性は認められないと報告されている（Rimoldi et al. 2020）。日本では，2020年４月14日に採取された，山梨県内の下水処理場における塩素消毒前下水処理水からSARS−CoV-2 RNAが検出された。この時期は，山梨県内の感染流行がピークを迎える時で，下水疫学調査が国内で初めて実施された事例となった。日本においては，米国や欧州の一部の国・地域と比較して，人口当たりのCOVID−19の感染者数が少なく，下水中のSARS−CoV-2の濃度が低いため，都市の下水からウイルスを検出するためには，感度の高い検出技術が必要とされている。WHO（2020）では，SARS−CoV-2の主な感染経路は呼吸器飛沫と直接接触であり，糞便中の感染性ウイルスの報告はあるが，感染者の糞便および糞便−口腔経路からのSARS−CoV-2感染リスクは低いようであるとされている。SARS−CoV-2の

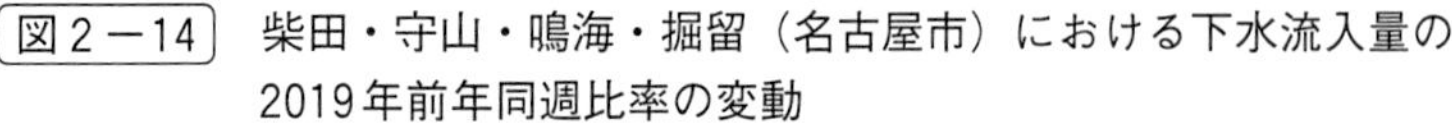

図2－14　柴田・守山・鳴海・掘留（名古屋市）における下水流入量の2019年前年同週比率の変動

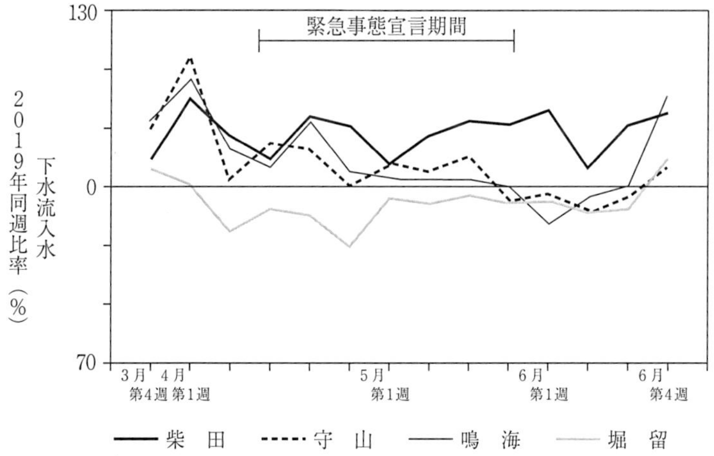

出所：名古屋市上下水道局の資料より作成。

下水での挙動については，感染予測にもつながり，さらに研究が進められている。

日本においては下水道完備率が比較的高く，自然環境下へは，生活排水の多くは処理されたものが排出されることになるが，ここでは，自粛要請に伴う各戸で過ごす時間の長時間化による下水流入量の変動について把握する。図2－14には，名古屋市内における柴田，鳴海，守山および堀留の水処理センターの下水道流入水の水量について，2019年との前年同週比について示す。名古屋市には，15カ所の水処理センターがあり，人口普及率は99.3％に達する(2016年)。柴田，鳴海，守山は，いずれも処理区域面積・人口が名古屋市内でも上位にあたる大規模な水処理センターであり，いずれもベッドタウン的要素の地区を範囲としており，移動自粛による各戸で過ごす時間の長時間化などの影響を受けると考えられる。特に，１回目の緊急事態宣言の期間中である４月第３週から５月第４週において，移動自粛の強い傾向にある中，下水道流入水の水量の前年同週比率が100～112％と比較的増加傾向にあった。しかしながら，堀留水処理センターでは，繁華街の栄地区などの中区の大部分が処理区域であり，自粛要請に伴う休業および営業時間短縮において，前年同週比率として90～98％と他の処理場と異なる傾向となった。また，2回目の緊急事態宣言下（2021年1月14日～2月25日）においては，堀留水処理センターの2019年との前年同週比率の平均では97％であり，2020年との前年同週比率の平均では95％となった。このことからも，一部飲食店などへの休業および営業時間短縮は，下水処理への流入の増減にも影響を与えていたといえる。なお，名古屋市は，COVID-19の影響を受け，収入が大幅に減少した等により，上下水道料金の支払いが困難な世帯や事業者には，支払猶予等の政策がとられており，全国的にも同様の政策が実施されている。

2.5　おわりに

本章では，日本の感染状況について整理し，地域的な特徴をまとめた。東京都区部や政令指定都市といった人口の多い都市を抱える都道府県の多くで感染拡大が顕著であり，東京都，愛知県，京都府，大阪府，兵庫県では，4回の緊急事態宣言の対象となっている（2022年1月末時点）。1回目の緊急事態宣言期間中には，全国的に移動人口が大きく低下し，その影響により交通量の変化も生じている。その結果，大気環境では各都市部の特に窒素酸化物に濃度の低下が認められた。日本では，すでに大気汚染問題は比較的改善されているものの窒素酸化物の減少は統計的に有意な差が出ていると考えられる。

また，COVID-19における水環境への影響は，今のところ，大気環境ほど目に見える劇的な変化は大きくない。しかし，感染性疾患が通常発生しているレベル以上に増加する（アウトブレイク）期間中にも，予防と人の健康を保全するためには，安全な上水，下水，廃棄物の管理と衛生状態の提供が必要不可欠である。そのためにも，COVID-19を含むウイルスの関連情報を収集し，水環境の管理に関しても感染予防と制御・感染予測，政策の施行が重要であるといえる。

参考文献

朝日新聞　2020「安倍首相「直ちに緊急事態宣言を出す状況ではない」」『朝日新聞』，2020年8月6日
https://www.asahi.com/articles/ASN4M55S2N4LUHBI00S.html（最終閲覧日：2021年11月26日）

朝日新聞　2020「野生動物，澄んだ水，青い空…　人影消えたら現れた」『朝日新聞』，2020年4月19日
https://www.asahi.com/articles/ASN4M55S2N4LUHBI00S.html（最終閲覧日：2021年11月26日）

厚生労働省　2020「新型コロナウイルス感染症の現在の状況と厚生労働省の対応について（令和2年4月7日版）」
https://www.mhlw.go.jp/stf/newpage_10723.html（最終閲覧日：2021年11月26日）

国土交通省関東地方整備局　2021「神奈川県移動性（モビリティ）向上プロジェクト，新型コロナウイルス情勢下の交通状況分析」『神奈川県移動性（モビリティ）向上委員会』
https://www.ktr.mlit.go.jp/yokohama/yokokoku00570.html（最終閲覧日：2021年11月26日）

内閣官房　2020「新型コロナウイルス感染症　緊急事態宣言の実施状況に関する報告（令和2年6月）」
https://corona.go.jp/news/pdf/kinkyujitaisengen_houkoku0604.pdf（最終閲覧日：2021年11月26日）

内閣官房　2021「新型コロナウイルス感染症　緊急事態宣言の実施状況に関する報告（令和3年10月）」
https://corona.go.jp/news/pdf/houkoku_r031008.pdf（最終閲覧日：2021年11月26日）

平田晃正　2020「新型コロナウイルス，人口密度と気温・絶対湿度が影響　～新型コロナウイルスの拡大・収束期間，感染者数・死者数の分析結果について～」『名古屋工業大学プレスリリース』，2020年6月17日
https://www.nitech.ac.jp/news/press/2020/8366.html（最終閲覧日：2021年11月26日）

宮崎和幸・Kevin Bowman・関谷高志・滝川雅之・Jessica Neu・須藤健悟・Greg Osterman1・Henk Eskes　2021「Global tropospheric ozone responses to reduced NOx emissions linked to the COVID-19 world-wide lockdowns」『Science Advances』，7(24)，1-14.
https://www.science.org/doi/10.1126/sciadv.abf7460

理化学研究所　2020「飛沫やエアロゾルの飛散の様子を可視化し有効な感染対策を提案～「富岳」による新型コロナウイルス対策その1」
https://www.r-ccs.riken.jp/highlights/pickup2/（最終閲覧日：2021年11月26日）

CNN　2021「大気環境がロックダウンで改善，世界の84％」『CNN.co.jp』，2021年3月16日

https://www.cnn.co.jp/fringe/35167894.html（最終閲覧日：2021年11月26日）
CNN　2020「ベネチアの運河，美しさ取り戻す　観光客激減で予想外の影響」『CNN.co.jp』，2020年3月17日
https://www.cnn.co.jp/travel/35150945.html（最終閲覧日：2021年11月26日）
Fuminari Miura, Masaaki Kitajima, Ryosuke Omori　2021「Duration of SARS-CoV-2 viral shedding in faeces as a parameter for wastewater-based epidemiology: Re-analysis of patient data using a shedding dynamics model」『Science of The Total Environment』769, 1-5.
Frédéric Dutheil, Julien S. Baker, Valentin Navel　2020「COVID-19 as a factor influencing air pollution?」『Environmental Pollution』，263-A，1-3.
https://doi.org/10.1016/j.envpol.2020.114466
Haramoto Eiji, Bikash Malla, Ocean Thakali, Masaaki Kitajima 2020「First environmental surveillance for the presence of SARS-CoV-2 RNA in wastewater and river water in Japan」『Science of the Total Environment』，737，1-8.
https://doi.org/10.1016/j.scitotenv.2020.140405
Sara Giordana Rimoldi, Fabrizio Stefani, Anna Gigantiello, Stefano Polesello, Francesco Comandatore, Davide Miletom, Mafalda Maresca, Concetta Longobardi, Alessandro Mancon, Francesca Romeri, Cristina Pagani, Francesca Cappellib, Claudio Roscioli, Lorenzo Moja, Maria Rita Gismondo, Franco Salerno　2020「Presence and infectivity of SARS-CoV-2 virus in wastewaters and rivers」『Science of The Total Environment』，744.
https://doi.org/10.1016/j.scitotenv.2020.140911
UNICEF/WHO　2020「新型コロナウイルス感染症（COVID-19）に対する水と衛生，廃棄物処理について　暫定ガイダンス（2020年7月29日版）」
https://extranet.who.int/kobe_centre/ja/covid/covid-technical（最終閲覧日：2021年11月26日）

【データ入手】

大阪府：大阪府大気環境常時監視システム
http://taiki.kankyo.pref.osaka.jp/taikikanshi/（最終閲覧日：2021年11月26日）
環境省：環境省大気汚染物質広域監視システム，そらまめくん
https://soramame.env.go.jp/（最終閲覧日：2021年11月26日）
厚生労働省：新型コロナウイルス感染症について，オープンデータ
https://www.mhlw.go.jp/stf/covid-19/open-data.html（最終閲覧日：2022年2月10日）
国土交通省：全国・主要都市圏における高速道路・主要国道の主な区間の交通量増減（更新：令和3年11月26日 11時）
https://www.mlit.go.jp/road/road_fr4_000090.html（最終閲覧日：2021年11月26日）
国立環境研究所：環境GIS　環境展望台

https://tenbou.nies.go.jp/（最終閲覧日：2021年11月26日）
総務省統計局：政府統計の総合窓口（e-Stat）；人口推計
https://www.e-stat.go.jp/（最終閲覧日：2021年11月26日）
東京都環境局：大気汚染測定結果ダウンロード
https://www.kankyo.metro.tokyo.lg.jp/air/air_pollution/toriku mi/result_measurement.html（最終閲覧日：2021年11月26日）
名古屋市：大気汚染の常時監視データ（確定値）
https://www.city.nagoya.jp/shisei/category/53-5-22-8-1-2-0-0-0-0.html（最終閲覧日：2021年11月26日）
V-RESAS：V-RESAS，株式会社Agoop『流動人口データ』
https://v-resas.go.jp/（最終閲覧日：2021年11月26日）

（大八木英夫）

第3章

コロナ禍における旅行消費の減少による地域経済への影響

3.1 はじめに

新型コロナウイルス感染症（COVID-19）は，その感染拡大と共に深刻な世界的不況を引き起こした。日本においては，2020年3月から感染者が急増し4月に緊急事態宣言が発令されると，経済に与える影響も深刻さを増し，2020年4－6月期のGDP成長率は，実質で前期比8.0％減，年率換算で28.5％減となった[1)]。第1章に示したように，2020年の世界GDP成長率は−3.1％，日本は−4.5％であり，世界経済，日本経済共に戦後最悪の景気後退となった。日本では，民間消費，民間投資，輸出で大きな落ち込みを見せ，外出自粛の影響が大きかった家計最終消費支出は2020年度に対前年度比で6.2％減となり，特に日本人国内旅行消費は前年比で54.5％減少した[2)]。

我が国では，これまで観光立国の名の下，国内外から旅行者を増やすと共に観光によってもたらされる経済効果を期待し，様々な政策が実施されてきた。2008年には観光行政を担う観光庁が設置され，2016年には観光ビジョンを策定した[3)]。このビジョンでは2020年までに訪日旅行者を4,000万人，2030年には6,000万人とする目標が掲げられ，2019年には過去最多の3,188万人の外国人が日本を旅行した。旅行消費額は4兆8,135億円にも上り，経済産業省は経済波及効果として7兆8千億円の生産誘発効果が生じたと推計している[4)]。訪日外国人以上に旅行消費をもたらしてきたのが，日本人の国内旅行消費である。旅行・観光消費動向調査によれば，その額は2019年に21兆9,312億円であり，訪日外国人による観光消費額の4.6倍となっている[5)]。

近年，日本人および外国人による日本国内での旅行消費は拡大傾向にあったが，新型コロナウイルス感染症の拡大により大きく落ち込むこととなった。旅行消費の減少は，主に宿泊業，飲食業などの産業に直接的なダメージを与えるが，それらの産業が使用する財・サービスを含めた産業連関による経済波及の観点から見れば，その影響は様々な産業におよび，日本経済全体にも大きな影響をもたらしたと考えられる。しかし，その影響は地域経済の観点からは全国一様ではなく，旅行者の減少の度合いや産業構造の違いによって，地域別の影響は異なるものとなったと思われる。

本章では，以上の状況を鑑み，新型コロナウイルス感染症の拡大による地域経済への影響として旅行消費を取り上げる。旅行消費の影響は地域別に異なると考えられるため，都道府県別の経済影響を分析し，各都道府県に与えた影響の度合いを考察する。

3.2　新型コロナウイルス感染症の拡大に伴う旅行消費の変化

（1）感染者数の推移と緊急事態宣言

新型コロナウイルス感染症の国内感染者数は2021年12月24日現在，累積で172万6,106人であり，死亡者数は1万8,378人に上る。これまでの感染状況とその措置を，特に観光客が減少した2020年春に振り返ってみると，日本では3月下旬に感染者数が急増し，4月7日から5月6日までの期間，新型インフルエンザ等対策特別措置法に基づき緊急事態措置がとられた。当初は緊急事態措置を実施すべき区域として，埼玉，千葉，東京，神奈川，大阪，兵庫および福岡が指定され，その後4月16日に実施区域が全都道府県となり，北海道，茨城，埼玉，千葉，東京，神奈川，石川，岐阜，愛知，京都，大阪，兵庫および福岡の13都道府県においては特に重点的に感染拡大の防止に向けた取り組みを進めていく必要がある「特定警戒都道府県」とされた。さらに緊急事態措置は5月4日に5月31日まで延長され，その後更なる区域変更を経て5月25

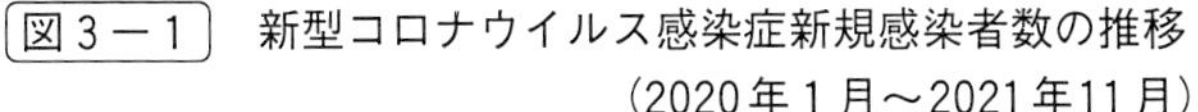

図３－１　新型コロナウイルス感染症新規感染者数の推移
（2020年１月～2021年11月）

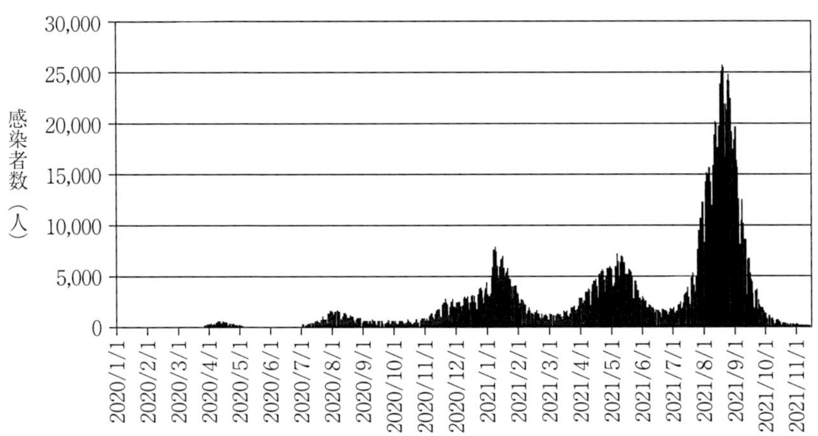

出所：厚生労働省オープンデータ　https://www.mhlw.go.jp/stf/covid-19/open-data.html
（最終閲覧日：2021年12月24日）より著者作成。

日に緊急事態の解除が宣言された。

日本では図３－１に見るように，2020年３月から５月に第１波，７月から８月に第２波，11月から2021年２月に第３波，同年３月下旬から６月に第４波，７月から９月に第５波の感染拡大期（2021年12月末時点）があり，観光客が最も減少したのは2020年３月から５月における第１波の感染拡大期である。この頃，各都道府県は，新型コロナウイルス感染症のまん延の防止のため，特措法の規定に基づき，「外出の自粛の協力要請」25県，「催物の開催制限等の協力要請」47都道府県全県，「施設の使用制限等の協力要請」45都道府県等の措置がとられ，実質この緊急事態措置の期間において，全ての都道府県で観光，出張含む全ての旅行が自粛される事態となった。

本章では，2020年１年間の旅行消費の減少とその経済的影響を分析するが，2020年における10万人当たり感染者数（以下，感染率と呼ぶ）を都道府県別にみると図３－３のようになる。東京都は突出して感染率が高く10万人当たり429人であり，次いで沖縄365人，大阪340人，北海道257人の順である。新型コ

図3－2　新型コロナ感染症新規感染者数の推移（2020年1月～2020年12月）

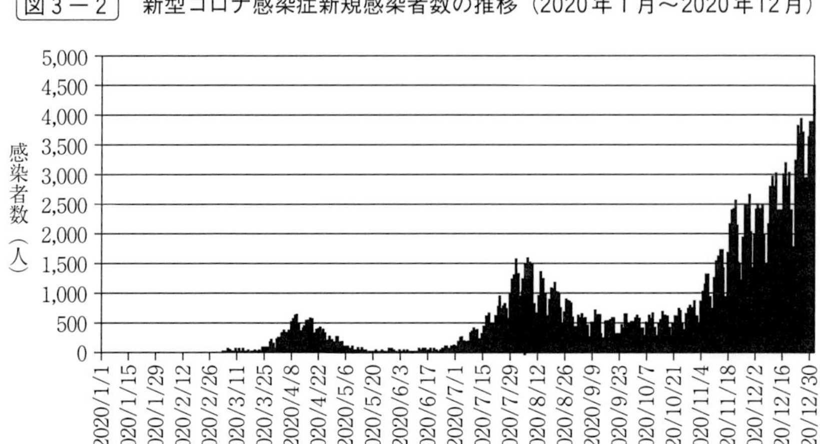

出所：厚生労働省オープンデータ https://www.mhlw.go.jp/stf/covid-19/open-data.html
（最終閲覧日：2021年12月24日）より著者作成。

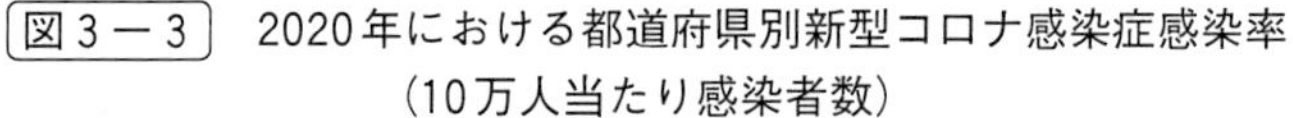
図3－3　2020年における都道府県別新型コロナ感染症感染率
（10万人当たり感染者数）

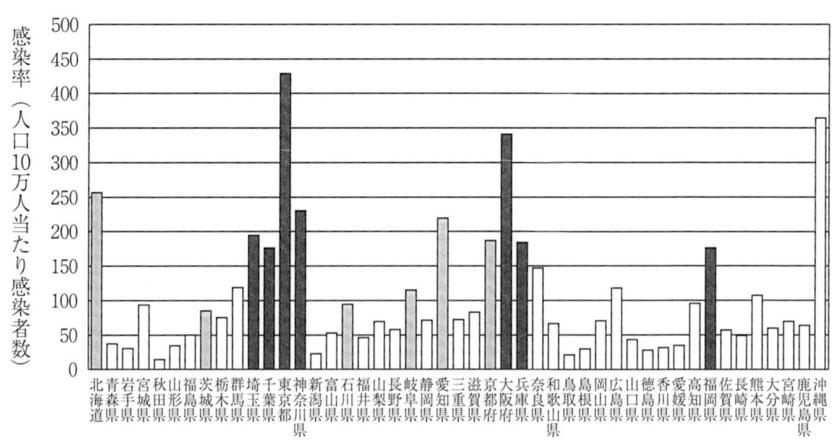

出所：厚生労働省オープンデータ https://www.mhlw.go.jp/stf/covid-19/open-data.html
（最終閲覧日：2021年12月24日）および総務省国勢調査より著者作成。

ロナウイルス感染症は，人口が多く社会経済活動の活発な都市で感染が拡大すると言われたが，日本においては沖縄，北海道といった本州から離れた観光の盛んな地域でも感染が拡大し，これらの地域では観光産業に対して大きなダメージを与えたと考えられる。一方，東北，北陸，中国，四国などの比較的人口の少ない地域では感染者数は多くなかったが，緊急事態宣言の発令や観光レジャーの自粛ムードにより，感染率の低かった地域においても大きな経済影響が生じたと考えられる。

（2）日本人国内旅行者数と旅行消費の状況

日本人の国内旅行者数は2019年に年間５億8,710万人であり，年ごとの変動はあるものの，ここ10年間概ね延べ６億人前後で推移していた（図３－４）。一方で１人１回当たりの旅行単価は増加傾向にあり，2011年の３万2,222円から2019年の３万7,355円と推移した（図３－５）。旅行消費額全体でも概ね増加傾向にあり，2011年の19兆7,369億円から2019年には21兆9,312億円と２兆1,943億円増加した（図３－４）。

このように堅調な旅行需要で推移していたが，新型コロナウイルス感染症の拡大に伴い状況は一変してしまった。2020年１年間の日本人旅行者数は２億9,341万人と前年から半減し，特に１回目の緊急事態宣言が発出中であった４

図３－４　日本人国内延べ旅行者数と旅行消費額の推移

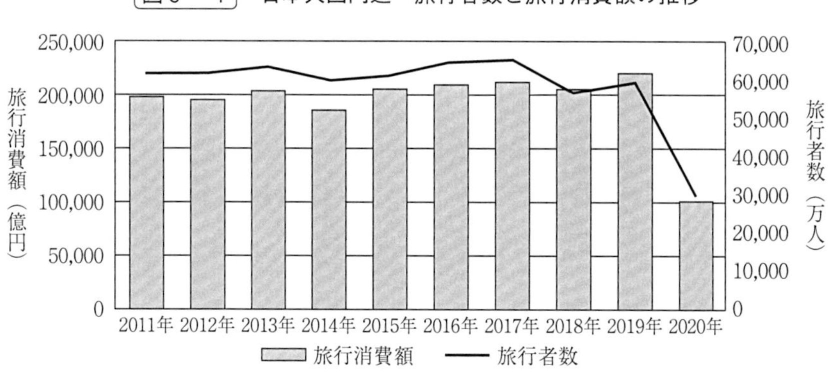

出所：旅行・観光消費動向調査より著者作成。

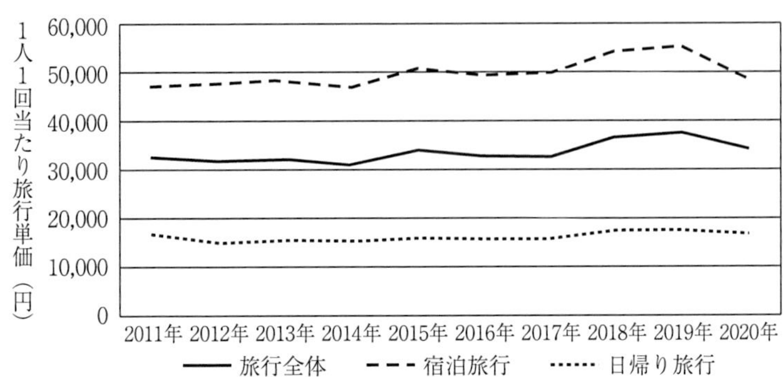

出所：旅行・観光消費動向調査より著者作成。

図３－６　2020年月別宿泊・日帰り別日本人国内延べ旅行者数（前年同月比）の推移

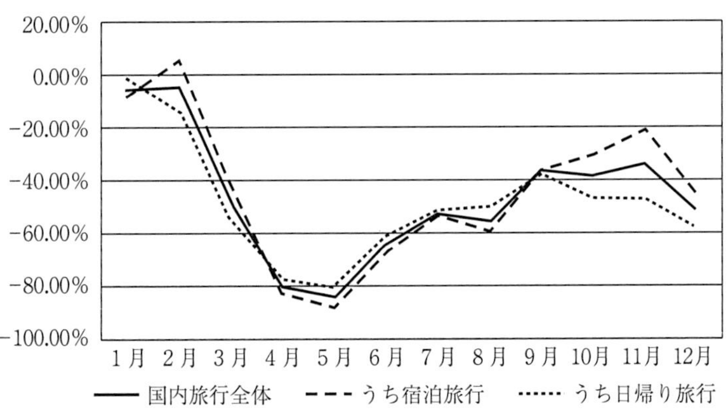

出所：旅行・観光消費動向調査より著者作成。

月，５月はそれぞれ−80.9％，−84.6％と極めて深刻な状況に陥った。特に宿泊旅行は４月−83.1％，５月−88.6％と激減し，宿泊業を中心に大きな打撃となった（図３－６）。その後，緊急事態宣言が解除されると宿泊旅行，日帰り旅行共に回復傾向にあったが，第２波のピークを迎える８月になると，宿泊旅行者数は再び落ち込んだ。その後，宿泊旅行者数が回復傾向を見せる一方で，日

図3－7　2020年月別日本人国内旅行者による旅行消費額の推移

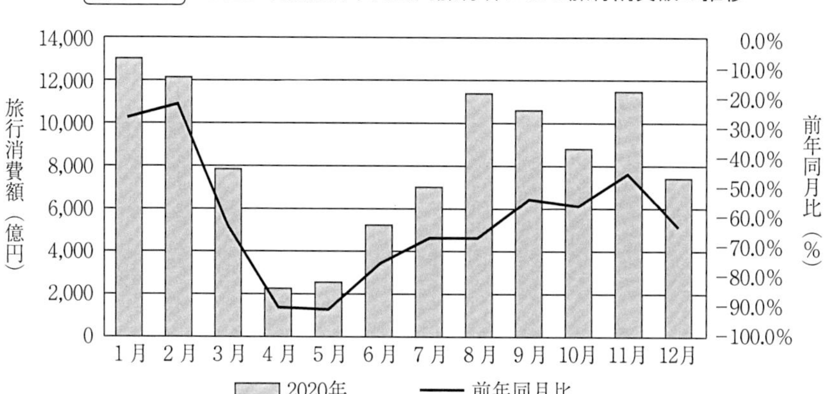

出所：旅行・観光消費動向調査より著者作成。

帰り旅行は減少の一途をたどり，第3波に入ると宿泊旅行者数も陰りを見せた。2020年の旅行全体の単価は3万3,993円と9％減少し，旅行消費総額は9兆9,738億円，前年比で54.5％の減少となった。旅行消費額を月別で見ると，第1波の緊急事態宣言下において4月−89.8％，5月−91.2％であり，この頃いかに旅行業界に深刻な状況が生じたかが窺える（図3－7）。

（3）訪日外国人旅行者数と旅行消費の状況

近年ほぼ横ばいで推移していた日本人国内旅行者数に対して，訪日外国人旅行者数は急増し2019年には3,188万人に上った。しかし，新型コロナウイルス感染症が拡大した2020年はわずか412万人となり，そのほとんどが3月までの旅行者である（図3－9）。前年比でみると87.1％の減少となり，旅行消費額も2019年の4兆8,135億円から7,446億円と大幅な減少となったと試算される[6)]。

月別の訪日外国人旅行者数は，2020年1月は266万人と前年同月とほぼ同数であったが，2月には58％減少し3月は93％の減少となった。その後，日本では外国人の訪日をほぼ受け入れない政策がとられ，外国人による旅行消費はほぼ無くなった（図3－9）。

図３－８　訪日外国人旅行者数と旅行消費額の推移

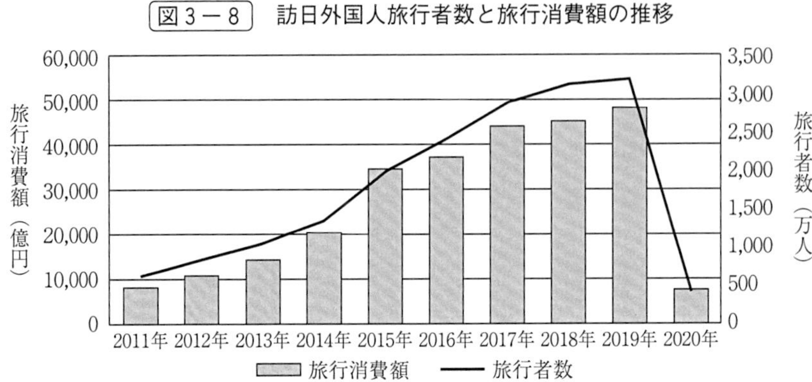

出所：日本政府観光局（JNTO）「訪日外客数」および観光庁「訪日外国人消費動向調査」より著者作成。

図３－９　訪日外国人旅行者数の月別旅行者数の推移

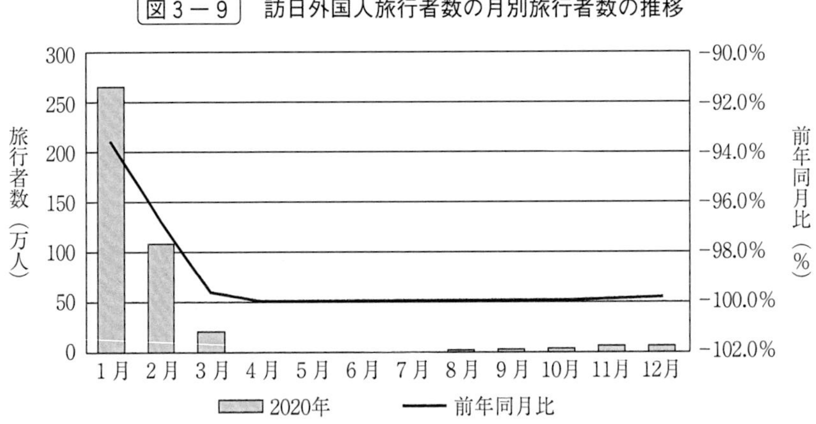

出所：日本政府観光局（JNTO）「訪日外客数」より著者作成。

（４）都道府県別の旅行者数と旅行消費

以上で説明したように，2020年１年間の国内旅行消費額は，日本人国内宿泊旅行で７兆7,723億円，日本人国内日帰り旅行で２兆2,015億円，訪日外国人の宿泊旅行で7,446億円の10兆7,184億円となった。2019年の国内旅行消費額は総額26兆7,447億円であり，コロナ禍が始まった１年間で16兆263億円

表3－1　国内旅行消費額の変化

単位：億円

		2019年	2020年	増減率
日本人	宿泊旅行	171,560	77,723	-54.7%
	日帰り旅行	47,752	22,015	-53.9%
訪日外国人		48,135	7,446	-84.5%
合　計		267,447	107,184	-59.9%

出所：旅行・観光消費動向調査および訪日外国人消費動向調査より著者作成。

(-60%) 減少した（表3－1）。

このように国内の旅行消費は極めて大きな減少となったが，旅行消費の変化は地域によって異なると考えられる。そこで，日本人および訪日外国人による宿泊旅行および日帰り旅行の都道府県別実旅行者数の変化を推計した上で，各地域の消費単価を乗じて都道府県別の旅行消費額を推計した（図3－10）。

宿泊・日帰りの合計で旅行者数を見ると，出張の多い東京，大阪といった大都市で大きな旅行者減があり，特に宿泊旅行の減少が顕著に見られた。また，それらの都府を中心とした都市圏で旅行者数はかなり減少したことが見て取れ，首都圏では千葉を筆頭に神奈川・埼玉，関西圏では京都・奈良・兵庫で50%以上の減少となった。このような府県は感染が拡大し，度々緊急事態宣言に置かれた地域である府県も多く，行動自粛による影響が大きかったと推察される。一方，東北の青森・秋田・山形，北陸の石川・富山，山陽の岡山・広島，四国の徳島・香川の他，熊本や沖縄などでも旅行者数が大きく落ち込んだ。

旅行消費額の増減は概ね旅行者数の動向と連動しており，東京，大阪では前年比で70%以上の減少となっている。その他，減少率が6割を超える地域として，前述の都道府県の他，福島，愛知，福岡，佐賀などが挙げられる。これらの中には，図3－3で見たように青森，秋田，山形，徳島，香川など感染率が低い県も含まれており，感染が少ないにも関わらず経済的には大きなダメージを受けた地域もあった[7)]。

図3－10　都道府県別旅行者数と旅行消費の前年比

	延べ旅行者数の前年比（%）			旅行消費額の前年比（%）		
	旅行全体	宿泊旅行	日帰り旅行	旅行全体	宿泊旅行	日帰り旅行
1 北海道	-47%	-53%	-34%	-58%	-61%	-29%
2 青森県	-53%	-55%	-49%	-64%	-66%	-46%
3 岩手県	-43%	-48%	-34%	-51%	-55%	-26%
4 宮城県	-44%	-42%	-47%	-49%	-47%	-56%
5 秋田県	-59%	-67%	-38%	-68%	-70%	-56%
6 山形県	-56%	-55%	-58%	-62%	-63%	-59%
7 福島県	-49%	-52%	-44%	-60%	-64%	-41%
8 茨城県	-52%	-45%	-56%	-57%	-61%	-52%
9 栃木県	-42%	-51%	-31%	-50%	-56%	-28%
10 群馬県	-32%	-32%	-32%	-40%	-41%	-37%
11 埼玉県	-54%	-39%	-61%	-60%	-54%	-69%
12 千葉県	-66%	-69%	-62%	-63%	-66%	-58%
13 東京都	-71%	-73%	-68%	-77%	-78%	-73%
14 神奈川県	-54%	-52%	-57%	-57%	-57%	-58%
15 新潟県	-37%	-40%	-30%	-55%	-57%	-39%
16 富山県	-56%	-57%	-52%	-56%	-57%	-49%
17 石川県	-58%	-63%	-44%	-57%	-57%	-53%
18 福井県	-28%	-21%	-36%	6%	12%	-13%
19 山梨県	-43%	-44%	-42%	-45%	-41%	-54%
20 長野県	-47%	-44%	-50%	-36%	-36%	-37%
21 岐阜県	-48%	-47%	-50%	-46%	-42%	-59%
22 静岡県	-46%	-51%	-38%	-49%	-52%	-36%
23 愛知県	-59%	-59%	-60%	-62%	-59%	-69%
24 三重県	-51%	-35%	-63%	-39%	-31%	-57%
25 滋賀県	-30%	-24%	-33%	-29%	-17%	-44%
26 京都府	-58%	-67%	-43%	-63%	-64%	-59%
27 大阪府	-71%	-73%	-68%	-74%	-75%	-88%
28 兵庫県	-50%	-49%	-52%	-56%	-59%	-51%
29 奈良県	-58%	-72%	-33%	-41%	-48%	-18%
30 和歌山県	-37%	-33%	-44%	-29%	-34%	-7%
31 鳥取県	-43%	-48%	-38%	-57%	-60%	-44%
32 島根県	-41%	-37%	-46%	-53%	-51%	-62%
33 岡山県	-62%	-58%	-64%	-61%	-58%	-67%
34 広島県	-51%	-46%	-57%	-57%	-55%	-63%
35 山口県	-38%	-34%	-42%	-41%	-39%	-48%
36 徳島県	-64%	-69%	-57%	-71%	-74%	-62%
37 香川県	-52%	-63%	-31%	-64%	-71%	-25%
38 愛媛県	-32%	-34%	-30%	-24%	-25%	-12%
39 高知県	-47%	-49%	-41%	-60%	-60%	-62%
40 福岡県	-58%	-60%	-56%	-67%	-68%	-64%
41 佐賀県	-40%	-57%	-19%	-65%	-70%	-41%
42 長崎県	-45%	-48%	-38%	-61%	-63%	-47%
43 熊本県	-56%	-52%	-61%	-60%	-57%	-71%
44 大分県	-45%	-50%	-34%	-46%	-48%	-37%
45 宮崎県	-43%	-43%	-44%	-37%	-41%	-17%
46 鹿児島県	-42%	-43%	-38%	-63%	-65%	-36%
47 沖縄県	-56%	-57%	-35%	-63%	-63%	-42%

出所：著者推計。

3.3　旅行消費減少の都道府県別経済影響

前節では，新型コロナウイルス感染症の拡大に伴う観光客の推移と都道府県別の旅行消費総額の減少を見てきた。図３－10のように都道府県ごとにその影響の度合いは異なるが，産業別の影響も消費する財やサービスの内容によって異なる。旅行者は，主に宿泊，飲食，交通，娯楽サービスなどに対して支出するため，これらに対応する産業で直接的な影響が生じる。また，これらの産業が自らの事業を行うにあたって他の財やサービスが必要になるため，それらの財やサービスを提供する産業も間接的な影響を被る。更に，その影響を受けた産業も自らの事業を行うために財やサービスが必要なため，それらの産業にも影響は及ぶ。例えば，旅行者が減少し宿泊業の売上が減少すると，シーツやタオルなどリネンサービスや食材などの需要も減少し，更にそれらを輸送するための貨物サービス需要なども減少する。このような連鎖する過程を含めた経済影響を分析するために，本稿では産業連関分析の枠組みを用いた[8)]。産業連関分析においては，需要の増減による産業部門別の波及的な影響を分析できるモデルとして様々なタイプがあるが，既に著者らにより作成されている47都道府県間産業連関表を用いた非競争移入・競争輸入型地域間産業連関モデルを適用した[9)]。

このモデルの適用において，まず都道府県別産業別の旅行消費額の推計を行った[10)]。図３－11の直接影響の列は，都道府県別の直接影響額（生産額ベース）を示しているが[11)]，東京都が最も多く，次いで大阪府，北海道の順となる。東京都や大阪府は感染者も多く，またもともと出張旅行も多かったため直接的な影響が大きかったと考えられ，北海道は一人当たり消費額がもともと多かったため，旅行者の減少と相まって大きく旅行消費が減少したと考えられる。その他千葉県，福岡県，沖縄県での直接的な経済影響が大きかったと推計された。

経済波及効果を産業連関モデルによって推計する場合，前述した産業間の波及過程のみに着目して分析する場合と，雇用者の所得の一部が消費を形成し，更にその消費需要によって産業の生産に波及効果が生じるという過程を含んで分析する場合がある。コロナ禍で旅行消費が減少し，例えば宿泊業に勤める従業員の所得が減れば，それに応じて消費が減少することが考えられる。更に宿泊業と取引を行っていたリネンサービス業の売上も減少し従業員の所得が減少すれば，そこでも消費の減少が引き起こされる。このような範囲まで含む分析は，消費内生化モデルと呼ばれる産業連関モデルで推計することが可能である。

図3－11の2列目と3列目は，それぞれ消費の波及を考慮しない場合（消費外生）と考慮する場合（消費内生）の各地域の生産額の変化を示しているが，消費外生の分析では全国で生じる生産減は26兆182億円，消費内生の分析では34兆246億円となる。いずれにしてもやはり東京都の影響が極めて大きいが，これはもともと東京都は全国各地へ様々な財・サービス，特にサービスの供給が多く，ひとたび全国で様々な産業の生産が減少すると，東京の経済に間接的に大きな影響が及ぶことを表している。消費内生化モデルの場合は，更に東京の影響が大きくなると推計されるが，これは財サービスの生産に伴い得られる所得を，家計は主に東京都内で消費するからである。ただし，東京都内で働く従業員は埼玉県，神奈川県，千葉県などに居住する人も多いため，東京都内での生産の減少による所得の減少の影響は首都圏各地に及ぶ。

雇用者所得の減少を消費内生化モデルの結果で見てみると，全国でその額は8兆8,384億円となる。東京都の影響が最も大きいがこれは前述した生産額の影響と同様である。ここで注意しなくてはならないのは，例えば発生ベース，つまり東京都の事業所で生じた所得（支払ベース）の減少は1兆7,226億円であるが，この所得は居住地に持ち帰るため，帰着ベースでは1兆2,454億円となる。一方，神奈川県は発生ベースでは4,251億円の減少であるが，帰着ベースでは5,910億円，千葉県は発生ベースでは4,355億円，帰着ベースでは5,567億円となり，実際に帰着する所得の減少は通勤圏に及ぶ。本稿では税収の影響まで分析していないが，県民税や市民税は居住地ベースで課税されるため，東京都での生産の減少は通勤圏である他自治体の税収にも影響することを留意する必要がある。

さらに，感染率と旅行消費に伴う都道府県内総生産の変化率（以下，影響率と呼ぶ）の関係を図3－12に示す。感染率の高い東京，大阪などの都市部で影響

図3－11　都道府県別の経済影響

	生産額(億円)			雇用者所得額（億円）	
	直接影響	消費外生	消費内生	消費内生[発生]	消費内生[帰着]
全　国	-151,408	-260,182	-340,246	-88,384	-88,384
1 北海道	-9,766	-15,831	-19,676	-5,038	-5,040
2 青森県	-1,691	-2,701	-3,333	-794	-793
3 岩手県	-1,201	-1,965	-2,524	-656	-661
4 宮城県	-1,904	-3,268	-4,169	-1,079	-1,083
5 秋田県	-1,203	-1,956	-2,399	-554	-556
6 山形県	-1,408	-2,221	-2,810	-661	-662
7 福島県	-2,067	-3,521	-4,597	-1,210	-1,214
8 茨城県	-1,944	-4,297	-5,935	-1,248	-1,401
9 栃木県	-2,136	-3,846	-5,218	-1,414	-1,417
10 群馬県	-1,388	-2,749	-3,824	-933	-939
11 埼玉県	-2,310	-5,170	-8,131	-2,071	-3,758
12 千葉県	-8,190	-13,180	-17,177	-4,355	-5,567
13 東京都	-26,813	-47,407	-60,516	-17,226	-12,454
14 神奈川県	-6,079	-11,525	-16,216	-4,251	-5,910
15 新潟県	-2,210	-4,122	-5,411	-1,303	-1,303
16 富山県	-928	-1,702	-2,276	-597	-601
17 石川県	-1,918	-2,854	-3,540	-930	-924
18 福井県	-114	-580	-921	-183	-187
19 山梨県	-1,579	-2,347	-2,977	-800	-810
20 長野県	-2,483	-4,118	-5,489	-1,502	-1,503
21 岐阜県	-1,339	-2,506	-3,459	-913	-981
22 静岡県	-5,467	-9,188	-12,157	-3,044	-3,035
23 愛知県	-4,941	-9,854	-13,743	-3,506	-3,440
24 三重県	-1,592	-2,853	-3,906	-941	-966
25 滋賀県	-744	-1,592	-2,367	-559	-669
26 京都府	-5,929	-8,559	-10,623	-2,861	-2,774
27 大阪府	-13,782	-22,338	-28,163	-7,687	-6,925
28 兵庫県	-5,432	-8,896	-11,739	-3,134	-3,579
29 奈良県	-879	-1,388	-1,978	-544	-797
30 和歌山県	-662	-1,378	-1,864	-362	-400
31 鳥取県	-713	-1,107	-1,411	-371	-369
32 島根県	-576	-915	-1,192	-309	-312
33 岡山県	-1,807	-3,561	-4,781	-1,075	-1,081
34 広島県	-2,680	-4,578	-6,065	-1,484	-1,475
35 山口県	-940	-2,264	-3,080	-527	-541
36 徳島県	-938	-1,547	-1,932	-483	-486
37 香川県	-1,433	-2,383	-3,009	-803	-796
38 愛媛県	-644	-1,632	-2,185	-411	-414
39 高知県	-720	-1,102	-1,367	-384	-385
40 福岡県	-7,133	-11,839	-15,658	-4,137	-4,111
41 佐賀県	-1,061	-1,872	-2,476	-637	-640
42 長崎県	-2,004	-3,180	-4,101	-1,141	-1,144
43 熊本県	-1,915	-3,210	-4,157	-1,132	-1,146
44 大分県	-1,477	-2,592	-3,371	-699	-703
45 宮崎県	-736	-1,521	-2,030	-430	-434
46 鹿児島県	-2,308	-3,902	-4,953	-1,141	-1,140
47 沖縄県	-6,222	-9,073	-11,339	-2,861	-2,859

出所：著者推計。

図3－12　都道府県の感染率と影響率（付加価値変化）の関係

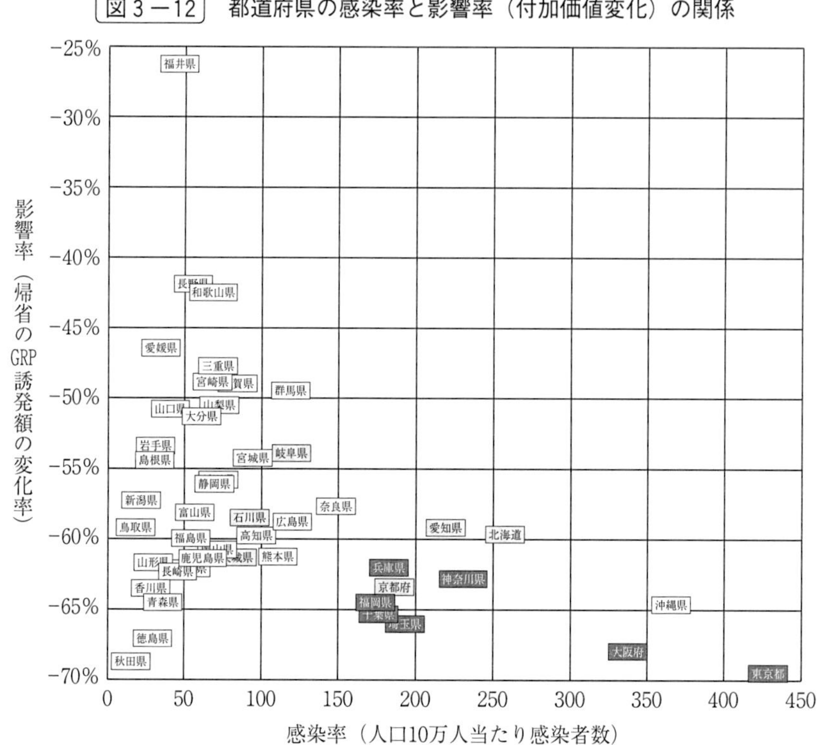

出所：著者推計。

率が高いのは当初から予想されるとしても，感染率が低いにも関わらず影響率が高い道府県があることに注視する必要がある。例えば，グラフの左下に位置する秋田，徳島，青森，香川などでは感染者が人口に比して低いにも関わらず経済的影響は大きく，前年度比で70％前後の減少となっている。東京など人口が多い都市部で感染が拡大すると，緊急事態措置により当該地域に訪れる旅行者も減少するが，都市部から全国各地への旅行者数も減少する。そのため，比較的感染者数の少ない地域でも経済的な影響は大きくなり，特に観光産業が地域の主力産業となっている地域ではその影響は甚大なものとなる。

産業別生産額の影響は紙幅の都合からすべての都道府県で示すことはできないが，北海道と東京を例にとると表3－2，表3－3に示される通りである。

表3－2　北海道における産業別生産額の影響

	生産額変化（百万円）	構成比（%）
耕種農業	-46,721	2.4%
畜　産	-36,443	1.9%
農業サービス	-5,716	0.3%
林　業	-2,826	0.1%
漁　業	-31,375	1.6%
鉱　物	-351	0.0%
石炭・原油・天然ガス	-4,830	0.2%
飲食料品	-150,926	7.7%
繊維工業製品	-146	0.0%
衣服・その他繊維既製品	-2,764	0.1%
木材・木製品	-2,441	0.1%
家具・装備品	-1,630	0.1%
パルプ・紙・板紙・加工紙	-15,574	0.8%
紙加工品	-3,744	0.2%
印刷・製版・製本	-5,994	0.3%
化学製品	-4,810	0.2%
石油・石炭製品	-67,259	3.4%
プラスチック製品	-3,449	0.2%
ゴム製品	-271	0.0%
なめし革・毛皮・同製品	-1,036	0.1%
窯業・土石製品	-3,420	0.2%
鉄　鋼	-5,411	0.3%
非鉄金属精錬・精製	-74	0.0%
非鉄金属加工製品	-163	0.0%
建設・建築用金属製品	-1,016	0.1%
その他の金属製品	-2,248	0.1%
はん用機械	-87	0.0%
生産用機械	-333	0.0%
業務用機械	-68	0.0%
電子デバイス	-770	0.0%
その他の電子部品	-769	0.0%
産業用電気機器	-566	0.0%
民生用電気機器	-52	0.0%
電子応用装置・電気計測器	-3	0.0%
その他の電気機械	-26	0.0%
情報・通信機器	-1,040	0.1%
自動車・同部品・同附属品	-2,388	0.1%
船舶・同修理	-732	0.0%
その他の輸送機械・同修理	-3,482	0.2%
その他の製造工業製品	-7,671	0.4%
再生資源回収・加工処理	-925	0.0%
建　築	0	0.0%
建設補修	-12,933	0.7%
公共事業	0	0.0%

	生産額変化（百万円）	構成比（%）
その他の土木建設	0	0.0%
電　力	-43,077	2.2%
ガス・熱供給	-5,989	0.3%
水　道	-15,384	0.8%
廃棄物処理	-15,530	0.8%
卸　売	-60,219	3.1%
小　売	-203,648	10.4%
金融・保険	-32,983	1.7%
不動産仲介及び賃貸	-31,050	1.6%
住宅賃貸料	-11,773	0.6%
住宅賃貸料（帰属家賃）	-43,892	2.2%
鉄道輸送	-43,253	2.2%
道路輸送（自家輸送を除く）	-56,902	2.9%
自家輸送	-10,374	0.5%
水　運	-4,575	0.2%
航空輸送	-76,352	3.9%
貨物利用輸送	-1,141	0.1%
倉　庫	-4,847	0.2%
運輸附帯サービス	-23,672	1.2%
郵便・信書便	-3,185	0.2%
通　信	-36,172	1.8%
放　送	-5,903	0.3%
情報サービス	-4,563	0.2%
インターネット附随サービス	-954	0.0%
映像・音声・文字情報制作	-10,639	0.5%
公　務	-2,197	0.1%
教　育	-4,786	0.2%
研　究	-3,734	0.2%
医　療	-9,513	0.5%
保健衛生	-344	0.0%
社会保険・社会福祉	-2,097	0.1%
介　護	-617	0.0%
その他の非営利団体サービス	-8,455	0.4%
物品賃貸サービス	-27,183	1.4%
広　告	-8,588	0.4%
自動車整備・機械修理	-29,192	1.5%
その他の対事業所サービス	-46,367	2.4%
宿泊業	-170,587	8.7%
飲食サービス	-168,073	8.5%
洗濯・理容・美容・浴場業	-14,408	0.7%
娯楽サービス	-64,509	3.3%
その他の対個人サービス	-214,772	10.9%
事務用品	-2,902	0.1%
分類不明	-10,683	0.5%
合　計	-1,967,561	100.0%

出所：著者推計。

表３－３　東京都における産業別生産額の影響

	生産額変化（百万円）	構成比（%）
耕種農業	-2,018	0.0%
畜　産	-147	0.0%
農業サービス	-1,140	0.0%
林　業	-102	0.0%
漁　業	-3,654	0.1%
鉱　物	-81	0.0%
石炭・原油・天然ガス	0	0.0%
飲食料品	-76,034	1.3%
繊維工業製品	-1,009	0.0%
衣服・その他繊維既製品	-11,861	0.2%
木材・木製品	-389	0.0%
家具・装備品	-2,382	0.0%
パルプ・紙・板紙・加工紙	-2,474	0.0%
紙加工品	-4,956	0.1%
印刷・製版・製本	-41,962	0.7%
化学製品	-10,293	0.2%
石油・石炭製品	-1,152	0.0%
プラスチック製品	-4,874	0.1%
ゴム製品	-2,067	0.0%
なめし革・毛皮・同製品	-25,034	0.4%
窯業・土石製品	-2,171	0.0%
鉄　鋼	-1,244	0.0%
非鉄金属精錬・精製	-387	0.0%
非鉄金属加工製品	-457	0.0%
建設・建築用金属製品	-407	0.0%
その他の金属製品	-4,395	0.1%
はん用機械	-973	0.0%
生産用機械	-1,453	0.0%
業務用機械	-2,776	0.0%
電子デバイス	-4,494	0.1%
その他の電子部品	-2,816	0.0%
産業用電気機器	-1,581	0.0%
民生用電気機器	-269	0.0%
電子応用装置・電気計測器	-252	0.0%
その他の電気機械	-733	0.0%
情報・通信機器	-5,831	0.1%
自動車・同部品・同附属品	-5,950	0.1%
船舶・同修理	-45	0.0%
その他の輸送機械・同修理	-9,362	0.2%
その他の製造工業製品	-53,850	0.9%
再生資源回収・加工処理	-2,871	0.0%
建　築	0	0.0%
建設補修	-60,645	1.0%
公共事業	0	0.0%

	生産額変化（百万円）	構成比（%）
その他の土木建設	0	0.0%
電　力	-47,920	0.8%
ガス・熱供給	-41,627	0.7%
水　道	-28,096	0.5%
廃棄物処理	-30,644	0.5%
卸　売	-458,708	7.6%
小　売	-657,110	10.9%
金融・保険	-309,958	5.1%
不動産仲介及び賃貸	-142,417	2.4%
住宅賃貸料	-55,324	0.9%
住宅賃貸料（帰属家賃）	-120,158	2.0%
鉄道輸送	-208,439	3.4%
道路輸送（自家輸送を除く）	-86,157	1.4%
自家輸送	-37,614	0.6%
水　運	-4,512	0.1%
航空輸送	-80,065	1.3%
貨物利用輸送	-5,117	0.1%
倉　庫	-6,930	0.1%
運輸附帯サービス	-63,208	1.0%
郵便・信書便	-8,906	0.1%
通　信	-98,022	1.6%
放　送	-62,959	1.0%
情報サービス	-189,126	3.1%
インターネット附随サービス	-41,035	0.7%
映像・音声・文字情報制作	-85,042	1.4%
公　務	-9,166	0.2%
教　育	-28,666	0.5%
研　究	-31,550	0.5%
医　療	-21,452	0.4%
保健衛生	-1,031	0.0%
社会保険・社会福祉	-3,446	0.1%
介　護	-1,052	0.0%
その他の非営利団体サービス	-15,372	0.3%
物品賃貸サービス	-189,674	3.1%
広　告	-175,355	2.9%
自動車整備・機械修理	-47,635	0.8%
その他の対事業所サービス	-356,371	5.9%
宿泊業	-606,329	10.0%
飲食サービス	-577,751	9.5%
洗濯・理容・美容・浴場業	-38,344	0.6%
娯楽サービス	-231,850	3.8%
その他の対個人サービス	-453,272	7.5%
事務用品	-8,472	0.1%
分類不明	-31,254	0.5%
合　計	-6,051,617	100.0%

出所：著者推計。

まず，北海道では新型コロナウイルス感染症の拡大による旅行消費の減少のため総額1兆9,676億円の生産額の減少があったと推計されるが，小売，その他の対個人サービスの減少が大きく，その額はそれぞれ2,036億円，2,148億円である。次いで宿泊業で1,706億円，飲食サービスで1,681億円の減少となり，観光産業への影響は多大なものであったと推察される。北海道は他県と比べて農林水産物の自給率が高いことから農業（467億円），畜産（364億円），漁業（314億円）などの影響も他県と比べ比較的大きい結果となった。

一方，東京都は全産業で6兆516億円と極めて大きな損失があったが，その影響は小売6,571億円，宿泊業6,063億円，飲食サービス5,778億円，卸売4,587億円などで大きかったと推計される。東京は宿泊や飲食サービスなど直接的に影響を受ける産業部門はもとより，間接的な影響が大きいのが特徴であり，その要因としては全国的な流通において，例えば卸売が果たす役割が大きいことなどが影響していると考えられる。東京はサービス産業に特化しているため，産業構造を反映して旅行消費の減少による影響もサービス産業で大きく，農業や工業に与える影響は比較的軽微なものとなった。

3.4　まとめ

本章では，新型コロナウイルス感染症の経済的影響として，国内旅行消費の減少の影響を分析した。今回の分析では2020年1年間の影響を示したが，産業に与える影響の規模は東京で大きいことが示された。また，実際の所得面の帰着では東京周辺の首都圏での影響が大きいことが分析された。さらに，感染率と総生産の変化の関係では，感染者が少ない地域でも経済的影響は大きい地域があることが明らかになった。

これらの分析結果を踏まえると，新型コロナウイルス感染症のような世界的なパンデミックにおいては，出張や海外からの旅行客が多い東京など都市部や，もともと旅行客の多い北海道や沖縄などの観光地の影響を早期から見据え，宿泊業など直接的な観光産業だけでなく，観光産業と密接に関係のある例えば農水産物業などやリネンサービス業など関連産業も支援する必要があるだろう。

また，これらの産業への影響の度合いは，地域によっても異なることから，各都道府県の産業構造をしっかり捉えた分析に基づき支援する産業の特定とその支援策を検討することが重要である。

また，感染率が低い地域でも経済的ダメージが大きかったことからすれば，やはりマイクロツーリズムのような都道府県内あるいは感染が少ない地域間の旅行促進の政策も有効であると考えられる。新型コロナウイルス感染症の拡大に伴って，近場の観光スポットやレジャー施設に足を運んだ人も少なくないと思われるが，これまで近いがゆえに行っていなかった観光スポットの魅力を，改めて発見できた人も多かったのではないだろうか。

【注】

1）内閣府「四半期GDP成長率（実質季節調整系列(前期比)」による。

2）世界経済GDPはIMF「World Economic Outlook（2021年10月）」，日本経済は，内閣府「2020年度（令和2年度）国民経済計算年次推計（2021年12月），国内旅行消費額の数値は観光庁「旅行・観光消費動向調査　2020年年間値（確報）」による。

3）明日の日本を支える観光ビジョン構想会議2016『明日の日本を支える観光ビジョン―世界が訪れたくなる日本へ―』

4）経済産業省　2020「訪日外国人旅行消費の蒸発の影響試算」https://www.meti.go.jp/statistics/toppage/report/minikaisetsu/hitokoto_kako/20200804hitokoto.html#cont1（最終閲覧日：2021年12月21日）では，2019年の訪日外国人旅行需要の経済波及効果を推計している。

5）観光庁「旅行・観光消費動向調査」，観光庁「訪日外国人消費動向調査」による。

6）2020年の訪日外国人による旅行消費額は観光庁の試算値。

7）福井県は消費額が増加となっているが，本稿では観光庁「旅行・観光消費動向調査」の県別消費単価を用いており，2020年の福井県の消費単価が2019年に比べてかなり高い数値になっていることが影響している。

8）1973年にノーベル経済学賞を受賞したW.W. Leontiefにより開発された分析体系。最終需要の増減による産業部門別の波及的な影響を分析できるモデルとして様々なタイプがあるが，本稿では地域別の影響を分析するため，非競争移入・競争輸入型産業連関モデルを用いた。

9）47都道府県間産業連関表は，石川・宮城（2003），宮城・石川他（2003）によって初めて作成され，本研究では，石川良文・三菱総合研究所・KCSにより共同で作成した2011年表を用いた。

10) 推計は日本人国内旅行消費および訪日外国人旅行消費を対象とした。なお，旅行消費には観光レジャーの他，帰省，出張なども含まれる。旅行消費の内容については，50品目別の旅行消費額に分割したが，この品目は産業連関表の部門と異なるため，産業連関表との部門対応により，都道府県間産業連関表の部門分類での旅行消費額を推計した。この時点での部門別旅行消費額は購入者価格であるため，商業マージン，運輸マージン率により購入者価格から生産者価格に変換した。次に推計された旅行消費額ベクトルは，旅行目的地別の旅行前，旅行中，旅行後の消費額全体であるため，推計された旅行消費額をそのまま各都道府県の旅行消費需要額として与えるのは不適切である。そのため，旅行中の宿泊，飲食サービス，娯楽サービスは旅行目的地の最終需要としてそのまま与え，他の産業別需要額は都道府県間産業連関表の家計消費支出の交易係数を用いることとした。

11) 2020年の旅行消費は，表3－1で示したように2019年と比べて16兆263億円減少したが，その消費のうち，例えばガソリンや土産物等で海外から調達しているものがあるため，国内で実質的に減少する消費額はそれより少なく，15兆1,408億円となる。本稿ではこの実質的な消費減を直接影響と呼ぶ。

参考文献

石川良文・宮城俊彦　2003「全国都道府県間産業連関表による地域間産業連関構造の分析」『地域学研究』，34巻1号，pp.130-152.

宮城俊彦・石川良文・由利昌平・土谷和之　2003「地域内産業連関表を用いた都道府県間産業連関表の作成」『土木計画学研究論文集』，20巻，pp.87-95.

（石川良文・ティティポンタラグン・ノンタチャイ）

第4章 コロナ禍における国・東京都の財政的対応

4.1 はじめに

新型コロナウイルス感染症という新たな脅威に直面した今日の社会において，財政は国民の強い関心の的となった。特に，緊急事態宣言により国民生活が制限されると，現金給付がひろく求められた。それに対して，10万円の特別定額給付金の支給を決断したことは，それまで財政再建を目指していた政府にとって大きな転機であった。

もっとも，2020年1月に我が国で新型コロナウイルス感染症が確認されてから，予算が国会で議決され，執行されるまでには長い時間を必要とした。爆発的に拡大する感染症に対しては，予算が成立するまでの間，政府がどのように財政運営を行うかが大きな問題となった。

これについて，国はあらかじめ計上していた予備費を用いることで，未知の感染症に対処した。その一方で，地方は近年の歳出削減により生み出された剰余金を原資とする，財政調整基金を取り崩すことにより財源とした。特に，東京都の財政調整基金は9千億円あまりにも上り，その多くが都民への給付に充てられた。

しかし，歳出を削減して積み立てられた基金は，コロナ禍の巨大な財政需要を満たすものではない。たとえ財源の豊かな東京都であっても，都民への給付を継続するには国の財政出動が不可欠である。したがって，本章ではコロナ禍における国の財政的対応を述べてから，東京都の財政的対応について明らかにする。

第 2 節では，国が感染症対策を含んだ予算を作成し，地方に対して財政的措置を講ずるまでの過程を整理する。第 3 節では，東京都が緊急事態宣言までに講じた主な感染症対策を述べる。第 4 節では，公金支出額のデータを用いて，予算の成立から協力金の給付までの過程を明らかにする。また，財政調整基金のデータを用いることにより，財政収支と基金残高の推移を明らかにする。第 5 節は，本章の結論として，財政調整基金を用いた財政運営の課題を指摘する。

4. 2　日本国政府の財政的対応

（1）国内での新型コロナウイルス感染症の発生から第一次補正予算成立まで

2020 年の我が国は 1 月 20 日より通常国会を召集し，約 1 カ月間にわたり 2020（令和 2）年度予算を審議した。この時期には，中華人民共和国・湖北省武漢市で原因不明ながら肺炎が拡大していることが厚生労働省により公表されていたものの[1)]，日本国内の事例はわずか 1 例にすぎず，内閣が提出した予算案に感染症対策を盛り込むには時期尚早であった。

もっとも，早くも 1 月中には日本社会にも影響が現れ，市場ではマスクが品薄になったことから各団体に増産が要請された[2)]。日本時間の 1 月 31 日未明には世界保健機関（WHO）によって，この肺炎の流行が国際的に懸念される公衆衛生上の緊急事態（PHEIC[3)]）に該当することが発表された。これにより，地理的にも経済的にも中国と密接な関わりを持つ日本は，感染症の脅威に対処しなければならない情勢に陥った。特にサプライチェーンへの影響は強く懸念され，経済産業省により下請中小企業に対する取引上の配慮が発注事業者に要請された[4)]。さらに，横浜港に寄港したクルーズ船「ダイヤモンド・プリンセス号」で大規模な感染が明らかになると，国内への影響は無視できないものとなった。

年度末が迫りつつある中で，2019（令和元）年度中の感染症対策にかかる予算は一般会計予備費により充てられた。予備費は「予見し難い予算の不足に充てるため」に計上される経費である（憲法第87条第１項・財政法第24条）。

これについて，安倍晋三内閣は新型コロナウイルス感染症対策本部を設置し，２月13日には『新型コロナウイルス感染症に関する緊急対応策』をとりまとめた[5]。そこでは，検査体制・医療体制の強化をはかるための財源として予備費103億円を用いた。その一方で，急速に拡大する感染症に対しては，審議中の2020（令和２）年度予算を組み替えるべきとの意見もあったものの[6]，与党は当初予算を可能な限り早期に執行することで経済対策に代え，第一次補正予算の成立を急ぐ方針を採った。

政府が財政拡大の契機となる動きを見せたのは２月27日であった。この日，安倍首相は３月２日をもって全国の小中学校・高校・特別支援学校を一斉臨時休業とする方針を明らかにした[7]。これにより，保護者が休暇を取得せざるをえない状況となり，財政出動の必要性は急速に拡大した。

３月10日に明らかにされた緊急対応策の第２弾[8]では，小学校休業等対応助成金を新設するとともに，その予算として1,556億円を計上した。そのほか，雇用調整助成金の拡充などの措置が講じられたため，その規模は「真水」と呼ばれる財政出動に限っても4,308億円に上った。

こうして政府は積極的な財政出動に舵を切ったものの，その財源は依然として予備費であった。そのため，具体的な感染症対策が議論された第一次補正予算では，さらなる財政出動に期待が寄せられた。安倍首相は緊急経済対策の策定を指示し，４月７日には『新型コロナウイルス感染症緊急経済対策』が閣議決定された[9]。同日には７都府県に対する初めての緊急事態宣言が発出され，４月16日には全国に拡大された。これにより，経済・社会活動が停滞する中で，第一次補正予算は４月30日に成立した。

（２）第一次・第二次補正予算

第一次補正予算の中でも特に注目を集めた政策には，国民１人当たりに10万円を給付する「特別定額給付金事業」，法人に対して200万円，個人事業主に対して100万円を給付する「持続化給付金事業」，観光，飲食，イベント・

エンターテインメント，商店街の需要喚起を目的とした「Go Toキャンペーン事業」があげられる。

また，地方の実情に応じた財源として新型コロナウイルス対応地方創生臨時交付金が創設され，１兆円が確保された。この臨時交付金は，地方公共団体が提出した事業実施計画に対して交付される国庫支出金の一種である。

各地方公共団体は，この臨時交付金に他の財源を併せることにより，政策を実行することができる。その内容は，①感染拡大防止策と医療提供体制の整備及び治療薬の開発，②雇用の維持と事業の継続，③次の段階としての官民を挙げた経済活動の回復，④強靱な経済構造の構築である。当初に交付された１兆円の大部分は②に分類される中小企業支援に充てられたが，経済活動が再開されるにつれて③に移行しつつある[10)]。

臨時交付金にみられるように，国庫支出金は危機発生時において，地方に対して重要な役割を果たしてきた。これについて，次の表４－１は，1990年度以降に国庫支出金が前年度に比較して大幅に増額された例を示したものである。表４－１によると，2020年度の東京都に交付された国庫支出金の額は，東日本大震災に見舞われた2011年度の福島，宮城，岩手の各県を上回る水準にある。これは前年度比では，2016年度の熊本地震に際して熊本県が1.81倍に増額された例よりも大きい。また，標準財政規模が縮小した状況下で執られた措置としては，2009年度の世界同時不況に際して東京都が増額された例を

表４－１　1990年度以降に国庫支出金が大幅に増額された例

年　度	都道府県	国庫支出金	（前年度）
2020	東京都	１兆2,290億円	3,548億円
2011	福島県	１兆1,220億円	1,241億円
2011	宮城県	6,511億円	1,040億円
2011	岩手県	4,198億円	1,060億円
2016	熊本県	2,105億円	1,162億円
2009	東京都	5,840億円	4,044億円

出所：総務省『地方財政状況調査』，2020年度は東京都『東京都年次財務報告書』より著者作成。

上回っている。

こうした地方に向けた財源は，６月12日に成立した第二次補正予算によって補強された。第二次補正予算では，新型コロナウイルス感染症緊急包括支援交付金が創設され，医療従事者に対する慰労金の財源が確保された。それにともない，第二次補正予算では10兆円の新型コロナウイルス感染症対策予備費が計上された。もっとも，大規模な予備費により財政需要に備える予算編成は，予測の難しい感染症の拡大には有効といえるが，財政規律を緩ませる側面もあった。これについて麻生太郎財務大臣は，第二次補正予算で積み増した感染症対策予備費のうち，５兆円の使途に言及することにより一定の制約を加えた[11)]。

以上のとおり第一次・第二次補正予算を議決したことをもって，通常国会は６月17日に閉会した。そのため，以後に生じた情勢の変化には，内閣が感染症対策予備費を財源として対応することとなった。特に９月には，国は予備費を使用してワクチンを確保するとともに，都道府県に予防接種事業の実施を指示した[12)]。

その途中で，安倍晋三首相は９月16日に内閣を総辞職し，菅義偉首相が組閣して後の対応を引き継いだ。

（３）第三次補正予算と2021（令和３）年度予算

2021年の年初には，首都圏において感染者が集中して発生したため，菅首相は１月８日に１都３県を対象とした２回目の緊急事態宣言を発出した。この緊急事態宣言が発出された時点で，予防接種事業は医療従事者に向けた先行接種のための体制が構築されていたところであったため[13)]，第三次補正予算にはそれに続く接種体制等の整備が盛り込まれた。

通常国会が１月18日に開会すると，早くも１月28日には第三次補正予算が成立した。これにより，予防接種事業について市町村が負担する費用は国庫により賄われることとなったため[14)]，予防接種事業は速やかに進捗した。

以上のように，2020（令和２）年度には三度にわたる補正の末に，一般会計歳出総額175兆6,878億円の予算が編成された。もっとも，後に公表された決算では30兆7,804億円が支出されないまま2021（令和３）年度に繰越された。

この繰越には，感染症の拡大のためにやむをえず支出されなかったものが多く含まれる。その中でも代表的な繰越には，Go Toキャンペーン事業の8,471億円がある[15)]。

続いて，３月26日に成立した2021（令和３）年度当初予算では，新型コロナウイルス感染症対策予備費５兆円が計上された。しかしながら，2021（令和３）年度の財政運営では，前年度から繰越された予算が多かったために，重複して経済対策を実施する機運は高まらなかった。結果的に，感染症対策予備費の大部分は予防接種事業費や地方創生臨時交付金によって占められ，財源にはある程度の余裕がみられた。そのため，補正予算が編成されないまま，通常国会は６月16日に閉会した。

その後，閉会期間中の８月には感染者数が爆発的に増加し，社会的には大きな影響を及ぼしたものの，財政上の問題には発展しなかった。菅首相は，財政出動を抑えたまま感染者数を収束させると，10月４日には内閣を総辞職した。同日，岸田文雄首相が組閣するとともに，臨時国会が召集されたものの，依然として感染症対策予備費に余裕があることから第一次補正予算は組まれなかった。

ここにおいて衆議院は10月14日に解散し，衆議院議員は４年の任期を満了した。これにより10月31日には衆議院議員選挙が実施されたが，引き続き自由民主党が過半数の議席を確保したため，政局への影響はわずかであった。その後は，経済の再起動に向けた動きが強まり，第一次補正予算は12月16日に召集された臨時国会で審議され，12月20日に成立した。この補正予算の規模は36兆円に達し，依然として大規模な財政出動が続いている。

4.3　感染拡大初期における東京都財政

首都東京では，2020年１月24日に新型コロナウイルス感染症に関連した患者の発生が初めて確認され，感染症の脅威が現実のものとなった。この症例は国内全体としても未だ２例目にすぎなかったが，１月29日朝には武漢市から在留邦人206名が羽田空港に到着したことにより，迅速な対応を迫られた。東京都は同日のうちに帰国者５名を都立・公社病院に受け入れた[16)]。

この頃，東京都財務局は2020（令和２）年度予算を調製しているところであった。一般会計歳出総額７兆3,540億円からなる予算の中心は，７月に開催される予定の東京オリンピック・パラリンピック競技大会であった。国の予算と同様に，この時点では感染症対策は組み込まれていなかった。

しかし，２月９日には厚生労働省による暫定的な依頼ながらも，入院病床を確保することが求められた[17)]。２月13日には，国の緊急対応策によって，感染症対策費用の80％が特別交付金により補われるようになり，さらなる整備が促された[18)]。

もっとも，東京都において感染拡大の当初に財源として用いられたのは，東京都みずからが積立てていた財政調整基金であった。財政調整基金は，都税収入が予算に計上された額よりも大きい場合に，それを翌年度以降に利用可能な財源として積立てるものである（東京都財政調整基金条例第２条）。その目的は，①経済変動による税収不足を補うため，②災害による経費や減収を補うため，③緊急に必要な土木工事等の財源を補うため，④長期的な財源を育成すべく財産を取得するためである。

近年，東京都は歳出予算を抑制する一方で，景気回復に伴い歳入予算が前年度を上回る傾向にある。この差額が決算剰余金として翌年度の歳入予算に組み入れられ，財政調整基金の積立金となる。具体的に，2019（令和元）年度の東京都では，一般会計予算総額７兆8,045億円に対して，歳入決算額は７兆6,717億円であり，歳出決算額は７兆4,446億円であった。このうち歳入面における予算と決算の差額▲1,328億円は，都債や繰入金が抑制されたためである。特に，都債の予算に対する実際の収入率は65.8％にとどめられた。

他方で，歳出面での歳入と歳出の差額3,599億円のうち657億円は，やむをえず年度内に支出することができなかったために翌年度繰越となったものである。残りの2,942億円は，支出の見直しなどにより用いられなかった費用である。わけても，一般会計予備費は全く用いられなかったために予算執行率が０％となったほか，港湾費（79.8％）や土木費（81.3％）に不用が目立った。そのため，一般会計の執行率は95.4％となった。

また，財政には一般会計のほかに特別会計が存在するため，実質的な収支として一般会計に特別会計を加えた普通会計が注目される。普通会計歳入決算額は8兆1,129億円であり，歳出決算額は7兆5,811億円であった。この差額5,317億円のうち4,040億円は，繰越明許，事故繰越，事業繰越を合計したものである。したがって，残りの1,277億円が実質収支の黒字といわれる。

ここで生じた実質収支の黒字は，未だ議会で使途を議決していないため，翌年度の歳入予算に繰越される。ただし，こうした繰越は毎年おこるため，翌年度の繰越が今年度の繰越よりも少なければ財政は悪化する。そのため，実際に財政が改善したといえる状態は，今年度の実質収支が前年度の実質収支を上回った場合である（単年度収支の黒字）。ここでは，単年度収支は3億9千万円の改善となった。

さらに，財政では家計の貯蓄額に相当する積立金が歳出に計上されるため，積立金が多い場合を実質収支や単年度収支にかかわらず改善とみなすことができる（実質単年度収支の黒字）。ここで，東京都は財政調整基金に積立金917億円を加えたため，実質単年度収支は920億9千万円の黒字となった[19)]。

こうして積み上がった財政調整基金は，2019（令和元）年度末までに9,345億円に上っていた。東京都はこの財政調整基金を用い，2019（令和元）年度最終補正予算および2020（令和2）年度補正予算に新型コロナウイルス感染症対策を追加した。ただし，その多くは東京都信用保証協会の預託金として中小企業制度融資に充てられたものである。これは一時的な貸付にすぎないため，いわゆる「真水」と呼ばれる財政出動には含まれない。

2月27日に全国の学校が一斉休校とされると，東京都が人々の行動を直接的に制限しなければならない情勢となった。東京都は都立図書館を2月29日より臨時休館とすることを決定し[20)]，3月4日には東京都庁において来庁者を対象とした検温を開始した[21)]。

それ以外にも感染症対策において東京都が担う役割は大きく，感染症の発生の状況及び動向の把握（感染症予防法第14条），調査（15条），情報の公開（16条）を実施するとともに費用を負担する。このため，東京都が公表する毎日の検査数・感染者数はひろく注目を集めた。

４月７日に初めての緊急事態宣言が発出されると，東京都は４月15日に『東京都緊急対策（第四弾）』として補正予算3,819億円を上乗せした[22]。そこでは，ホテル等の宿泊施設３千人分を確保するとともに，医療機関には空床確保料を支払い４千床の病床を確保した。また，感染拡大防止協力金を創設し，食事提供施設を運営する事業者に対して50万円あるいは100万円を支給した[23]。さらに，感染者の急増により病床が不足するようになると，軽症者に対しては宿泊療養や自宅療養を提供し，療養費を公費負担する必要が生じた[24]。

国の第一次補正予算が成立すると，東京都には感染症対策の財源として新型コロナウイルス感染症緊急包括支援交付金が，より広範な用途の財源として新型コロナウイルス感染症対応地方創生臨時交付金が交付されることとなった。５月19日には，東京都は補正予算5,826億円の財源に財政調整基金から4,474億円を繰入れたほか，臨時交付金等875億円を受入れた。

緊急事態宣言は５月25日をもって解除され，この間に感染拡大の防止に協力した飲食店には２回目の協力金が給付された。

4.4　緊急事態宣言後の東京都財政

（１）臨時交付金を用いた給付金の拡大

緊急事態宣言以降，臨時交付金は随時交付されるようになり，東京都では底をついた財政調整基金に代わる財源として機能した。そのため，７月以降には都民への直接的な給付事業が拡大した。

まず，７月補正予算では総額3,101億円のうち2,620億円までが新型コロナウイルス感染症の拡大を阻止するための対策に充てられた。その中では，医療・介護・障害福祉サービス従事者への支援が実現し，東京都は対象者に最大20万円の慰労金を給付した。また，それまで休業要請に応じて支給されていた感染拡大防止協力金は，酒類の提供を20時までに，営業を22時までに短縮した飲食店・カラオケ店に給付される時短協力金に移行した[25]。

しかし，11月下旬に感染が拡大すると，11月28日には酒類の提供を行っている店舗への営業短縮が要請された。それでも拡大は続き，2021年１月８日に

図４－１　協力金支出額の推移

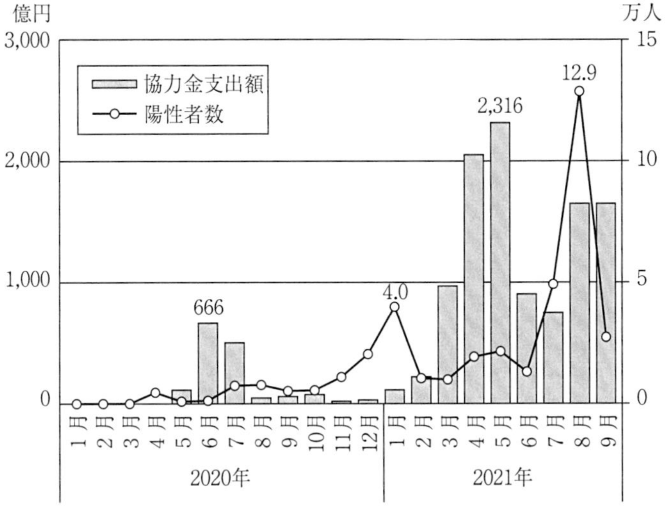

（注）協力金支出額は，款が労働産業費，項は産業労働管理費，目は労働政策費，節は報償費を集計した。なお，更正等が実施されるため実際の給付とは誤差がある。
出所：東京都会計管理局『公金支出情報』，東京都『報告日別による陽性者数の推移』より著者作成。

は２度目の緊急事態宣言が発出された。この緊急事態宣言下で，時短協力金は飲食店のみならず喫茶店等にも拡大された。さらに，事業者ごとではなく店舗ごとに支給されるものとなり，その金額は最大で186万円に増額された[26)]。これ以降，東京都は毎月補正予算を組み，継続的に時短協力金を給付している。

図４－１は，感染拡大防止協力金・時短協力金の支出額の推移を示したものである。まず，感染拡大防止協力金は2020年４月22日に受付が始まり，５月11日に支給が始まった。そのため，最も早い場合には，協力金は東京都の補正予算成立から１カ月足らずで支給された。協力金の支給は２回目の支給が始まった６月にピークを迎え，協力金支出額は666億円に上った。

また，時短協力金は2020年９月に初めて支給された。当初，時短協力金は８月分が支給され，次いで９月分が支給されたものの，感染者数が低い水準に収まっていたために，感染拡大防止協力金よりも小規模なものにとどまった。

ところが，12月以降は連続的に支給されるようになり，１回当たりの支給額も上積みされた。2021年１月８日には二度目の緊急事態宣言が発出されたものの，協力金の給付は３月からとなったため，協力金支出額の増加が陽性者数の増加から遅れてみられるようになった。

３月22日に二度目の緊急事態宣言が解除されると，それに遅れて５月に協力金支出額が2,316億円に達したが，６月の協力金支出額は減少した。この傾向は７月にも続いたが，その後はまた増加に転じている。

これは，４月12日にまん延防止等重点措置が採られ，４月25日に三度目の緊急事態宣言が発出されたことによる影響である。なお，７月12日に四度目の緊急事態宣言が発出された際に早期支給制度が設けられたために，協力金の支出は前倒しされつつある。2021（令和３）年９月までに，協力金支出額は１兆２千億円を超えた。

（2）オリンピック後も重要性を増す基金

このように大規模な財政出動が目指されたために，2020（令和２）年度の普通会計歳入決算額は９兆547億円に上った。その一方で，歳出決算額は８兆6,095億円にとどまった。

この差額4,451億円のうち4,442億円までが，新型コロナウイルス感染症の影響などにより，予算が執行されないまま2021（令和３）年度に繰越されたものである。例えば，東京2020オリンピック・パラリンピック大会の開催準備については，大会が延期されたために，事業費137億円の全額が繰越された。したがって，実質収支は９億円の黒字となった。

もっとも，これは前年度の実質収支の黒字額1,277億円に比較すると大幅な減であり，単年度収支は▲1,268億円の赤字であった。さらに，財政調整基金のうち▲4,017億円を取り崩したため，実質単年度収支は▲5,286億円もの赤字となった。

このように東京都は2020（令和２）年度決算を大幅な赤字としたが，2021（令和３）年度も引き続き大規模な財政出動を継続している。特に，７月23日から８月８日にかけてはオリンピック大会を開催し，８月24日から９月５日にかけてはパラリンピック大会を開催した。我が国の選手団は，オリンピック大会においては27個の金メダルを獲得し，パラリンピック大会においては13個の金メダルを獲得するなど大いに活躍した。

この東京2020オリンピック・パラリンピック大会の開催には，予算総額1兆6,440億円が組まれた。そこでは，スポンサー，チケット売上，IOC負担金により組織委員会が分担する7,210億円を除いた9,230億円のうち，東京都が7,020億円を負担した。

また，大会開催に合わせて東京都は，外環道「関越～東名」区間の整備，羽田空港の発着枠拡大，連続立体交差事業の推進といったインフラストラクチャーの整備にも取り組んだ。その財源には，財政調整基金のほか，セーフシティ，ダイバーシティ，スマートシティの3シティ基金が用いられた[27)]。このように基金が主な財源として扱われてきたために，新型コロナウイルス感染症の影響を別にすれば，近年の都債発行は一貫して減少してきた。

積立てられた基金に財源を求める財政運営は，東京都では2000年代半ばから始まり，2013年にオリンピック・パラリンピック大会の招致に成功するとさらに拡大した。これには2010年代に東京都の税収が安定していたことが背景にある。

図4－2は，1988（昭和63）年度以降の財政調整基金の年度末残高と，実質単年度収支の推移を示したものである。それによると，2020（令和2）年度に実施された財政調整基金の取崩しは過去最大の規模となった。それ以外には1990年度，1997年度，2003年度，2008年度，および2011年度にそれぞれ税収不足を理由として財政調整基金を取り崩した。特に，1997年度には当時の基金残高2,190億円のうちほぼ全額を取り崩した。また1998年度には実質単年度収支の赤字ながら基金積立てを実施したが，歳入不足を補うために減債基金の積立て不足をはじめとする「隠れ借金」が生じた。

それに対して，近年は財政調整基金の積立てを繰り返し，2019（令和元）年度末には基金残高が9,345億円に達した。足下では新型コロナウイルス感染症の影響を受けて減少に転じたものの，今後も基金が積み上がる傾向は続くと思われる。

図4－2　財政調整基金残高と実質単年度収支の推移

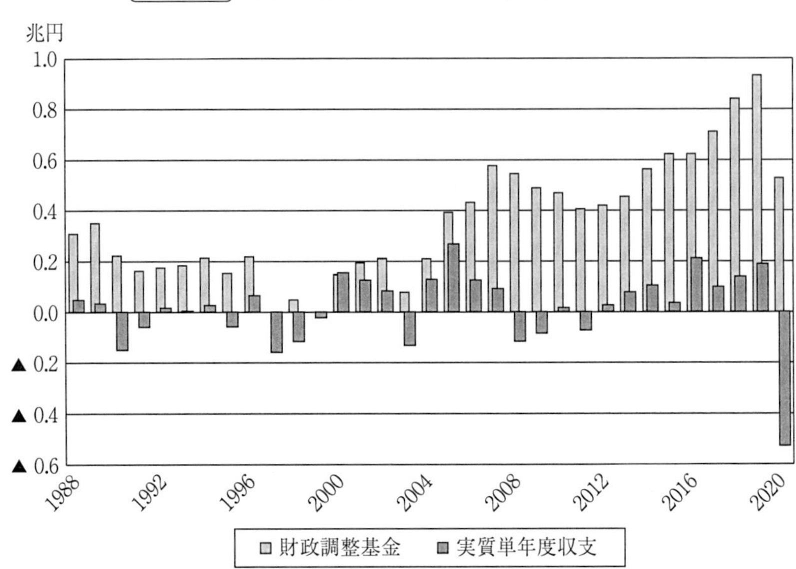

出所：総務省『地方財政状況調査』より著者作成。

こうした傾向は，今後も，東京アクアティクスセンター，有明アリーナといったオリンピック・レガシーの維持・補修・管理の負担が生じるために加速すると考えられる。また目下のところ，建設から30年が経過した東京都庁の改修が，2025（令和7）年3月まで続く予定である。

公債の新規発行が避けられる中で，莫大な資金を必要とする公共事業には，歳出を削減して基金を積立てるという手法は好ましいように映る。また，歳出削減を基本とする財政運営は，財政再建という大義名分にも適っている。

反面，財政調整基金を活用する財政運営には，次節で指摘するように多くの課題が残されている。

4.5 おわりに

本章で明らかにしたように，我が国は2020年1月の新型コロナウイルス感染症の発生以降，可能な限り早期に財政出動を実施してきた。特に，東京都は財政調整基金を財源に用いることで，国の予算成立に先んじて経済対策を実施することができた。

そうした迅速な財政出動の背景には，東京都が2010年代を通じて，歳出の削減を基本とする財政運営を行ってきたことがある。このような財政運営の成果は，財政調整基金として積み上がり，感染症対策の財源に充てられたのみならず，2021年8月に開催された東京2020オリンピック・パラリンピック大会にも用いられた。

しかし，財政調整基金は財政運営の安定には寄与するが，次の4つの問題点がある。第1に，基金を積立てるために歳出予算を削減することが目的化し，現在必要となる支出が行われない。第2に，剰余金を生み出すために予算の不用が常態化し，議会での決議が骨抜きとなる。第3に，基金を取り崩す機会がなかった場合には，住民から徴収した税が長期間にわたって死蔵されるという結果をまねく。第4に，長期にわたって積立てられる基金は，時間の経過とともに当初の目的が失われ，積立ての理由が不透明なものになりやすい。

そして，東京都の潤沢な財政調整基金をもってしても，大規模な財政需要を満たすことはできない。結局のところ，国が大規模な財政出動を速やかに決断するほうが，地方が基金を積立てるよりもすぐれているといえる。

【注】

1）厚生労働省『中華人民共和国湖北省武漢市における原因不明肺炎の発生について』報道発表資料，2020（令和2）年1月6日。

2）厚生労働省医政局経済課『新型コロナウイルスに関連した感染症の発生に伴うマスクの安定供給について』事務連絡，2020（令和2）年1月28日。

3）Public Health Emergency of International Concernの略称。

4）経済産業大臣『新型コロナウイルス感染症により影響を受ける下請等中小企業との取引に関する配慮について』20200213中第7号，2020（令和2）年2月14日。

5）新型コロナウイルス感染症対策本部『新型コロナウイルス感染症に関する緊急対応策』https://www.kantei.go.jp/jp/singi/novel_coronavirus/th_siryou/kinkyutaiou_corona.pdf（最終閲覧日：2022年2月6日）

6）2月28日の衆議院予算委員会では，立憲民主・国民・社保・無所属フォーラム，日本共産党により，2020（令和2）年度予算案の撤回を求める動議が提出されたものの否決された。

7）新型コロナウイルス感染症対策本部『議事概要』https://www.kantei.go.jp/jp/singi/novel_coronavirus/th_siryou/gaiyou_r020227.pdf（最終閲覧日：2022年2月6日）

8）新型コロナウイルス感染症対策本部『新型コロナウイルス感染症に関する緊急対応策―第2弾―』https://www.kantei.go.jp/jp/singi/novel_coronavirus/th_siryou/kinkyutaiou2_corona.pdf（最終閲覧日：2022年2月6日）

9）首相官邸『「新型コロナウイルス感染症緊急経済対策」について』https://www.kantei.go.jp/jp/singi/novel_coronavirus/th_siryou/200407kinkyukeizaitaisaku.pdf（最終閲覧日：2022年2月6日）

10）地方創生推進事務局『新型コロナウイルス感染症対応地方創生臨時交付金』https://www.chisou.go.jp/tiiki/rinjikoufukin/（最終閲覧日：2022年2月6日）

11）「第201回国会における麻生財務大臣の財政演説」『財政金融統計月報』816号。

12）厚生労働省保健局長『新型コロナウイルスワクチン接種体制確保事業の実施について』健発1023第3号，2020（令和2）年10月23日。

13）厚生労働省健康局健康課長『医療従事者等への新型コロナウイルス感染症に係る予防接種を行う体制の構築について』健健発0108第1号，2021（令和3）年1月8日。

14）厚生労働事務次官『新型コロナウイルスワクチン接種対策費の国庫負担について』厚生労働省発健0222第1号，2021（令和3）年2月22日。

15）経済産業省「Go To トラベル事業（一次補正分）」『令和3年度行政事業レビューシート』。

16）東京都新型コロナウイルス感染症対策本部『中華人民共和国湖北省武漢市から帰国した在留邦人の都立・公社病院への受入れについて（第3報）』2020年1月31日。

17）厚生労働省健康局結核感染症課『新型コロナウイルス感染症患者等の入院病床の確保について（依頼）』事務連絡，2020（令和2）年2月9日。

18）総務省自治財政局財政課『令和元年度一般会計の予備費の使用等に伴う地方負担への対応について』事務連絡，2020（令和2）年2月14日。

19）なお，総務省の公表する『財政状況資料集』等の資料では地方消費税の未清算分3,094億円が除かれ，実質単年度収支は1,880億円の黒字となる。

20）東京都新型コロナウイルス感染症対策本部『（第41報）新型コロナウイルス感染症への対応に伴う東京都立図書館の臨時休館と限定的なサービスの提供について』2020（令和

2）年2月28日。

21）東京都新型コロナウイルス感染症対策本部『（第57報）都庁舎における来庁者の健康チェックについて』2020（令和2）年3月3日。

22）東京都新型コロナウイルス感染症対策本部会議『東京都緊急対策（第四弾）』https://www.metro.tokyo.lg.jp/tosei/hodohappyo/press/2020/04/15/documents/16_01.pdf（最終閲覧日：2022年2月6日）

23）東京都『東京都感染拡大防止協力金事務取扱要綱』2産労総企第106号，2020（令和2）年4月22日。

24）厚生労働省健康局結核感染症課長『新型コロナウイルス感染症の軽症者等に係る宿泊療養及び自宅療養における公費負担医療の提供について』健感発0430第3号，2020（令和2）年4月30日。

25）東京都『営業時間短縮に係る感染拡大防止協力金事務取扱要綱』2産労総企第1296号，2020（令和2）年8月21日。

26）東京都『営業時間短縮に係る感染拡大防止協力金（令和3年1月8日～2月7日実施分）事務取扱要綱』2産労総企第2626号，2021（令和3）年1月27日。

27）東京都『都民ファーストでつくる「新しい東京」～2020年に向けた実行プラン～』2016（平成28）12月。

参考文献

経済産業省『予算・税制・財投』https://www.meti.go.jp/main/31.html（最終閲覧日：2022年2月6日）

国立国会図書館『国会会議録検索システム』https://kokkai.ndl.go.jp/（最終閲覧日：2022年2月6日）

財務省『予算・決算（国のお金の使い道）』https://www.mof.go.jp/policy/budget/（最終閲覧日：2022年2月6日）

財務総合政策研究所『財政金融統計月報』816号，829号。

首相官邸『新型コロナウイルス感染症対策本部』https://www.kantei.go.jp/jp/singi/novel_coronavirus/taisaku_honbu.html（最終閲覧日：2022年2月6日）

東京都『新型コロナウイルス感染症対策サイト』https://stopcovid19.metro.tokyo.lg.jp/（最終閲覧日：2022年2月6日）

東京都オリンピック・パラリンピック準備局『大会経費V5（バージョン5）』https://www.2020games.metro.tokyo.lg.jp/532efd4445e3e2b09ff3296f9290b890.pdf（最終閲覧日：2022年2月6日）

東京都財務局『財務情報』https://www.zaimu.metro.tokyo.lg.jp/（最終閲覧日：2022年2月6日）

東京都信用保証協会『東京都信用保証協会レポート（2021年版）』https://www.cgc-tokyo.

or.jp/about/profile/disclosure.files/cgc_tokyo2021.pdf（最終閲覧日：2022年２月６日）
内閣官房『対策本部等資料』https://corona.go.jp/expert-meeting/（最終閲覧日：2022年２月６日）

（澁谷英樹）

第5章 コロナ禍と熟議による政策形成への市民参加

5.1 はじめに

新型コロナウイルス感染症（COVID-19）のパンデミックは，新たな感染症による国際的な緊急事態である。日本も，政府の新型コロナウイルス感染症対策本部が設置され，その下に新型コロナウイルス感染症の対策について医学的な見地から助言等を行うため，2020年2月に「新型コロナウイルス感染症対策専門家会議」，その後は「新型インフルエンザ等対策有識者会議新型コロナウイルス感染症対策分科会専門家会議」が設置されている。「専門家」の議論・助言を得て，政府が感染拡大防止策について決定をすることは，他の国でも基本的に共通しており，非常事態ではやむを得ない側面もある。

実際，新型コロナウイルス感染症対策では，「政策形成場面での市民参加」の機会はほぼなかった。市民は新聞やニュース番組への投書・ファックス・メール・ツイート，ウェブ上のニュースに対するコメント欄，各自が利用しているSNSなどに賛否の意見を表明することはできたが，あくまで一方向の表明である。野島・青田（2021）によれば，2021年秋の欧州での感染再拡大に対する各国の規制強化をめぐっては市民の反発を招き，オランダやベルギーでは抗議デモも起きている。

厚生労働省（2021a，2021b）によれば，日本では，2021年11月25日の時点で2回のワクチン接種完了者は全国民の約76％となり，新規感染者数は2020年夏以降では低い水準が2021年末まで続いていた。一方で，野島・青田（2021）によれば，ドイツでは2021年11月26日に新規感染者が７万6,000人を超えるなど，海外では感染が再拡大している。オーストリアでは11月22日から全面的なロックダウン（都市封鎖）に入るなど規制も強化された。朝日新聞（2021）によれば，11月26日には新たな変異株であるオミクロン株も南アフリカ共和国で報告され，世界保健機関（WHO）は懸念される変異株に指定した。厚生労働省（2022a，2022b）によれば，その後，オミクロン株は各国に広がり，日本においてもデルタ株からオミクロン株に置き換わりが急速に進み，新規感染者数が急速に増加した。2022年２月９日時点では，厚生労働省（2022b）によれば，全国の新規感染者数は増加が続いている。

先進国と途上国との間でワクチン接種率も大きな差があることは，本書の第１章（石川 2022）においても指摘されている通りである。

グローバル化が進んだ現代社会では，世界全体で感染状況が収まって初めて「感染は終息した」と言える。一連の新型コロナウイルス感染症対策について，効果のあった点と不十分だった点をどう評価するのか。そして，ウィズコロナ／アフターコロナの時代に我々はどんな社会を望むのか。

これらの問いは，まさに科学と政治の交錯するトランス・サイエンス（trans science）と呼ばれる「科学によって問うことはできるが，科学によって答えることはできない領域」（Weinberg 1972）である。近年の複雑な社会の政策形成には，様々な分野の「専門家」だけではなく，制度変更や規制等の影響を受ける多様な「利害関係者」，そして「市民」の熟議が不可欠である。

本章では，様々な市民参加の方法の中でも，無作為抽出による市民を参加者とするミニ・パブリックス（mini-publics）型の市民参加による熟議に注目する。住民基本台帳などから無作為抽出により招待した市民を参加者とすることは，十分な人数の参加者を得られれば，母集団の性別・年代など人口統計学的変数や意見の分布を反映した参加者を得ることができるという長所がある。そして係争的なテーマについては賛成・反対それぞれの立場からの情報提供を受けるなど，多様な立場から十分な情報提供を得て，多様な人々が異なる意見を表明して議論する公正な手続きで熟議されることは，社会的受容を促す（例え

図５－１　1986－2019年の代表制熟議プロセスの数

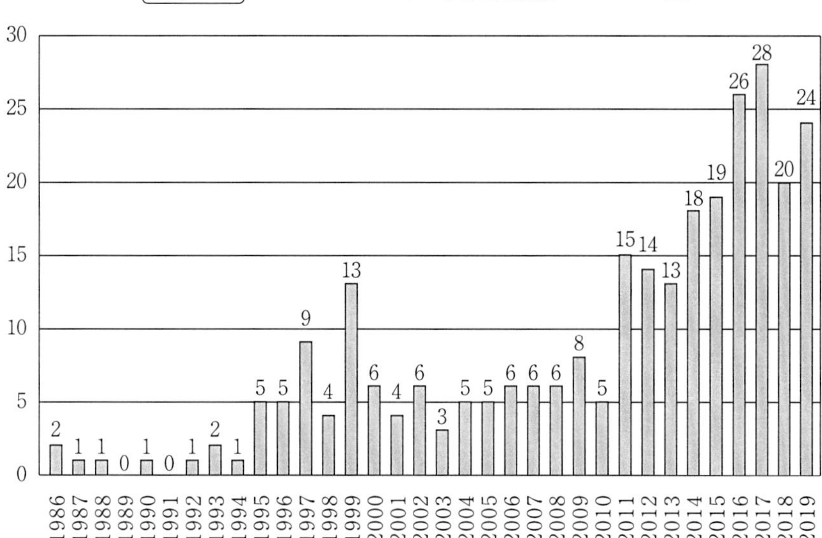

出所：OECD（2020）Figure3.3

ば，大沼・広瀬・杉浦 2019)。

例えば，2011年３月の東日本大震災およびそれに伴う福島第一原発の一連の事故の直後，全国の原子力発電所を全て停止する緊急対応が当時の菅直人首相により実施された。その後，エネルギー政策，特に原発の位置づけは国民的議論が必要とされ，国の政策決定プロセスに公式に位置づけられる形で「エネルギー・環境の選択肢に関する討論型世論調査」(エネルギー・環境の選択肢に関する討論型世論調査実行委員会 2012）が実施された。

図５－１は，1986年から2019年に開催された市民参加による熟議の事例調査結果（OECD 2020）である。OECD加盟国を中心に情報収集されたという調査方法の限界はある。それでも，無作為抽出の市民が専門家や利害関係者からの情報提供を受け，質疑をし，市民同士で話し合って政策課題に対する提言を作成する会議の数は増加傾向にあるとわかる。

コロナ禍で外出自粛要請や外出制限の期間中は，対面開催はできなかったが，感染が小康状態の時期に対面で実施した事例も存在する。大学のオンライン授業と同様，市民参加の会議もオンラインでの実施が実現した。コロナ禍で市民参加での熟議の場の在り方も試行錯誤されてきた。

本章では，2020年から2021年に開催された，対面とオンラインの併用による海外での気候市民会議（Climate Citizens' Assembly），日本での対面による市民討議会，オンラインによる気候市民会議の事例を示す。

そして，コロナ禍前に開催された健康政策に関するドイツでの市民参加による熟議の事例も参考に，コロナ禍の政策を振り返り今後の社会の在り方に関して検討するための市民参加による熟議の可能性を示す。

5.2 コロナ禍で市民参加による熟議をどう実現したか

（1）海外での対面とオンラインの併用による実施例

ヨーロッパ諸国を中心に広がりを見せ始めている気候市民会議の事例を示す。以下では，一般社団法人環境政策対話研究所（2021）による調査報告書に基づき，フランスと英国の事例の概要を示す。

① フランスの気候市民会議

フランスで気候市民会議が開催されたきっかけは，「黄色いベスト運動」である。2018年9月に，フランス政府は炭素税導入後の見直しの一環として2019年1月からの燃料税値上げを発表した。車への依存の大きい地方やディーゼル車を多く使う市民の反発は大きく，ネットで値上げ廃止のための署名活動が始まり，2018年11月17日以降，参加者を増やしながらデモ活動（デモ）が続いた。フランス政府は2018年12月5日に，2019年の価格引き上げを1年間延期すると発表したが，デモはむしろ激化した。このような中，「脱炭素トランジションへの道筋」の検討において，市民代表側は民主的な手続きによるくじ引きで選ばれた市民会議を提唱した。

一方，マクロン大統領はフランス全世帯に書簡を送って直接対話での討論を呼び掛け，「いかなる案であれば環境配慮型社会への移行が促されると思うか」

など35議題を巡り，2019年1月15日から3月15日まで毎週1回の国民大討論会（グラン・デバ）をフランス全土で開催した。しかし，国民大討論会の開催では納得しなかった約100名の各界専門家は公開書簡を大統領に提出し，「野心的で先例のない民主主義のプロセス」を要求し，政府も合意して気候市民会議が開催されることになった。

フランスでの気候市民会議の組織化・運営をフランス政府から一任されたのは経済社会環境評議会（Le Conseil économique, social et environnemental）である。気候市民会議では「社会的公正を守りつつ，温室効果ガス排出を2030年までに1990年比で少なくとも40％減を達成するための具体的な政策提言を行う。」ことが求められた。

2019年8月下旬から9月下旬に電話番号から無作為抽出した25.5万人[1)]に電話で参加意思を確認後，人口の多様性（①性別，②年齢，③学歴，④職業，⑤居住地特性，⑥地域）を反映させて150名の市民パネルが選出された。

2019年10月から開催された気候市民会議の日程と各回の内容を表5－1に示す。当初，2020年1月25日から26日を最終セッションとする6週末の予定であったが，2019年12月のゼネスト（ゼネラル・ストライキ）および2020年3月の新型コロナウイルス感染症対策による外出制限により，2020年6月19日から21日を最終とする全7週末に変更された。さらに，2020年4月にはCOVID-19危機後の新しい社会モデルへの道筋を示すことを目的に緊急に提言をまとめる特例のオンライン会議を開催した。

なお，各セッションの日程の間には，参加市民が情報交換を続け，議論を深めるための専門家も参加するオンライン会議が開かれ，参加した市民パネルは毎回100名を超えた。オンラインでの参加手段を持たない参加者にはタブレットを支給するなどの工夫もされた。また，各セッション終了後は次回セッションに向けた見直し作業があり，週1回の運営委員会には毎回異なる市民パネル2名が抽選で選出されて参加した。

グループ討議では，日常生活で温室効果ガスの排出量が多い「消費」「移動」「住」「食」「働く／生産」の5つのテーマが議題となった。各グループは，くじ引きによる抽選で，意見が同様にならないように毎回一部のメンバーがグル

表5－1　フランスの気候市民会議の概要

セッション・日程	アジェンダ
セッション1 2019年10月4－6日	● 市民会議の使命と目標の理解 ● 気候変動とその影響の解析
セッション2 2019年10月25－27日	● テーマごとの現状把握 ● 対策が進まない阻害要因
セッション3 2019年11月15－17日	● 素案作り
セッション4 2019年1月10－12日	● 優先順位 ● 横断グループ提案の明確化 ● 他テーマグループと境界領域を検討
セッション5 2020年2月7－9日	● 各提案について市民会議の考え方表明 ● 最終稿プラン
セッション6 2020年3月6－8日	● テーマ別グループの提案を全体で承認 ● エスクワッド提案の完成
特例セッション 2020年4月3－4日	● コロナ危機後を念頭に50項目からなる政府提言実施（非公開）
セッション7 2020年6月19－21日	● 修正・最終化 ● 最終報告書の政府提出・プレス公表

（注）網掛け部分はオンライン開催
出所：一般社団法人環境政策対話研究所（2021）

ープ移動するなど工夫もされた。また，市民側からの要請でテーマ横断グループも編成され，財源・憲法改正等共通テーマの討議が行われた。

セッション7では，テーマごとにまとめられた提言案について全員による投票を実施し，149の 提言[2)]を選択して，最終日の6月21日午後に提言書が政府に提出された。提言は大統領および政府に対して行われ，大統領による“フィルターにかけることなく”国民投票，会議採決，もしくは直接行政命令の形で政策として決定・実施されていくとされた。

②　英国での気候市民会議

次に，英国での気候市民会議の事例を示す。英国での気候市民会議のきっかけは，2019年5月1日に英国議会（下院）で採択された英国気候非常事態宣言である。気候変動委員会（Committee on Climate Change）の報告書では，気候政策は従来トップダウン，専門家主導で決められ，脱炭素社会へのトランジションの影響を受ける市民や地域に参画を求めてこなかったと指摘している。そこで，2019年５月に，英国議会の運営による国民討議のプロセス等が提唱された。これを受け，英国の気候市民会議は，主催者の下院超党派６特別委員会[3)]に対して「英国は2050年に温室効果ガス排出量実質ゼロの目標を達成するためにどのような手段を取るべきか？」を提言することを目的に開催された。市民参加支援を行う団体のInvolveが，主催者の委託を受けて専門家とともに会議設計など実質的な運営に関わった。

参加者の決定に当たっては，イングランド，北アイルランド，スコットランドおよびウェールズから30,000世帯を無作為抽出して招聘状が送られ，2,000名が受託すると回答した。回答者から年齢，性別，学歴，民族，居住地域，都市部・農村部，気候変動に対する考え方に基づき，コンピューターで層化無作為抽出が行われ，110名が選定された。気候変動に対する関心度の調査では，全国民と参加者の意見分布はほぼ同様であり，「大変に関心がある」「かなり関心がある」の合計は全国民の85％であった。

表５－２に英国の気候市民会議の概要を示した。当初は４回で終了する予定であったが，期間を延長して全６回とされた。これは新型コロナウイルスの新規感染者増加に対する対策として外出制限が実施されたことへの対応として，最終回をオンライン化するにあたり参加者の通信環境などを調査し，１回のセッションを短くして３回に分けた方が効果的であるとの判断による。

フランスや英国の事例のように，地球規模の課題における国の政策においても，オンライン形式も活用し，コロナ禍であっても市民参加による熟議がなされた。

表５－２　英国での気候市民会議の概要

セッション・日程	アジェンダ
セッション１ 2020年１月24－26日	● 全体会：「気候変動問題」の紹介 ● 全体会：ネットゼロに向けた倫理的な課題，原則や価値観の議論と投票
セッション２ 2020年２月７－９日	● 全体会：エネルギー供給 ● 分科会：「移動」「家庭の中」「購買・土地利用・食料・農業」 ● ネットゼロに向けて何をどのようにするべきか
セッション３ 2020年２月28－３月１日	● 分科会：「移動」「家庭の中」「購買・土地利用・食料・農業」 ● 政策で考慮すべき優先事項，将来シナリオ（投票），政策オプション（投票）
セッション４ 2020年４月18－19日	● 全体会：電力供給（情報提供者） ● グループで質疑応答，グループ討議，投票
セッション５ 2020年５月２－３日	● 全体会：大気からのCO_2除去技術 ● グループで質疑応答，グループ討議，投票
セッション６ 2020年５月16－17日	● これまでの議論・投票の振り返り ● 新型コロナウイルスと気候変動 ● グループ討議

（注）網掛け部分はオンライン開催
出所：一般社団法人環境政策対話研究所（2021）

（２）日本国内におけるコロナ禍の市民討議会の実施例

①　市民討議会（対面形式の事例）

日本国内におけるコロナ禍での市民参加による熟議の例として，ここでは無作為抽出の市民による熟議の手法として，国内に定着している市民討議会を取り上げる。市民討議会は，ドイツのプラーヌンクスツェレ[4)]を手本としており，参加する市民を無作為抽出で招待するほか，話し合いに当たって専門家や利害関係者などから参加者に情報提供が行われること，話し合いは5名程度のグループ討議として実施すること，話し合いの結果は報告書にまとめられて委託者に提出されることなどの点が共通している。５名程度のグループ討議の際は，サブテーマごとにグループメンバーをくじ引きで変更するのもプラーヌンクスツェレの特徴であり，市民討議会においても実施している事例が多い。

2020年度および2021年度も対面で実施した市民討議会の事例としては，愛知県豊山町の「協働のまちづくりを実現する町民討議会議」がある。豊山町の町民討議会議は，元々2011年度に①協働のまちづくりに対する意識向上の機会，②サイレントマジョリティーであった多様な町民の意見の反映，などを目的として，第４次総合計画の見直しをテーマに実施された。住民基本台帳から毎年2,000名の町民を無作為抽出し[5)]，参加を依頼する。応諾者は2019年度以前であれば70名前後いたため，応諾者からさらに無作為抽出して定員50名の参加者を決定していた。

2011年度の豊山町において初めての町民討議会議では，まず，豊山町第４次総合計画（2010年３月策定）の重点戦略や，各重点戦略の下に設定されている重点事業を町役場職員が参加者に説明した。その上で，第４次総合計画の見直しに向けて，住民の理解と協力が必要な重点戦略や重点事業以外で重要と考えられる事業について，参加者がグループ討議し，討議結果の発表と投票を実施した。2011年度の初開催時には2015年度までの５年継続開催も決定されていた。2012・2013年度の町民討議会議では，2011年度の町民討議会議での投票結果を参考にテーマが決定され，公共交通など具体的なテーマで開催された。

2014年度の町民討議会議では，町民討議会議の継続が提案の１つとして出され，第４次総合計画後期計画（豊山町総務部総務課 2015）および第５次総合計画（豊山町総務部総務課 2020）には町民討議会議の継続が明記され，2016年度以降も実際に継続されている。

豊山町の「協働のまちづくりを実現する町民討議会議」は，2020年度は12月13日（日曜）に町制50周年記念事業をテーマに開催された。町民討議会議で出された町制50周年記念事業のアイディアは，2021年度に実現されたものも多い。2021年度の町民討議会議は12月12日（日曜）に「ウィズコロナで考えるこれからの地域のつながり」をテーマに開催された。2021年度のプログラムは表５－３のとおりである。

なお，豊山町の他では，愛媛県伊予市においても2020年度に総合計画とSDGsをテーマとした市民討議会が対面で開催された[6)]（伊予市 2020）。2018年以前の伊予市の市民討議会では，会議の場で参加者に情報提供を行うのは市役

表5－3　2021年12月12日開催　2021年度豊山町町民討議会議 プログラムのスケジュール

10：00	開会・あいさつ
10：10	自己紹介・アイスブレイク①
10：25	情報提供①コロナ禍における町の現状
10：35	グループ討議①コロナ禍で変わったこと
11：15	休　憩
11：25	グループ討議②地域につながりがあるとよいこと・地域のつながりを妨げる要因
12：10	昼食休憩
13：10	アイスブレイク②
13：25	情報提供②地域のつながりの現状
13：40	グループ討議③新しい地域のつながり
15：15	グループ討議結果の発表（1グループ3分）
15：45	シール投票
16：00	投票結果発表，講評，アンケート記入

所職員のみであった。伊予市に限らず，行政が主催する市民討議会では情報提供者が行政職員であることが多いが，多様な視点からの情報提供といった点で課題であった。2020年度の伊予市市民討議会では変化が見られ，市役所職員だけでなく，伊予市内で活動している市民団体や地域おこし協力隊隊員も情報提供者として，伊予市の現状や総合計画の目標達成に向けて課題と考える点を参加者に情報提供していた。コロナ禍で開催が困難な状況にある中で，市民参加による熟議の手法として，以前よりも望ましい形で実施されたと評価できる。

② 気候市民会議（オンライン形式の事例）

国の政策においては，コロナ禍前にオンラインで市民が熟議を行う先駆的な試みとしては，2015年3月に高レベル放射性廃棄物の処分方法をテーマとした討論型世論調査（日本学術会議社会学委員会討論型世論調査分科会 2016）がある。しかし，いまの社会では当たり前となっているZoomなどのオンライン会議シ

表5－4　気候市民会議さっぽろ2020概要

日　程	内　容
第1回　11月8日（日）	基礎的な情報提供，論点1「脱炭素社会の将来像」
第2回　11月22日（日）	論点2「エネルギー」
第3回　12月6日（日）	論点3「移動と都市づくり，ライフスタイル」，投票①
第4回　12月20日（日）	論点1「脱炭素社会の将来像」，投票②

（注）各回とも13：00～17：00に開催された。
出所：気候市民会議さっぽろ2020実行委員会（2021）表1－1

ステムも，当時はあまり普及していなかった。コロナ禍での急速なオンライン会議システムの普及がオンラインでの市民の熟議を可能にしたとも言える。

以下では，5．2（1）において示したフランスや英国の事例を受け，各国でも実施の動きが見られる「気候市民会議」のうち，日本初の事例であり，全てオンラインで開催された「気候市民会議さっぽろ2020」について，最終報告書（気候市民会議さっぽろ2020実行委員会 2021）を元に示す。「気候市民会議さっぽろ2020」の概要を表5－4に示した。

気候市民会議さっぽろ2020は，北海道大学が中心となって実行委員会が構成された。住民基本台帳を元に無作為抽出した札幌市民3,000名に案内を送付し，希望者48名から性別・年代のバランスを取った20名を参加者とした。

2020年春から準備されたため，コロナ禍を考慮して当初からオンライン開催を想定して準備された。オンライン会議システムはZoomが使用され，会場は設けず，参加者や参考人，スタッフ，傍聴者は各自の自宅や職場等からリモートで出席した。

気候市民会議さっぽろ2020の開催目的は3つあった。そのうち第3の目的が，コロナ禍で，日程の全てをオンライン会議で実施することにより，オンライン形式による本格的な市民会議の運営ノウハウを開発・発信することである。そこで，最終報告書（気候市民会議さっぽろ2020実行委員会 2021）には，以下のような内容が記載されている。例えば，参加者募集のための案内状では参加者に求めるインターネット環境などを明確かつ簡潔に伝えたことは，報告書本文でも記載されるとともに，案内状の全文も資料として含められている。また，参加者決定後の対応についても，インターネット環境の確認やZoom操作の講習会を実施したことといったオンライン開催をスムーズに実施することに直接関わる内容も記載されている。加えて，グループ討議においてメインファシリテーターとサブファシリテーターの２名を配置したのは，２名のうちの一方に接続の不具合が発生した場合のバックアップの意味もあることなど，オンライン開催で起こりうるトラブルの影響を最小限にするための工夫とその理由の詳細が説明されている。そして，これらの工夫をしたことによる効果・成果だけでなく，対面の場であれば気軽にできる「簡単な質問」や「休憩時間での雑談」ができないことが議論の質に変化を与えた可能性など，オンライン開催を実践しての課題も記載されている。今後，市民参加の熟議の場をオンラインで開催しようと検討する場合，貴重な情報と言える。

(３) 市民参加による熟議の場の確保に向けて

「気候市民会議さっぽろ」が完全オンラインで実施された後には，神奈川県川崎市においても，「脱炭素かわさき市民会議」が2021年５月～10月にかけて開催され，第１回から第５回はオンラインで，最終回の第６回は対面で実施された (脱炭素かわさき市民会議 2021)。一方で，市民討議会のオンライン形式の開催は，2021年11月末時点では広がりをみせていない。コロナ禍では，2020年度のみ対面で行い2021年度は中止した愛媛県伊予市や，2020年度，2021年度とも中止とした岐阜県多治見市など，感染対策を実施して2020年度，2021年度とも緊急事態宣言の期間外に対面実施とした愛知県豊山町や愛知県小牧市のように対応が分かれた。

可能な限り対面開催で実施することは１つの考え方である。緊急事態宣言などのため，特定の候補日での対面での実施が不可能となった時点で，代替の日程を年度内に設定することが難しい場合もありうる。一方で，声を上げにくい時だからこそ，感染の終息が見通しにくい時期であれば，あらかじめオンライン開催に切り替える準備もしておき，市民が政策課題に意見表明をし，議論をする機会を確保することも今後は必要であろう。

日本にはデンマークのデンマーク技術委員会（Danish Board of Technology）のような市民による熟議を専門に行う独立中立の機関は存在しない。2009年に初めて世界市民会議（World Wide Views）が地球温暖化をテーマに開催された際は，日本では大阪大学が中心となり，主に北海道大学や上智大学が支援して国内での開催が実現された。当時から日本国内で熟議の場を運営する組織・団体の必要性が指摘されてきた（八木 2010）。

その後，日本では2015年12月に研究者・実践者がともに参加する日本ミニ・パブリックス研究フォーラムが設立された。日本ミニ・パブリックス研究フォーラムは，ミニ・パブリックス型熟議の運営を行う組織・団体が加入する国際的なネットワークであるデモクラシーR＆Dにも加入している。これにより，日本国内の事例だけでなく海外との情報も，フォーラム，勉強会，論文などの形で情報提供・共有されている。また，一般社団法人環境政策対話研究所は，フランスや英国の気候市民会議の事例調査などで得た知見も元に，神奈川県川崎市での「脱炭素かわさき市民会議」において川崎市地球温暖化防止活動推進センターと共に事務局を担った（脱炭素かわさき市民会議 2021）。

コロナ禍での市民参加の熟議の場の対面開催，オンライン開催それぞれの実践例と成果・課題について，今後，無作為抽出による市民の熟議の場の運営・実践をしようとする組織・人々に広く共有されることが望ましい。

5.3　健康政策を市民参加による熟議で検討した先行事例

前節では，国内外のミニ・パブリックス型熟議について，コロナ禍で対面またはオンラインで実施された事例を示した。本節では，ウィズコロナ／アフターコロナの社会を市民参加の熟議で検討するのにあたり，新型感染症の流行後に人々の健康保護をテーマに実施されたミニ・パブリックス型熟議の先行事例として，ドイツのバイエルン州で狂牛病（BSE）の流行後に開催された「健康政策に関する市民報告」を紹介する。

狂牛病（牛海綿状脳症）は，英国で1986年に最初の感染牛が確認され，その後，英国全土に拡大し，世界規模で感染が拡大した。工藤（2007）によれば，ドイツでは2000年11月に最初のBSEの症例が公表され，2005年までに389頭の感染牛が確認された。このうちバイエルン州では140頭であり，農業州のバイエルン州には衝撃が大きかった。さらに国内最初の症例の公表前にバイエルン州でBSEの症例を示す乳牛がいたが，事実の公表が遅れた。およびバイエルン州独自の農産物の品質・出自保証プログラム（QHB）について「QHBプログラムはBSEを防ぐ」という政治的な表明がなされていたことがあるため，BSEの発生によってQHBプログラムの信頼性は失墜し，QHBプログラムを支援・宣伝してきたバイエルン州農林省への信頼も損なわれた。このような背景により，2001年に食料・農業・森林省と衛生・労働省が，農業森林省と健康・食料・消費者保護省に再編された。そして，バイエルン州健康・食料・消費者保護省によるBSE対策の一環として，まず，「消費者保護政策に関するガイドライン」をテーマとしたプラーヌンクスツェレがバイエルン州の６地域で，2001年秋から2002年にかけて開催された。その結果を受け，2003年から2004年に健康にテーマを絞って開催されたプラーヌンクスツェレが「健康のための市民報告」である。Gesellschaft für Bürgergutachten（2004）によれば「健康のための市民報告」では，「州が予防と健康促進をどのように進めることができるか（いくべきか）について市民の提案をまとめる」ように求められた。バイエルン州内から都市規模など経済社会的要因を考慮した８地域で25人の会議が２つずつ独立並行的に開催され，合計で約400名が参加した。参加者は各地域で住民基本台帳を元に無作為抽出された人々であった。

各コマの時間は90分である。参加者は，まず行政の担当者やテーマに関連する団体の代表者らから情報提供を受け，質疑をする。そして，参加者のみで5名程度ずつのグループで討議し，グループの提案を作成した。各コマの討議終了時には，各グループの提案が発表され，参加者は賛同する提案に投票する。討議結果は市民答申として公表される。全体の進行役は男女１名ずつ，計２名が付くが，小グループ討議には関わらない。小グループメンバーの構成はコマごとにくじ引きで変更されるのもプラーヌンクスツェレの特徴である。

表５－５に「健康のための市民報告」のプログラムの概要を示す。各コマでは健康政策に関して細分化されたサブテーマが設定された。Gesellschaft für

表5－5　バイエルン州「健康のための市民報告」プログラム概要

	1日目	2日目	3日目	4日目
Ⅰ	①　保健衛生制度の長所・短所	⑤　環境と健康	⑨　特別な集団対象の健康事業	⑬　保健衛生制度における基本的なアプローチ
休　憩				
Ⅱ	②　国民病，予防検診と予防接種	⑥　労働と健康	⑩　法定健康保険の財源の調達（保険料の構成）	⑭　自己責任と連帯（個人と社会間の課題分配）
昼　食				
Ⅲ	③　健康を促進する行動様式	⑦　健康教育と健康のためのしつけ	⑪　法定健康保険の財源の使用（給付）	⑮　予防を目的とした健康改革のための総合コンセプト
休　憩				
Ⅳ	④　精神と心の健康の促進	⑧　情報・説明キャンペーンの実践テスト	⑫　政治家からの意見聴取	⑯　予防を目的とした健康改革のための総合コンセプト

出所：Gesellschaft für Bürgergutachten（2004）を元に筆者作成

Bürgergutachten（2004）に基づき，例として1日目の各コマの概要を示す。

1コマ目では，「健康のための市民報告」の目的などの説明後，最初の討議として保健衛生制度や健康，予防の概念の説明後，保健衛生制度の長所と短所について参加者は意見を出した。包括的で基本的医療処置，緊急の医療措置とも良いと評価される一方で，短所は官僚主義や費用の透明性がないことなどが挙げられた。

2コマ目では，病気の予防検診や予防接種を個人に促す政策があるべきか反対か，どのようなものであるべきか，反対ならその理由が尋ねられた。あるべきとの意見で比較的多かったのは，有用性や治癒のチャンスを強調するなど適切な説明，報奨金，予防検診の無料化などであった。

3コマ目の健康を促進する行動様式については，非健康的な行動様式の結果として病気になった場合に，健康保険組合の負担で治療されるべきかどうかと健康面に肯定的な影響を与える行動様式の奨励の2点について議論された。非健康的な行動様式に対する健康保険組合の対応としては，喫煙者などはより高い掛け金を支払うことなどの意見が支持された。人々の健康を改善するために特に奨励されるべきものとしては大衆スポーツの奨励や広報活動などの意見が比較的多く出された。

4コマ目の精神と心の健康の促進では，個人の課題としてのストレスの認識と解消や，精神と心の価値を重要視するようにすることなどの意見が比較的多く出された。親・家族・教育の課題としての対応や保健衛生制度の課題としての対応の側面からの意見も出された。

2日目以降も各サブテーマから見た健康に関する課題や対応策が議論され，多くの意見が出された。なお，9コマ目の特別な集団対象の健康事業の議論では，高齢者，障がい者，慢性の基礎疾患を持つ人々，外国人などを対象とした健康事業について議論された。12コマ目の「政治家からの意見聴取」は，他のプラーヌンクスツェレでも設定されており，立場の異なる様々な政党の政治家から意見を聞く時間である．4日目午後には，予防を目的とした健康改革のための総合コンセプトが作成された。

各地域で開催された合計16のプラーヌンクスツェレにおいて，各コマに出された提案と投票結果は全て報告書である市民答申に記録された。その上で，複数のプラーヌンクスツェレで同様の提案内容が出されているものは，得票数をまとめて集計した結果も記載され，全体として参加者の支持が多かった提案内容も分かるようにまとめられた。

人々の健康を守るための政策は多岐にわたる。例えば，新型コロナウイルス感染症では，後遺症が長く続き，医療的な支援だけでなく，経済的・心理的な支援も必要とされるであろう。「健康のための市民報告」での各コマのサブテーマは，コロナ禍の政策を振り返って評価する場合にも今後の社会づくりを討議するうえでも多くの示唆を与えてくれる。

5.4 アフターコロナ／ウィズコロナの社会づくりに向けた市民参加

COVID-19の対応策には非常に幅広い政策分野に関連する。これまでの対応策を振り返って評価し，今後の新型感染症に備えた社会づくりを検討するには，数年かかる可能性もある。例えば，豊山町での総合計画をテーマとした町民討議会議の初年度である2011年度のように，最初はコロナ禍で実施された政策を振り返り，将来においても重点をおくべき政策や，市民の理解と協力が必要な政策，過去には実施されていないが今後重要となる政策にはどのようなものがあるか議論することが考えられる。そして，具体的なサブテーマごとの議論は翌年度以降，あるいは2回目以降の週末の議論とすることも考えられる。

以下では，前節で紹介したバイエルン州の「健康のための市民報告」での各コマのサブテーマも参考に具体的な討議テーマ例を検討する。

バイエルン州の「健康のための市民報告」では，2日目の「情報・説明キャンペーンの実践テスト」において，参加者は実際に使用されている情報誌や展示を見たりした上で，どのようにすれば市民の声をよく聞くことができるか，市民の関心を引き，健康促進の行動を促すことができるかを議論していた。広瀬（2014）は，リスクコミュニケーションは一方的なものではなく，双方向でなければならないと指摘し，その理由としてリスクの情報を専門家が伝えても市民に正確に伝わり，理解されているか確認するには市民からのフィードバックが必要なことや，社会的リスクへの対処を決めるのは主権者の国民であることなどを挙げた。本書の10章（オコネル 2022）では，コロナ禍でのリスクコミュニケーションの成功例としてニュージーランドの例を紹介しているが，主に政府や専門家から市民へのコミュニケーションに焦点が当てられていた。政府や専門家から適切に情報の発信・共有がなされた事例に学び，政府や専門家により良いリスクコミュニケーションを求める視点から提案を検討するのに役立つであろう。加えて，リスクコミュニケーションは双方向であるべきとの広瀬

(2014) の指摘を踏まえれば，市民から政府や専門家へのフィードバックとして，市民が気づいたリスクに関する情報を政府や専門家に効果的に伝える方法を検討することも重要である。

また，特に配慮が必要な，言い換えれば政策によって支援が必要な人々については，バイエルン州の「健康のための市民報告」では３日目に１コマを使用して検討された。コロナ禍では，ひとり親世帯や非正規雇用の人々が経済的に大きな影響を受けた。また，本書の７章で三輪 (2022) が示すように，高齢者も面会制限など大きな影響を受けた。休校要請や急なオンライン授業の導入により，子どもや大学生も学習面・生活面で大きな影響を受けた。緊急事態宣言による飲食店の休業要請や外出自粛により飲食業・観光業などが大きな影響を受けたことも言うまでもない。

全てを挙げることはできないが，他にも大きな影響を受けた立場の人々がいる。複数の回を使用して検討することが必要であろう。回ごとに支援が必要な人々の属性を設定し，コロナ禍で受けた影響や当時の支援制度の内容について当事者や支援制度の設計者から情報提供を受け，質疑をした上で，支援制度は十分であったかどうかや，今後，新型感染症が流行した場合に影響を小さくするためにはどのような準備が必要か，どのような形で支援をするべきか検討する必要があるであろう。

強制力のある外出制限措置を実施可能とするかなど賛否あるテーマは，賛成・反対それぞれの立場の専門家・利害関係者からの情報提供がされた上での議論がなされる必要がある。また，新型感染症は誰でも感染する可能性があり，感染者への対応では医療的な対応だけでなく，感染判明時や回復後の差別防止の政策も必要であろう。

このような課題のいずれも，今後の社会づくりに向けた新たな政策決定において市民の熟議が必要な議題であるといえる。

5.5　おわりに

本書の他の章にも，コロナ禍で浮かび上がった課題が様々指摘されている。

解決すべき目標は共有していても，「どのように解決するべきか」という具体的な方法では意見が分かれるものもある。「誠実に賛否両論を検討し，公共の問題の解決策について熟慮の上で判断を下す」熟議（Fishkin 2009 曽根・岩木（訳）2011）が今こそ求められている。

【注】

１）海外県を含むフランス国民約6500万人の約0.4％にあたる。25.5万人のうち，約30％が気候市民会議への参加を応諾した。

２）例えば，「移動」のテーマでは，自動車依存からの脱却政策の推進としてインセンティブの付与，自転車ローン制度の創設等が提言された。

３）英国の気候市民会議を主催した超党派下院６委員会は，ビジネス・エネルギー・産業戦略委員会，環境監査委員会，住宅・コミュニティ・地方自治委員会，科学技術委員会，運輸委員会，財務委員会である。

４）プラーヌンクスツェレ（ドイツ語でPlanungszelle，日本語では計画細胞とも訳される）は，ペーター・Ｃ・ディーネル（Peter C. Dienel）が考案した（ディーネル 2009 篠藤（訳）2012）。なお，プラーヌンクスツェレと市民討議会それぞれの特徴などについては，例えば篠藤（2012a, 2012b）を参照。

５）豊山町の町民討議会議の無作為抽出の対象は，2011年度から2013年度までは18歳以上の町民，2014年度以降は15歳以上の町民である。なお，豊山町の町民討議会議の各年度の概要などは，前田（2021）を参照。

６）伊予市の2021年度市民討議会は，愛媛県での新型コロナウイルス感染者の増加により中止とされた。

引用文献

【日本語文献】

朝日新聞　2021「新変異株，世界が警戒　WHO「懸念される株」指定　新型コロナ」11月28日朝刊，1.

石川良文　2022「新型コロナウイルス感染症の拡大とその多角的影響」石川良文（編）『コロナの影響と政策―社会・経済・環境の観点から―』pp1-25.

一般社団法人環境政策対話研究所　2021『欧州気候市民会議～脱炭素社会へのくじ引き民主主義の波～La Convention Citoyenne pour le ClimatClimate Assembly UK』

伊予市　2020　協働のまちづくりを実現する市民討議会NEWS 2020　https://www.city.iyo.lg.jp/miraidukuri/documents/202011workshop_news.pdf（最終閲覧日：2021年12月４日）

エネルギー・環境の選択肢に関する討論型世論調査実行委員会　2012『「エネルギー・環境の選択肢に関する討論型世論調査」調査報告書』

大沼進・広瀬幸雄・杉浦淳吉　2019「賛否二分法を越えた折衷案の受容とその規定因としての手続き的公正――ノイス市におけるトラムの事例調査――」『社会安全学研究』９巻，89-101。

オコネル・ショーン　2022「コロナ禍におけるリスクコミュニケーションの成功例」石川良文（編）『コロナの影響と政策―社会・経済・環境の観点から―』pp.176-190.

気候市民会議さっぽろ 2020 実行委員会 2021『気候市民会議さっぽろ2020最終報告書』。

工藤春代　2007『消費者政策の形成と評価――ドイツの食品分野――』日本経済評論社。

厚生労働省　2021a「第60回新型コロナウイルス感染症対策アドバイザリーボード（令和３年11月25日）資料１　直近の感染状況等の分析と評価」https://www.mhlw.go.jp/content/10900000/000858736.pdf（最終閲覧日：2021年12月４日）

厚生労働省　2021b「第65回新型コロナウイルス感染症対策アドバイザリーボード（令和３年12月28日）資料1　直近の感染状況等の分析と評価」https://www.mhlw.go.jp/content/10900000/000875159.pdf（最終閲覧日：2022年２月10日）

厚生労働省　2022a「第66回新型コロナウイルス感染症対策アドバイザリーボード（令和４年１月６日）資料1　直近の感染状況等の分析と評価」https://www.mhlw.go.jp/content/10900000/000877225.pdf（最終閲覧日：2022年２月10日）

厚生労働省　2022b「第71回新型コロナウイルス感染症対策アドバイザリーボード（令和４年２月９日）資料1　直近の感染状況等の分析と評価」https://www.mhlw.go.jp/content/10900000/000895924.pdf（最終閲覧日：2022年２月10日）

篠藤明徳 2012a「計画細胞会議 ―メンバーを入れ替えながらの少人数討議―」篠藤　一（編）『討議デモクラシーの挑戦―ミニ・パブリックスが拓く新しい政治―』岩波書店　pp.61-79.

篠藤明徳　2012b「市民討議会 ―日本の政治文化を拓く―」 篠藤　一（編）『討議デモクラシーの挑戦―ミニ・パブリックスが拓く新しい政治―』岩波書店　pp.99-115.

多治見市　2021「市民討議会」。https://www.city.tajimi.lg.jp/gyose/kocho/togikai.html（最終閲覧日：2021年11月10日）

脱炭素かわさき市民会議　2021『脱炭素かわさき市民会議からの提案 2050年脱炭素かわさきの実現に向けて』。https://cdn.goope.jp/61503/211117134438-619488b641da8.pdf（最終閲覧日：2021年11月21日）

豊山町総務部総務課（編）2015『小さくてキラリと輝くまちづくり　豊山町第４次総合計画後期基本計画』豊山町

豊山町総務部総務課（編）2020『小さくてキラリと輝くまちづくり　豊山町第５次総合計画』豊山町

日本学術会議社会学委員会討論型世論調査分科会　2016「高レベル放射性廃棄物の処分をテーマとしたWeb上の討論型世論調査」https://www.scj.go.jp/ja/info/kohyo/pdf/kohyo-23-

h160824-2.pdf（最終閲覧日：2021年11月３日）
野島淳・青田秀樹　2021「感染止まらぬ欧州，再び規制強化「警告届いていない」焦るドイツ　新型コロナ」『朝日新聞』11月27日朝刊，11.
広瀬幸雄　2014「リスクガヴァナンスのためにどんなリスクコミュニケーションが必要なのか」広瀬幸雄（編）『リスクガヴァナンスの社会心理学』1-16。
前田洋枝　2021「豊山町・伊予市の市民討議会に関する継続的調査研究の概要」『地域社会研究』32号，2-5。
三輪まどか　2022「COVID-19と高齢者・介護」石川良文（編）『コロナの影響と政策―社会・経済・環境の観点から―』pp.120-133.
八木絵香　2010「グローバルな市民参加型テクノロジーアセスメントの可能性――地球温暖化に関する世界市民会議（World Wide Views）を事例として――」『科学技術コミュニケーション』７巻，3-17。

【外国語文献】

Dienel, C. P. 2009 Demokratisch, Praktisch, Gut――Merkmale, Wirkung und Perspekitiven von Planungszelle und Bürgergutachten ―― Dietz Verlag J. H. W. Nachf（篠藤明徳（訳）2012『市民討議による民主主義の再生――プラーヌンクスツェレの特徴・機能・展望――』イマジン出版）
Fishkin, J. S. 2009 When the people speak: Deliberative democracy and public consultation. Oxford University Press.（ジェイムズ・S・フィシュキン　曽根泰教（監）・岩木貴子（訳）2011『人々の声が響き合うとき――熟議空間と民主主義――』早川書房）
Gesellschaft für Bürgergutachten（Hrsg.）2004 Bürgergutachten für Gesundheit.
OECD 2020 Innovative Citizen Participation and New Democratic Institutions: Catching the Deliberative Wave, OECD Publishing, Paris, https://doi.org/10.1787/339306da-en.
Weinberg, A. M. 1972 Science and Trans-Science *Minerva*, 10, 209-222.

（前田洋枝）

第6章

自粛する若者とは誰か

6.1　はじめに

（1）自粛要請と社会学

新型コロナウイルス感染症をめぐる政府や自治体の対応で目立ったのは，人々への要請やお願いである。感染した時に重症化するリスクや，後遺症のリスクなどを説明するとともに，感染拡大防止のための行動自粛が要請された。例えば，大人数での会食，帰省や旅行による都道府県をまたぐ移動，不要不急の外出などの自粛要請がなされた。ただし，あくまで要請やお願いであるため，たとえ応じなかったとしても法的に罰せられることはなく，応じたとして協力金がもらえるわけでもない[1)]。

しかしながら，これまでの経過を見てみれば，感染者が増加するたびに行動の自粛が要請され，その後，感染者が減少するという流れを繰り返してきた。すなわち，要請により，新型コロナウイルス感染症のリスクを理解して，感染対策を自ら強化した人々が多くいたということであろう。法的に罰せられるわけでもなく，経済的にメリットがあるわけでもないのに，なぜ多くの人々が行動を自粛したのか。この謎を解くためには社会学的な視点が欠かせない。

なぜならば，社会学は，法律やお金には還元できないが，人々の行動に影響を与える「何か」について研究してきた学問だからである。この「何か」には，社会の構造であるとか，常識や価値観といったものが含まれる。人々が新型コロナウイルス感染症のリスクを理解し，自粛の要請に応じた背後にも，社会構造上の理由や，何らかの常識，価値観が存在しているかもしれない。そこで本章では，社会学的な視点から行動自粛の背後にある要因を明らかにしていく。

（２）常に注目される若者

議論を進めるにあたって，本章では，若者の意識と行動に論点を絞りたい。というのも，特に強く自粛を要請されていたのが，若者だからである。新型コロナウイルス感染症のリスクを小さく考えた若者たちが，飲み会や食事会を行っているとされ，そのことが感染拡大の原因の１つといわれてきた。これが若者への対策が重視されてきた理由である。

さかのぼれば，コロナ禍が始まってすぐの段階で，軽症や無症状の若者が感染を拡大している可能性が指摘されていた。少しして，ホストクラブやキャバクラといった夜の街でのクラスターが多発し，2020年７月から８月にかけてのいわゆる第２波では，若者の食事会や飲み会が感染拡大の要因とされた（表６－１）。2021年になっても若者の行動は注目され，例えば，酒類を提供する飲食店に休業要請が出たときには，若者の路上飲みが問題となった（表６－１）。このように，コロナ禍では常に若者の意識と行動が問題視され，行動の自粛が繰り返し呼びかけられた。

表６－１　新型コロナウイルス感染症と若者に関する新聞記事の見出し

「夜の街」にクラスター対策有効？　若者から感染拡大防ぐ
（『読売新聞』2020年７月18日，東京朝刊）

若者中心，広がる感染―３日連続最多更新の愛知
新型コロナ20～30代が７割　目立つ繁華街関連　広い行動範囲
調査に協力せぬ人も
（『朝日新聞』2020年７月24日，朝刊，名古屋本社）

路上飲みの若者「結局，コロナって？」緊急事態宣言
大阪・ミナミ
（『朝日新聞』2021年７月31日，朝刊，大阪本社）

若者 路上飲み　４度目緊急事態初日
（『読売新聞』2021年８月３日，大阪朝刊）

先にも述べたように，感染拡大の後には必ず感染者数が減少している。したがって，このような呼びかけによって，多くの若者が行動を自粛したのだと思われる。本章では，特に話題となった若者の飲み会や食事会に注目し，自粛のメカニズムを明らかにしたい。また，若者の飲み会や食事会を問題視するときには，若者が新型コロナウイルス感染症のリスクをどれくらい大きく考えているのか，という点も議論となった。そこで，新型コロナウイルス感染症のリスクに関する意識にも注目しながら，自粛のメカニズムを分析していく。なお，以降では，飲み会や食事会をまとめて会食と記述する。

(3) 自粛要請と若者論

若者の意識と行動を分析するにあたり，若者論の知見を使っていきたい。若者論は，社会学の中にある研究分野の１つで，これまでも若者を分析する方法について多くの知見を積み重ねてきた。

例えば，近年の若者論では，現代の若者は一枚岩ではない，ということが指摘されている。現代の若者を一括りにすることは困難であり，若者内の差異に注目する必要があるという（浅野 2016；吉川・狭間編 2019)。会食の自粛についても，すべての若者が自粛をしたわけではない。リスクの認知についても，若者の全員が，新型コロナウイルス感染症のリスクを大きく考えていたわけではないだろう。自粛した若者としなかった若者，リスクを大きく考えた若者と小さく考えた若者。この違いは何に起因するものなのか。若者内の差異に注目する視点が必要である。そこで本章では，会食を自粛する若者とは誰なのか，新型コロナウイルス感染症のリスクを大きく考えている若者とは誰なのかを分析する。これにより，若者が会食を自粛するメカニズムを明らかにすることができるだろう。

6.2 違いを生む要因

論点をより明確にするために，これまで行われてきた研究をみてみよう。

（1）社会的属性による違い

まずは，社会的属性による違いについて考える。前節で述べたように，今の若者を語る上で，かれらを一括りにすることはできない。そこで先行研究では，若者の社会的属性に注目して分析を行ってきた。同じ若者でも，男性／女性，高学歴層／低学歴層，正規職／非正規職／無職，高収入層／低収入層，一人暮らし／同居家族あり，のような違いがある。これらの違いが意識や行動に影響を及ぼしていることは想像に難くないだろう。実際，ジェンダーや教育，労働，消費，政治といった様々な分野についての若者の意識や行動は，社会的属性によって異なっている（吉川・狭間編 2019）。

また，リスク認知についても，社会的属性による違いが指摘されている。例えば，原子力発電所やSARSといった様々な項目からリスク認知の指標を作成して分析を行った，岸川洋紀らの研究がある。この研究では，個人に対するリスクと，社会に対するリスクとに分けて分析が行われている。その結果，個人に対するリスクでは，学歴の高い人，15 歳以下の子供がいる人，大都市に居住している人がリスクを大きく考え，社会に対するリスクでは，女性や年齢の高い人がリスクを大きく考えていることが明らかになっている（岸川ほか 2012）。

また，犯罪リスクの認知について日米比較を行った阪口祐介によれば，アメリカでは，女性，年齢の高い人，収入の低い人で犯罪被害のリスクを大きく考えやすく，日本では，若い女性，幼い子供がいる男性，ホワイトカラーの女性，学歴の高い人で犯罪被害のリスクを大きく考えやすいという（阪口 2008）。

これらの研究結果からは，たとえ同じ事柄であっても，どれくらいリスクがあると考えるのかは，社会的属性によって異なるということがわかる。であるならば，新型コロナウイルス感染症のリスクをどれくらい大きく考えるのかについても，社会的属性によって異なる可能性は十分にある。また，コロナ禍における会食の自粛とは，新型コロナウイルス感染症の感染リスクを回避する行動と捉えられる。したがって，会食を自粛するかどうかにも社会的属性が影響している可能性がある。

（2）社会意識による違い

続いて，社会意識による違いについて考える。

まず，若者の権威主義的態度について考えてみたい。権威主義的態度とは，権威に対する服従性をあらわしており，かみ砕いて言えば，「偉い人の言うことには従っておこう」という態度のことである。このコロナ禍では，総理大臣や自治体の首長，あるいは専門家らが，メディアの前で自ら自粛を要請する姿が目立った。これらの権威ある人々が繰り返し新型コロナウイルス感染症のリスクを説明し，自粛を要請したことによって，若者は行動を自粛したのかもしれない。

また，若者論では，若者の権威主義的態度が近年強まっていることが指摘されている（友枝 2015；濱田 2019など）。かつては，年齢の高い人ほど権威主義的態度が強いという傾向が見られたが，2010年代に入ってこの関連は逆転し，今では，若者のほうが強い権威主義的態度を持っている（濱田 2019など）。この傾向は，若者のまじめ化とも関連して議論されている（平野 2015；杉村 2015など）。法律による罰則や経済的なメリットがあるわけでもないのに，多くの若者がまじめに自粛の要請にしたがったのは，かれらの持つ権威主義的態度があったからなのかもしれない。本章では，権威主義的態度の強い若者が新型コロナウイルス感染症のリスクを大きく考え，会食を自粛するのかどうかを検証する。

次に，若者の同調性について考えてみたい。現代の若者は，場の空気を読みながら常に周囲の評価を気にしているといわれている。土井隆義によれば，価値観が多様化した現代社会では，普遍的で画一的な判断の拠り所がなく，自らの判断が正しいのかどうか，周囲の評価を確認する必要があるからだという（土井 2014ほか）。そのような状況では，自らの主張を押し通すよりも，周囲の人々に合わせて行動する若者は多いと思われる。

コロナ禍では，様々な主張が飛び交い，何が正しいのかが分からない状況で，個々人が判断を迫られる場面が多くあった。本章で議論している会食の自粛についても，結局，会食をしてもよいのか，どうすれば会食してもよいのかがよく分からないまま，時が経過している。まさに，自らの判断が正しいのかどうか，周囲の評価を確認しなければならない状況だといえる。したがって，皆が新型コロナウイルス感染症を怖がり，自粛しているから，空気を読んで自らも新型コロナウイルス感染症を怖がり，自粛するという若者がいたと思われる。実際，若者に限った研究ではないが，コロナ禍で人々がマスクを着用するのは，他の人々がマスクを着用しているのに合わせているからだという知見もある（Nakayachi et al. 2020）。本章では，周囲の人々に合わせて行動しようという考え方を同調性と表現し，同調性の強い若者が新型コロナウイルス感染症のリスクを大きく考え，会食を自粛するのかどうかを検証する。

6.3　検証方法

（1）使用するデータ

使用するのは，「2020年若者の意識と暮らしに関する調査（YPAL2020）」から得られたデータである。この調査は，筆者らが行ったインターネット調査で，2020年8月25日から8月27日にかけて実査が行われた。調査対象者は，委託先の調査会社が持つモニターのうち，日本全国に住む，学生ではない25～39歳の男女である[2)]。何歳までが若者なのかという定義については，明確な決まりがあるわけではない。しかし近年では，30代までが若者であると定義されることが多い。コロナ禍でも「20代30代」をまとめて若者として扱うことが多かった。そのため，本章でもその定義に従い39歳までを若者とした。また，本章では若者自身の社会的属性に注目するため，学生ではなく，社会に出た後の若者を分析する必要がある。そのため，学生を除いた25歳を下限に設定している。

サンプルサイズは500人を予定し，性別および学歴（大卒／非大卒）が，それぞれ半分ずつになるようにサンプルの割り付けを行った[3)]。最終的には556人（大卒男性138人，非大卒男性135人，大卒女性147人，非大卒女性136人）から有効回答を得た。分析に用いる変数が欠損値になっているケースは分析から除き，最終的に分析するケースは431人である[4)]。

2020年の8月末は，若者が感染拡大の原因とされた第2波の終盤にあたり，地域によっては飲食店への休業要請が解除されていった時期でもある。様子を見て自粛を続ける者がいる一方で，自粛をやめる者が現れた時期だといえる。したがって，自粛する若者としない若者の違いを明らかにしたい本章に適した調査データであると考えている。

（2）使用する変数

会食の自粛については，「飲み会や食事会は，なるべくしないようにしている」かどうかを尋ねた項目（以下，会食自粛）を使用する。回答選択肢は，「よくあてはまる／ややあてはまる／どちらともいえない／あまりあてはまらない／まったくあてはまらない」の5つである。「よくあてはまる」＝5～「まったくあてはまらない」＝1と数値を与え，数値が高いほど会食を自粛していることを示すようにしている。

新型コロナウイルス感染症のリスクをどれくらい大きく考えているのかという意識については，「新型コロナウイルスは無症状や軽症であることも多いので，過度に心配する必要はない」と思うかどうかを尋ねた項目（以下，新型コロナリスク認知）を使用する。回答選択肢は会食自粛と同じであるが，こちらは「よくあてはまる」＝1～「まったくあてはまらない」＝5と数値を与え，数値が高いほど新型コロナウイルス感染症を過度に心配する必要はないと「思っていない」ことを示すようになっている。つまり，数値が高いほど新型コロナウイルス感染症のリスクを大きく考えていることを意味している。

若者の社会的属性については，性別，年齢，学歴，就業状態，収入，同居家族の有無を使用する。年齢は調査時の満年齢を，学歴は教育年数を使用する。就業状態については従業上の地位を「正規職／非正規職／無職」の3カテゴリに分類する[5)]。収入には世帯収入を使用する[6)]。

権威主義的態度については，「権威のある人々にはつねに敬意を払わなければならない」と思うかどうかを尋ねた項目を使用する。同調性については，「自分の意見と違っても，多数派の人々の意見には従う方が無難である」と思うかどうかを尋ねた項目を使用する[7)]。回答選択肢は，どちらも「そう思う／どちらかといえばそう思う／どちらともいえない／どちらかといえばそう思わ

表6－2　分析に使用する変数の記述統計

変　数	割合（%）		平　均	標準偏差
女　性	50.9	会食自粛	3.4	1.2
正規職	51.7	新型コロナリスク認知	4.3	1.0
非正規職	19.7	年　齢	34.2	3.9
無　職	28.5	教育年数	14.0	2.3
同居家族あり	81.2	世帯収入		
		対数変換前	550.4	367.6
		対数変換	6.0	1.1
		権威主義的態度	2.6	1.2
		同調性	3.1	0.9
n	431			

出所：YPAL2020データより著者作成。

ない／そう思わない」の5つである。「そう思う」＝5～「そう思わない」＝1と数値を与え，数値が高いほど権威主義的態度，同調性が強いことを示すようにしている。使用する変数の記述統計については表6－2に示している[8)]。

（3）分析方針

次節では，まず会食自粛と新型コロナリスク認知の回答分布を確認する。その後，会食自粛を従属変数とした重回帰分析を行う。社会的属性変数と権威主義的態度，同調性は独立変数とし，それらが会食自粛に与える影響を分析する。また，新型コロナリスク認知も独立変数として使用する。これにより，そもそも新型コロナウイルス感染症のリスクを大きく考えていることが会食の自粛につながっているのかを確認する。そして，最後に，その新型コロナリスク認知を従属変数，社会的属性変数，権威主義的態度，同調性を独立変数とした重回帰分析を行うことで，どのような若者が新型コロナウイルス感染症のリスクを大きく考えているのかを明らかにする[9)]。

6.4　新型コロナリスク認知だけでは説明できない会食自粛

（1）釣り合わない会食自粛と新型コロナリスク認知

まずは，どれくらいの若者が会食を自粛し，新型コロナウイルス感染症のリスクを大きく考えているのかを見てみよう（図6－1）。なお，図6－1では「よくあてはまる」と「ややあてはまる」を合わせて「あてはまる」とし，「まったくあてはまらない」と「あまりあてはまらない」を合わせて「あてはまらない」としている。

会食自粛については，自粛している若者が78.9％となっている。他方，自粛していない若者は5.1％と少なく，大多数の若者が会食を自粛しているといえる。ただ，どちらともいえないという若者も16.0％おり，やはり，はっきりと自粛しているといえない若者も一定数いることが分かる。

新型コロナリスク認知については，新型コロナウイルス感染症のリスクを大きく考えている若者は47.8％に留まっている。他方，過度に心配する必要はないという若者は19.9％，どちらともいえないという若者は32.3％いる。や

図6－1　会食自粛と新型コロナリスク認知の回答分布

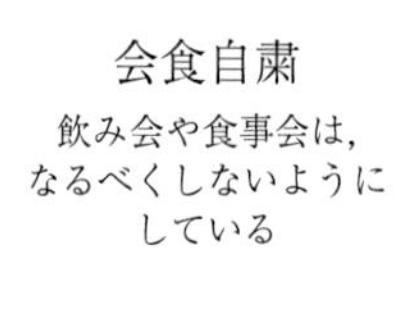

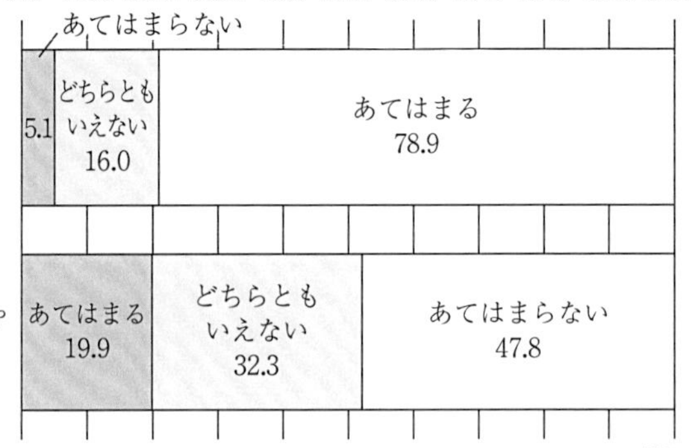

出所：YPAL2020データより著者作成。

はり，新型コロナウイルス感染症のリスクを大きく考えている若者が一番多いものの，過半数には届いておらず，会食を自粛している若者と比べれば少ない。

以上の結果から，若者の多くは会食を自粛し，新型コロナウイルス感染症のリスクを大きく考えていることが分かった。しかしながら，２つの分布の比較からは，新型コロナウイルス感染症のリスクを大きいと感じていないものの，自粛している若者もいることが分かった。

（２）会食自粛と新型コロナリスク認知を規定するもの

続いて，重回帰分析の結果を見てみよう。

まず，会食自粛を従属変数とした重回帰分析の結果が表６－３である。調整済み決定係数R^2値は.179（１％水準で有意）であった。社会的属性変数について見てみると，無職（B=.331**）と同居家族あり（B=.373**）に有意な結果が出て

表６－３　会食自粛の規定要因

	B	SE	β
定　数	2.078**	.545	
女　性	−.004	.093	−.002
年　齢	.002	.011	.007
教育年数	−.004	.020	−.008
正規職（ref）			
非正規職	.110	.119	.046
無　職	.331**	.111	.155
世帯収入（対数変換）	.054	.043	.063
同居家族あり	.373**	.119	.151
権威主義的態度	.021	.046	.023
同調性	.156**	.051	.151
新型コロナリスク認知	.257**	.038	.306
調整済みR^2		.179**	
n		431	

（注１）B：偏回帰係数，SE：標準誤差，β：標準化偏回帰係数
（注２）**$p<0.01$
出所：YPAL2020データより著者作成。

表6－4　新型コロナリスク認知の規定要因

	B	SE	β
定　数	3.432 **	.678	
女　性	.363 **	.118	.157
年　齢	.008	.014	.026
教育年数	−.024	.025	−.046
正規職（ref）			
非正規職	−.062	.152	−.022
無　職	.008	.143	.003
世帯収入（対数変換）	.032	.054	.031
同居家族あり	.303 *	.152	.103
権威主義的態度	−.173 **	.058	−.156
同調性	−.012	.065	−.010
調整済みR^2		.054 **	
n		431	

（注1）B：偏回帰係数，SE：標準誤差，β：標準化偏回帰係数
（注2）*p<0.05，**p<0.01
出所：YPAL2020データより著者作成。

いる。係数はどちらも正の値となっていることから，正規職の若者と比べて無職の若者のほうが，同居家族のいない若者と比べて同居家族のいる若者のほうが会食を自粛していることが分かる。権威主義的態度と同調性については，同調性（B=.156**）にのみ有意な結果が出ている。係数が正の値となっていることから，同調性の強い若者ほど会食を自粛していることがわかる。権威主義的態度には有意な結果は出ておらず，会食自粛には影響を与えていないことが分かる。そして，新型コロナリスク認知については有意な結果が出ている（B=.257**）。係数が正の値となっていることから，新型コロナウイルス感染症のリスクを大きく考えている若者ほど会食を自粛していることが分かる。

次に，新型コロナリスク認知を従属変数とした重回帰分析の結果が表6－4である。調整済み決定係数R^2値は.054（1％水準で有意）であった。社会的属性変数について見てみると，女性（B=.363**）と同居家族あり（B=.303*）に有意な結果が出ている。係数はどちらも正の値となっていることから，男性と比べ

て女性のほうが，そして同居家族のいない若者と比べて同居家族のいる若者のほうが，新型コロナウイルス感染症のリスクを大きく考えていることが分かる。権威主義的態度と同調性について見てみると，権威主義的態度（B=－.173**）にのみ有意な結果が出ている。係数が負の値となっていることから，権威主義的態度の強い若者ほど新型コロナウイルス感染症のリスクを小さく考えていることが分かる。

6.5　自粛する若者の姿と社会の空気

（１）若者が会食を自粛する理由

本章の分析結果を図示したのが図６－２である。

まず，無職の若者と同居家族のいる若者が会食を自粛していることがわかった。会食の中には，会社の同僚や上司，部下と行うものも多いと思われる。したがって，無職の若者は正規職の若者と比べてそもそも会食の機会が少ないことが原因だと考えられる。また，新型コロナウイルス感染症は，家庭を通じた感染も問題となった。同居家族のいる若者が会食を自粛しているのは，自分が家族に感染させることを回避するためだと考えられる。

社会意識については，同調性のみが会食自粛に影響を与えていた。多数派の言うことに従うのが良いと考えている若者が会食を自粛していることが分かっ

図６－２　分析結果の概略図

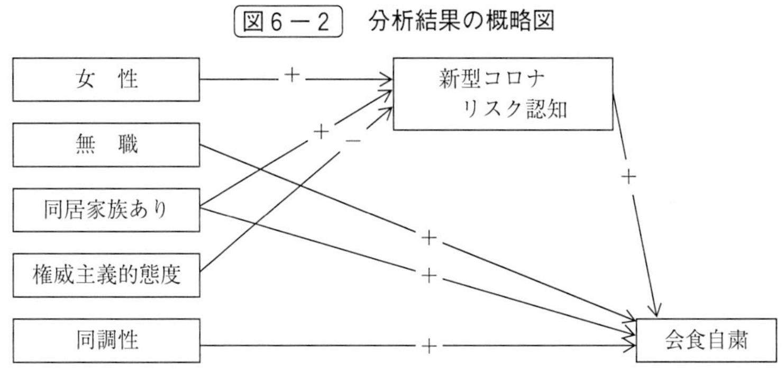

（注）表６－３と表６－４の分析結果から有意になったものだけを図示。

た。自分の周囲にいる多くの人々が会食を自粛しているのを見て，自身も自粛しているのだろう。他方，権威主義的態度は会食自粛に影響を与えていなかった。これらの結果から，若者が会食を自粛するのは，権威のある人が言っているからではなく，周りの人々が会食を自粛しているからだということがわかる。

そして，新型コロナウイルス感染症のリスクを大きく考えている若者が会食を自粛しているということも分かった。裏を返せば，新型コロナウイルス感染症のリスクを小さく考えている若者が会食をしているということでもある。若者が会食を行うのは，新型コロナウイルス感染症に感染しても軽症で済むと考えているからだという意見も聞かれたが，これは正しかったといえる。ただし，そのような若者はそもそも少数であるため，若者全体の特徴として捉えるのは間違っている。

では，新型コロナウイルス感染症のリスクを大きく考えている若者は誰かというと，女性，同居家族のいる若者，そして権威主義的態度の「弱い」若者であった。女性，同居家族のいる若者，権威主義的態度の弱い若者は，新型コロナウイルス感染症のリスクを大きく考えているために会食を自粛しているということができる[10)]。

男性と比べて女性のほうが環境リスクを大きく考えているということを明らかにした阪口によれば，女性のほうがリスクを大きく考えているのは，女性がケア役割を社会化しているためだという（阪口 2009）。つまり，他者の世話をするのは女性という社会構造があり，それを内面化して他者への影響までも考慮することでリスクを大きく考えるということである。新型コロナウイルス感染症に関しても，他者に与える影響も考慮した結果，リスクを大きく考えるのだろう。同居家族についても，同居家族という他者への影響を考えたときに，リスクを大きく考えやすくなるのだろう。

権威主義的態度については，権威主義的態度が強い若者ほど，新型コロナウイルス感染症のリスクを小さく考えている，という結果であった。これは，当初想定していた結果とは反対の結果である。若者の価値観を分析した松谷満は，近年強まる若者の権威主義的態度の背後に，豊かさのためには権利を引き渡すのもある程度やむをえない，という若者の心情があることを見出している（松谷 2019）。新型コロナウイルス感染症のリスクを過度に恐れて経済的な活動を止めてしまえば，今度は経済が停滞し，そのことによる悪影響のほうが問題であるという主張もある。今の若者が豊かさとのトレードオフで権威主義的態度を持っているならば，権威主義的な若者が，経済のために，新型コロナウイルス感染症を過度に恐れる必要はないと答えていることにも納得できる。今の若者にとっての権威主義的態度とは，経済的なものも含めた様々なメリットやデメリットを考慮した上で支持されているものであるのだろう。そのために，偉い人が言っているから新型コロナウイルス感染症を恐れる，というような単純な関係にはならないのだと思われる。

（２）空気に頼ることの是非

法的に罰せられるわけでもなく，経済的にメリットがあるわけでもないのに，なぜ多くの若者が会食を自粛したのか。この問いに対しては，多くの若者が空気を読んだから，と本章の分析から答えることができるだろう。近年の若者論で指摘されてきた，若者の同調性の強さが，要請やお願いを主とする政府や自治体の方針にマッチしたといえる。ただし，このような理由で若者が会食を自粛しているのならば，要請やお願いによって空気を作るやり方は不安定なものであると言わざるをえない。多くの人々が自粛している状況では，その様子をうかがって多くの若者が自粛するかもしれない。しかし，だんだんと会食を行う人が増えてくると，今度はそちらが多数派となり，会食を行う若者も増えてしまうだろう。実際，第３波，第４波，第５波と感染拡大の回数を重ねるにつれて，自粛要請による人出減少の効果は薄れているともいわれている（表６－５）。

これが，同じく若者で強まっている，権威主義的態度に裏打ちされた自粛であったならば，権威ある人が自粛を呼びかけ続ける限り，その効果は持続する。しかし，権威主義的態度は，新型コロナウイルス感染症のリスクを小さく考える態度へつながっており，むしろ自粛を妨げている。つまり，どれだけ権威ある人が呼びかけても，空気が変わってしまえば，その効果はなくなってしまう。

表6－5 人出減少の効果が薄れていることを報じる新聞記事の見出し

東京　4回目緊急事態開始　通勤　人出は変わらず （『読売新聞』2021年7月12日，東京夕刊）
大阪4回目，抑え利くか　戻る人出，「宣言」に慣れ （『毎日新聞』2021年7月30日，大阪朝刊）
知る　防ぐ　新型コロナ　緊急事態宣言　歓楽街…人減らず 東海3県　緊急宣言初日　休業…人影まばら （『中日新聞』2021年8月28日，朝刊，朝刊二社）

また，空気を作り上げるやり方は，少数派の意見や主張を無視することにつながりかねないことも指摘しておく必要がある。同調性の強い若者は空気に従うかもしれないが，「自分の意見と違っても，多数派の人々の意見には従う方が無難である」という質問文にもあるとおり，本当は別の意見や考えを持っている可能性がある。その意味でも，空気によって人々の行動を変容させようとするやり方が，そもそも正しいのかどうか，議論の余地があるだろう。

（3）限界と課題

最後に，本章の限界と課題を述べる。

まず，本章で分析した調査データは2020年8月に得られたものであり，すでに一定の時間が経過している。新型コロナウイルス感染症をめぐる状況は刻一刻と変化しているため，今回得られた知見が，現在でも，そして今後も当てはまるのかはわからない。これについては，今後も引き続き調査を行いながら，常に最新のデータを分析していくしかない。

次に，本章では分析対象を若者に絞ったために，分析結果が若者だけで見られるものなのか，他の年齢層でも見られるものなのかがわからない。この点を明らかにするためには，全年齢を対象とした，より規模の大きい調査を実施することが必要となる。

新型コロナウイルス感染症が社会に与える影響については，いまだ不明な点が数多くある。したがって，以上のような限界と課題があるものの，若者が自粛するメカニズムを明らかにした本章には，一定の意義があるといえるだろう。

【注】

1）これは，個々人の行動に対する要請について述べたものである。飲食店等の事業者には，自粛要請に応じることで協力金や補助金が支払われている。

2）この調査は，筆者がゼミ生とともに実施したものであり，質問項目などをゼミ生とともに考えた。また，委託先の調査会社はNTTコム オンライン・マーケティング・ソリューション株式会社である。

3）中学校，高等学校，専門学校卒の人々を非大卒層，短期大学，高等専門学校，大学，大学院卒の人々を大卒層と分類した。

4）調査対象者が調査会社の持つモニターの中から選ばれており，またランダムサンプリングを行っていない以上，必ずしも日本の若者を代表しているとはいえない。しかしながら，昨今の社会調査における全体的な回収率の低下，とりわけ若者における低い回収率（篠木 2010）を考えれば，インターネット調査であっても一定の意義があるといえる。

5）「正規職」には「経営・管理」「正規雇用」「自営業」が含まれる。「経営・管理」「自営業」の人数が少なかったため1つのカテゴリに集約した。

6）分析に使う際には，次のような変数加工を行っている。性別については，男性＝0，女性＝1と値を与え，「女性ダミー」としている。就業状態については，3つのカテゴリをそれぞれダミー変数にしている。参照カテゴリは「正規職」である。また，世帯収入については，対数変換を施している。最後に，同居家族の有無については，同居家族がいない場合＝0，いる場合＝1を与えた「同居家族ありダミー」としている。

7）この質問文に関しては，JGSS-2008の留置調査B票9頁Q45Cを利用した（日本版総合的社会調査共同研究拠点大阪商業大学JGSS研究センター編 2010）。ただし，選択肢については，本調査にあわせて変更している。

8）割り付けを行っていない属性については，サンプルに偏りが出ている。例えば，年齢に関しては，平均が34.2歳，標準偏差が3.9となっており，30代がほとんどを占めている。また，無職の人が28.5％と多くなっている。本章の分析結果を見る際には，この点に留意する必要がある。

9）重回帰分析に使用したソフトウェアはIBM SPSS Statistics 26である。重回帰分析の結果は最小二乗法で推定した。

10）このような，ある変数が別の変数を通して与える効果を間接効果という（本章でいえば，女性，同居家族あり，権威主義的態度という各変数が，新型コロナリスク認知を通して会食自粛に与える影響）。間接効果を検定するため，表6－3と表6－4の分析を同時に行う形でパス解析を行った。使用したソフトウェアはM-plus7で，最尤法で推定した。

ブートストラップ法（ブートストラップ標本数2000）で検定した結果，同居家族ありについては５％水準，女性，権威主義的態度については１％水準で有意な結果となっている。

参考文献

浅野智彦 2016「はしがき」川崎賢一・浅野智彦編『＜若者＞の溶解』勁草書房，ⅰ-ⅵ。

吉川徹・狭間諒多朗編 2019『分断社会と若者の今』大阪大学出版会。

岸川洋紀・村山留美子・中畝菜穂子・内山巌雄 2012「日本人のリスク認知と個人の属性情報との関連」『日本リスク研究学会誌』22(2)，111-116。

阪口祐介 2008「犯罪リスク知覚の規定構造――国際比較からみる日本の特殊性」『社会学評論』59(3)，462-477。

阪口祐介 2009「環境保護の支持と環境リスク認知の国際比較分析――二つの環境への関心の異なる規定構造」『ソシオロジ』53(3)，109-124。

篠木幹子 2010「社会調査の回収率の変化」『社会と調査』5，5-15。

杉村健太 2015「日常生活場面における規範意識」友枝敏雄編『リスク社会を生きる若者たち――高校生の意識調査から』大阪大学出版会，33-56。

土井隆義 2014『つながりを煽られる子どもたち――ネット依存といじめ問題を考える』岩波書店。

友枝敏雄 2015「保守化の趨勢と政治的態度」友枝敏雄編『リスク社会を生きる若者たち――高校生の意識調査から』大阪大学出版会，102-126。

日本版総合的社会調査共同研究拠点大阪商業大学JGSS研究センター編2010『日本版General Social Surveys基礎集計表・コードブックJGSS-2008』日本版総合的社会調査共同研究拠点大阪商業大学JGSS研究センター。

濱田国佑 2019「若者の従順さはどのようにして生み出されるのか――不透明な時代における権威主義的態度の構造」吉川徹・狭間諒多朗編『分断社会と若者の今』大阪大学出版会，57-90。

平野孝典 2015「規範に同調する高校生――逸脱へのあこがれと校則意識の分析から」友枝敏雄編『リスク社会を生きる若者たち――高校生の意識調査から』大阪大学出版会，13-32。

松谷満 2019「若者――『右傾化』の内実はどのようなものか」田辺俊介編『日本人は右傾化したのか――データ分析で実像を読み解く』勁草書房，227-246。

Kazuya, Nakayachi, Taku, Ozaki, Yukihide, Shibata and Ryosuke, Yokoi 2020, “Why Do Japanese People Use Masks Against COVID-19, Even Though Masks Are Unlikely to Offer Protection From Infection?” *Frontiers in Psychology*, 11: 1918

（狭間諒多朗）

第7章 コロナ禍における高齢者・介護

7.1 はじめに

新型コロナウイルス感染症とそれに伴う疾病（COVID-19）は，その流行が始まった2020年1月から，特に高齢者にとって，大きな脅威となった。その要因として，以下の2つが挙げられる。1つは，高齢者の死亡率の高さである。2021年10月4日時点の国内における死亡者をまとめた国立社会保障人口問題研究所によると（国立社会保障人口問題研究所2021）[1]，80歳代の死亡者数が最も多くなっており，次いで70歳代，90歳代以上となっている（図7－1）。

もう1つの要因は，高齢者施設におけるクラスター（患者集団）の度重なる発生である[2]。クラスターが発生すると，「連続的に集団発生が起こり（感染連鎖の継続），大規模な集団発生（メガクラスター）に繋がる可能性がある」（神代・古瀬・押谷 2020：108-110)。高齢者施設の中でも特に，常に介護を必要とする高齢者が入所する施設（以下「入所施設」）では，当初，マスクなどの衛生材料が不足するなど，十分な感染対策もままならず（西岡 2020：4)，かつ，介護で密着する機会も多く，大勢で生活し3密を避けることができないことから（前田 2020：767)，クラスターの発生は避けて通れない状況であった。

高齢者にとって大きな脅威であったCOVID-19ではあるが，2021年12月には療養者数・死亡者数ともに減少した（国立感染症研究所 2021)。死亡者が減少した要因の1つは，ワクチンの接種が進んだことにある。2021年12月16日現

図７－１　新型コロナウイルス感染症 死亡者 性・年齢階級構造

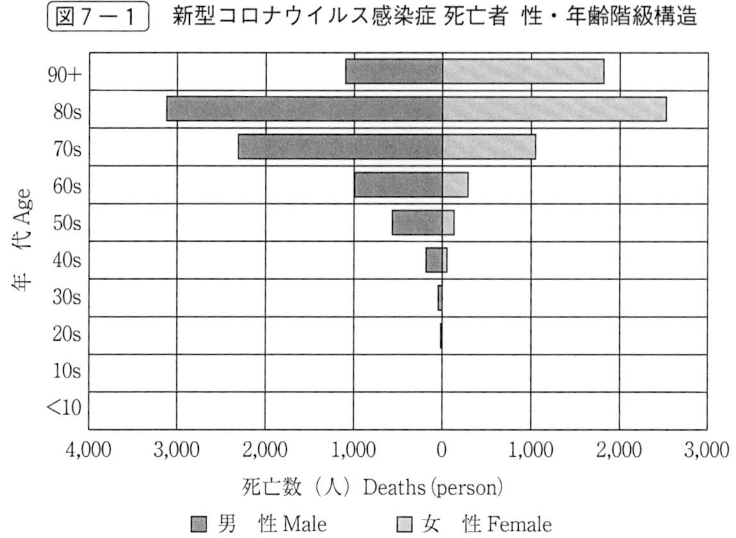

出所：国立社会保障・人口問題研究所による自治体データ集計（国立社会保障・人口問題研究所2021）。

在の65歳以上のワクチン接種率は１回目91.97％，２回目91.58％である（政府CIOポータル 2021）。ワクチンの接種は，COVID−19の重症化を防ぐ効果があることが分かっており，2022年１月には，高齢者等を対象に，追加の第３回接種が実施されている（厚生労働省 2022）。

このような状況の中で本章では，約２年にわたるCOVID−19拡大期（以下「コロナ禍」）の高齢者をめぐる現状とその対策をまとめた上で，課題となったこと，また将来の展望についてまとめてみたい。

7.2　コロナ禍の高齢者と高齢者を支える人々への影響

（１）コロナ禍の高齢者

高齢者とは65歳以上の者を言い，65～74歳を前期高齢者，75歳以上を後期高齢者と呼んでいる。高齢者とひとくくりにしても，元気な人もいれば，介護が必要な人もいる。また，介護まではいかなくても，日常生活の支援が必要なフレイル（虚弱）な人もいれば，認知症の人もいて，実際には多種多様である。

こうした高齢者の実態を踏まえても，多くの高齢者にとって影響が大きかったことは，外出や移動の自粛，人と会うことの制限だったように思われる。外出や交流・社会への参加が，介護や認知症，転倒，うつ等のリスクを減少させ，高齢者自身の健康に寄与することが証明されている（木村・尾島・近藤 2020：8）。また，通所施設（いわゆる「デイサービス」）ではレクレーションの中止が，入所施設では家族・他者との面会制限などが行われたが，こうした中止・制限が高齢者の認知機能・歩行機能の低下，食欲の減退などの影響を与えたことも明らかになっている（読売新聞朝刊 2020）[3)]。

このように，コロナ禍は高齢者に対して，行動の変容だけではなく，身体機能や認知機能に影響を与えたといえる。

（２）高齢者を支える家族

①　家族介護の現状

介護や支援を必要とする高齢者（以下「要介護・要支援高齢者」）の日常生活を支える人は，今なお家族である。厚生労働省が毎年実施している国民生活基礎調査によると（厚生労働省 2021a），要介護・要支援高齢者との続柄でみた主な介護者の割合で最も高いのは同居の配偶者（23.8％）であり，次いで同居の子（20.7％），別居の家族（13.6％）となっている。介護サービスなどを実施している事業者が主な介護者となっている人は12.1％に過ぎない。

同居の配偶者や子が主に高齢者の介護を担っている状況で，コロナ禍がもたらした影響として２つの点を挙げることができる。１つは，デイサービスなどの中止による介護者に対する介護負担の増加，もう１つは，介護者による高齢者虐待の懸念である。

②　介護負担の増加

日本ケアラー連盟の調査によれば（日本ケアラー連盟 2021）[4)]，ケアに要する時間が長くなっていると感じている介護者が３割程度おり，そのうち４～６時間延びたとする介護者が最も多かった。また，７割の人が介護状況の変化を経験し，疲労，ストレスの増加を訴える介護者も４割近くいたことが報告されている。引き続き行われた調査では，コロナ禍の影響として自分自身への感染の不安，要介護・要支援高齢者の症状の進行，遠距離介護における移動の難しさなどを挙げる介護者もいた。介護者自身の健康上や感染の不安，ストレスの中で，長時間の介護を余儀なくされる姿が浮き彫りになる。

デイサービスを提供する事業者にも，コロナ禍の影響が出ている。東京商工リサーチによれば，2020年の「老人福祉・介護事業」の休廃業・解散は455件，負債1,000万円以上の倒産は118件で，2010年に調査を開始して以降，過去最多である。その要因として同社は，人材不足や後継者確保の難しさ，新規参入によるノウハウ不足といった従来の理由に加え，コロナ禍による利用客の減少や感染防止対策の負担，コロナ禍収束の見通しが立たず，経営体力のあるうちに会社を畳んだことを挙げている（東京商工リサーチ 2021）[4)]。

このような中，デイサービスでクラスターが発生した名古屋市は，同市緑区と南区の高齢者デイサービス事業所を対象に，休業による金銭的補償をセットにして，2020年３月７日から20日までの休業を要請した（名古屋市健康福祉局長「通所介護事業所等に対する休業の要請について」（31健介保第2090号））。報道によれば，対象事業者の利用者は約5,800名以上，市が聞き取りして回答を得た事業所113カ所のうち，実際に休業した事業所は58カ所，縮小して営業は53カ所，通常通り営業は2カ所であった（朝日新聞デジタル 2020）。営業を続けた理由として大和は，「一人暮らしの高齢者にとってデイサービスがなければ生活できず，誤嚥（ごえん）や徘徊（はいかい）などの心配から高齢者を一人にする方が危険だとの考えから【ルビは筆者】」と指摘している（大和 2021：140）。

このようにコロナ禍は，介護サービスを提供する事業者と家族介護者の双方に，大きな犠牲，負担を強いたことが分かる。

③　高齢者虐待の懸念

介護者（高齢者虐待防止法２条２項における「養護者」）による高齢者虐待は，もともと増加傾向にあった。図７－２は，2006年度から2019年度までの介護者による高齢者虐待の相談および警察や市役所などへの通報の件数と，市町村が虐待であると判断した件数の推移を示したものである。この表によれば，COVID-19が拡大しはじめた2019年度は，前年度を2,000件ほど上回る相談・通報件数であり，虐待判断件数はやや減少している。この点で，コロナ禍だから虐待が増えたとは言えない。しかしながら厚生労働省は，2020年３月11日に「令和元年度『高齢者虐待の防止，高齢者の養護者に対する支援等に関する法律に基づく対応状況等に関する調査』の結果及び高齢者虐待の状況等を踏まえた対応の強化について」と題する通知（老発0311第２号）を出し，「外出自粛や，通所介護，短期入所生活介護の利用回数の変更などにより，多くの高齢者の方々が，外出を控え，居宅で長い時間を過ごすことが想定され･･･養護者の生活不安やストレスの増加が予想され，高齢者を取り巻く家庭内での人間関係，養護者の介護疲れなどの要因が影響し，高齢者虐待の発生・深刻化が懸念される」と表明した。その上で，厚生労働省は都道府県知事に対し，各市町村が，関係者とも連携しつつ高齢者虐待の防止・虐待対応に関する適切な支援を行えるよう，情報の周知徹底と市町村支援を指示した。

図７－２　養護者による高齢者虐待の相談・通報件数と虐待判断件数の推移

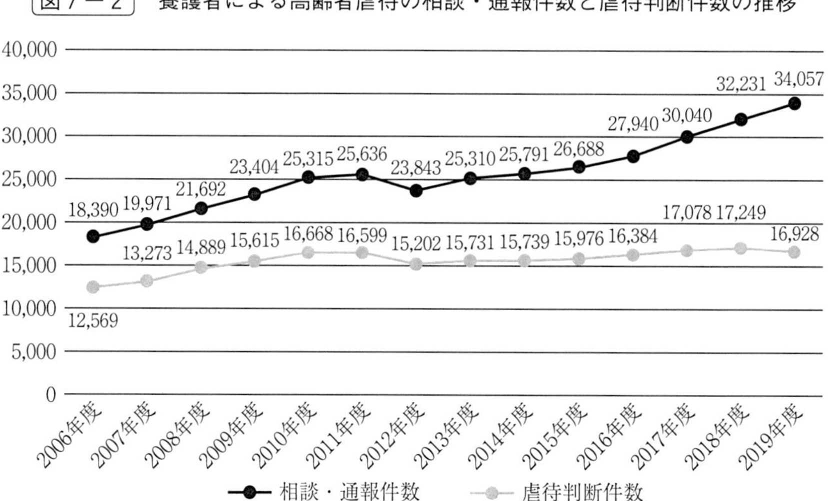

出所：厚生労働省・高齢者虐待防止法に基づく対応状況等に関する調査結果（厚生労働省2021b）を元に著者作成。

コロナ禍による家庭内虐待の懸念はWHOによっても表明されている。WHOの知見によれば，虐待増加の要因は，高齢者自身が移動できず，支援を求める機会が失われること，インターネットなどの新しい技術を用いて，信頼できる情報を得られないこと，感染リスクが高く外出を制限・強制され社会的孤立が高まること，家族に対し身体的に依存していることとしている（WHO 2021）。

既に予見されている事象に対し，厚生労働省は予防的な通知を出したが，その効果がどのくらい出ていたのかは，今後データで明らかになるだろう。

（3）高齢者を支えるエッセンシャルワーカー

① 介護従事者の現状

要介護・要支援高齢者の日常生活を支える仕組みとして，地域包括ケアシステムがある。地域包括ケアシステムとは，高齢者自身の住まい（自宅やサービス付き高齢者向け住宅）を中心に，介護が必要になったら介護サービスを，支援が必要な場合には生活支援や介護予防サービスを，住まいへの訪問もしくは通所（おおよそ中学校区の範囲内）で受けられ，かつ病気になったら医療サービスも住まいで受けられる仕組みである（新田 2021：189）。

地域包括ケアシステムでは，要介護・要支援高齢者を支える人として家族のほか，地域の見守りを行う民生委員やNPOなどのボランティア，介護福祉士などの介護従事者，介護の計画立案・実施調整を行うケアマネジャー，高齢者の見守り・相談に携わるソーシャルワーカーなどを想定している（新田 2021：202-204）。

この中で介護従事者やソーシャルワーカーは，施設入所や訪問介護で直接，要介護・要支援高齢者と接し，生活を支えることから，エッセンシャルワーカーとも呼ばれる。エッセンシャルワーカーとは，医療・福祉をはじめ，公務（消防・警察も含む），金融，小売，運輸・物流に携わる，私たちの生活に欠かせない役務・サービスを提供する人たちを指す。エッセンシャルワーカーは，私たちの生活により深く関わり，在宅勤務も難しく，COVID-19の感染が怖い・不安だからといって，休業することもままならない。要介護・要支援高齢者を支えるエッセンシャルワーカーである介護従事者やソーシャルワーカーも同様である。

コロナ禍で介護従事者やソーシャルワーカーが直面したのは，クラスターの発生による自身への感染とそれに伴う介護崩壊であった。

②　自身への感染と介護崩壊

札幌の定員100名の介護施設では，1名のPCR（Polymerase Chain Reaction）陽性判明後，2日後には入所者14名がPCR陽性となったこと，その1週間後には施設勤務の看護師全員が出勤できなくなり，施設内の状況が把握できなくなったこと，保健所より診療支援の打診がありそれに応じた医師が派遣されたこと，近隣では看護師が確保できず人づてで探した結果，全国から応募があり看護師を確保できたことが報告されている（大友・岸田・矢崎・松家 2021：46）[6)]。また，沖縄の有料老人ホームでは，入所者25名のうち18名が新型コロナウイルスに感染したこと，施設職員13名のうち感染や家族の事情で9名が休職し，施設看護師は全滅であったこと，残された4名の介護職員で24時間，自宅にも帰らず，14人の感染確定者と7人のPCR陰性者のケアを行ったこと，4名の介護職員のうち2名が新型コロナウイルスに感染したものの，ワクチン接種により軽症である上，代替介護職員も見つからず，引き続き施設で働き続けたことなどが報告されている（高山 2021）[7)]。

介護施設内でクラスターが発生すると，入所者に感染するのみならず，従業員である介護従事者（なかでも看護師）が感染，あるいは感染のリスクにさらされ，いわゆるレッドゾーン（PCR陽性者や濃厚接触者を隔離して療養するエリア）で勤務せざるを得なくなる。介護従事者は，それぞれ抱える事情が異なる「労働者」であるから，休職や退職を選択せざるを得ない人も出てくる。また，そうした休職や退職を責めることもできない。ただでさえ人材不足に悩まされている介護業界では，介護従事者の手配が適わず，残された人員のみでケアをせざるを得なくなり，ケアする人のケアの必要性も高まる。少ない人員でケアをすることになると，休日や休息もままならなくなり，まさに介護崩壊の危機を招くことになる。介護が崩壊すると，家族介護へ逆戻りするか，身寄りのない高齢者の場合，たちまち生活が立ちゆかなくなるだけではなく，高齢者自身の生きる場所すら失われることになる。

7.3　政策の展開と課題

（1）基本的対処方針

高齢者に対する外出や移動の自粛は，政府対策本部（新型コロナウイルス感染症対策本部）から，新型インフルエンザ等対策特別措置法18条1項に基づき発出された，令和2年3月28日付「新型コロナウイルス感染症対策の基本的対処方針」（以下「基本的対処方針」）を根拠とする[8]。

令和2年3月28日付基本的対処方針では，全般的な方針として「情報提供・共有及びまん延防止策により，各地域においてクラスター等の封じ込め及び接触機会の低減を図り，感染拡大の速度を抑制する」こと，「サーベイランス・情報収集及び適切な医療の提供により，高齢者等を守り，重症者及び死亡者の発生を最小限に食い止める」ことが示され，クラスターが発生するおそれがある場合，新型インフルエンザ等対策特別措置法24条9項に基づき，「当該クラスターに関係する施設の休業や催物（イベント）の自粛等の必要な対応を要請する」ことを打ち出した（新型コロナウイルス感染症対策本部決定 2021）。

（2）家族介護や介護施設に関する施策

①　家族介護

家族介護に関する国の施策は大きく2種類に分けることができる。第1に，先掲の高齢者虐待の予防である。第2に，家族の介護負担が増えないよう，介護施設に対して出された事業継続である。例えば，2020年4月24日付「介護サービス事業所によるサービス継続について（厚生労働省健康局結核感染症課ほか連名事務連絡）」では，介護サービス事業所が提供するサービスは，「利用者の方々やその家族の生活を継続する観点から，十分な感染対策を前提として，利用者に対して必要な各種サービスが継続的に提供されることが重要」として，柔軟なサービス提供を行うこと，やむを得ず休業する場合には，利用者へ丁寧な説明をした上で，代替サービスを確保することを求めている（厚生労働省

2021c)。事業継続については2020年末，厚生労働省は介護事業者に対し，より具体的な「新型コロナウイルス感染症発生時の業務継続ガイドライン」を発して，BCP（Business Continuity Plan：業務継続計画）と呼ばれる感染症や災害発生時でも業務を継続するためのマニュアルを示して，事業継続を促した（厚生労働省老健局 2021：2)。

②　介護施設

厚生労働省が介護施設に対して出した通知は，大まかに３種に分けられる（厚生労働省 2021b)。第１に，感染拡大防止に関するものである。この通知は，2021年12月18日時点で65件にのぼる。65件の通知を内容で分類してみると，以下の７つに分類できる。①施設ごとに留意すべき点をまとめた「施設別留意点」が24件，②情報の共有や提供，感染拡大防止のための動画やリーフレット，研修などに関する「情報提供・研修」が14件，③介護従事者やその応援，人員基準（各施設で働かなければならない労働者を定めた基準）の運用に関する「対職員留意点」が８件，④「サービス継続」が７件，⑤「予防接種」に関わるものが３件，⑥「面会」が３件，⑦多岐にわたる「その他」が６件である。

第２に，介護施設に感染者が発生した場合の対応に関わるものである。2020年２月18日付「社会福祉施設等の利用者等に新型コロナウイルス感染症が発生した場合等の対応について（厚生労働省健康局結核感染症課ほか連名事務連絡)」が出され，感染者が発生した場合，新型インフルエンザ特別措置法12条１項に基づき，感染の届出を受けた都道府県等が，本人または家族の同意を得て，この利用者が利用する介護施設等の認可権者である市町村等に届出の内容について連絡すること，この利用者に対して利用停止を要請すること，公衆衛生上の観点から，サービスの全部または一部の停止を介護施設等に要請すること，こうした内容について地域住民や家族へ情報提供することが示されている。また休業に付随して，同年３月６日に「介護サービス事業所に休業を要請する際の留意点について（厚生労働省健康局結核感染症課ほか連名事務連絡)」が出され，その続報が４月７日に出されている。

第３に，退院後の高齢患者の受入れに関するものである。2020年12月25日付「退院患者の介護施設における適切な受入等について（厚生労働省健康局結核感染症課ほか連名事務連絡）」が出され，感染者が退院基準に基づき退院した場合[9]，介護施設に対して適切に受入れを求めている。同様の通知は，人工呼吸器または体外式心肺補助（ECMO）による治療を行った患者について情報を追加した2021年３月５日付通知が出されている。

（3）現時点での施策の評価と課題

今まで見たように，たくさんの通知と時宜に応じた対応は，対策本部および厚生労働省が，得体の知れないCOVID-19に対して，まさに場当たり的に，走りながら考え行ったものと言える。それは，責められるべきでもなく，恐らく「そのときにはそうするしかなかった」という類いのものであろう。

この混乱の渦の中であぶり出された課題は，大きく２つに分類することができよう。１つは，従来課題として認識されていたが，コロナ禍でさらに拡大した，あるいは顕在化したという課題である。例えば，エッセンシャルワーカーとしての介護従事者のレッドゾーンにおける勤務の問題，従来の介護人材不足に加速して，感染によりさらに人材不足になった場合の応援・人員補充のあり方，家族介護に対する負荷の増大と介護環境が悪化する場合の高齢者虐待などの問題である。もう１つは，課題としてはあまり認識されていなかったが，新たに課題として突きつけられたものである。例えば，介護施設や事業所の休業・継続の判断基準や退院基準の妥当性，外出・移動自粛による高齢者の身体機能をはじめとする機能低下への対処法である。現時点では機能低下への対処法として，オンライン面会などICTの活用なども行われているが（三輪 2021：249），より幅広い介護・介護予防のDX（デジタルトランスフォーメーション）も新たな課題となった。

7.4　おわりに

コロナ禍になる前の時代に戻りたいと思っても，もはや戻ることは容易ではなく，今後どうなるか誰にも分からない。

この状況で，COVID–19とともに生きる時代（ウィズコロナ時代）を想定すると，高齢者自身と高齢者をめぐる人々に関して，次のような３つの方針が必要となろう。①感染リスクを下げるため，対面・接触はできるだけ少なくするという基本方針のもと，人が対面でしかできないことを明らかにすること，②①で明らかとなった人が対面でしかできないことを行うための人材を確保すること，③このような人材で対応できず，家族介護となる場合でも，その負担を減らすこと，である。①については，人が対面でしかできないこととは何かを見極めた上で，そうでない事柄について，介護DXとしてのICTの活用を図ることが考えられる。例えば，直接の介助や配膳のみならず，介護現場でのレクレーションやコミュニケーションといった面での介護ロボットの活用のほか（原田 2021：133-135），オンラインでの見守りや人との交流・コミュニケーション，身体機能保持のためのオンライン講習会の活用などが考えられる。②については，人が対面で行わなければならない場面として，緊急時の対応や介護ロボットではまだ実現できないケアなどが考えられる。そこで，介護ロボットに委ねられるべきところは委ねた上で，その操作ができる人材の確保のほか，人が対面でケアや交流を行う場合の「付加価値」としての労働条件の改善や危険勤務手当（レッドゾーンでの勤務などに対する対価）などの導入が考えられるだろう[10]。③については，現在のように，介護施設や事業所の事業継続を政府が要請するとともに，その方法について情報を提供した上で，更なる金銭的な支援や経営支援などについても検討されるべきであろう。加えて，現在は全く制度化されていない家族介護者に対する支援策，例えば，ソーシャルワーカーによる定期的なオンラインによる相談支援，家族介護者のオンライン交流会の開催など，各自治体による支援が必要となってくるであろう。

そして，何より①～③の方針を採るためには，要介護・要支援高齢者とその家族，介護施設や事業所，介護に携わる人々，ひいては私たちみんなの価値観の転換，すなわち，介護や支援が「人の手によって行われるもの」，「人と人が接することにより行われるもの」という前提からの脱却が必要であろう。

全ての人に平等に老いはやってくる。コロナ禍は，高齢者や介護にまつわる問題について，他人事にせず自分事として捉え，あらゆる人の知恵と経験を合わせるとともに，価値観の転換をはかる大切な機会なのかもしれない。

【注】

1）「高齢者」とだけ公表されている人数（803人）を加えても，高齢者の死亡者が突出して多い。

2）2020年5月31日時点のクラスターの発生状況を調査した前田によれば，首都圏を中心に入所施設で13カ所，通所施設で7カ所，障害者施設で5カ所のクラスターが発生した（前田2020：770-771）。なお，ここに言うクラスターとは，政府のクラスター対策班による「5人以上の集団における感染」を指す（同：769）。

3）報道によれば，回答した医療・介護施設945施設および介護支援専門員751人のうち，施設の98.5％が家族との面会を制限し，施設の38.5％，専門員の38.1％が高齢者の認知機能・歩行機能の低下，食欲の減退などの影響があったと回答している。

4）ただし，2021年の倒産は81件であり，前年比31.3％減だった。コロナ関連の助成金・補助金，介護報酬のプラス改定の影響とされている（東京商工リサーチ 2022）。

5）この調査は第1次調査として，2020年3月21日から30日まで，Web上で「新型コロナウイルス感染拡大とケアラーに関する緊急アンケート」を実施（381名が回答／有効回答378名），第2次調査として，2020年4月8日から20日に同様の内容で質問紙調査によって実施され，33名が回答している。なお，このケアラーには障害児のケアラーも含まれる。

6）結局，死亡者は17名に達したものの，現地対策本部が設置され，「ヒト・カネ・モノ・情報が一元的に管理されることで，状況が変わった」としている（同・47頁）。

7）高山医師は，新型コロナウイルスに感染した職員による介護は，施設内のレッドゾーンでガウンやフェイスシールドといった接触をさせるために着用する衣服類も不要というメリットがあることを指摘している。

8）2020年3月26日，新型インフルエンザ等対策特別措置法14条に基づき（同法附則第1条の2第1項及び第2項の規定による読替適用），新型コロナウイルス感染症のまん延のおそれが高いことが，厚生労働大臣から内閣総理大臣に報告され，同日に，同法第15条第1項に基づき政府対策本部が設置された。

9）この退院基準は，新型コロナウイルス感染症を指定感染症として定める等の政令（令和2年政令第11号）第3条において準用する感染症法22条に基づくものである。

10）福祉・介護人材の労働条件の悪さについては，従来指摘されているところであり，介護人材は常に不足している（脇野 2021：229-230）。人による対面での交流や人の手によるケアに「付加価値」がつけば，待遇改善にもつながるものと思われる。また，大友らは，レッドゾーン業務へのインセンティブの導入について指摘している（大友・岸田・矢崎・松家 2021：47）。

参考文献

朝日新聞デジタル2020「名古屋市，休業のデイサービス再開へ　コロナ抑圧と判断（佐々木洋輔＝堀川勝元）」2020年3月18日14時38分配信記事。

大友宣・岸田直樹・矢崎一雄・松家治道2021「新型コロナウイルス感染症がクラスター化した高齢者施設で在宅医ができること」日本在宅医療連合学会誌第2巻第1号45-48頁。

大和三重2021「新型コロナウイルスと高齢者：グローカル・ソーシャルワークの視点から」Human Welfare13巻1号139-149頁。

神代和明・古瀬祐気・押谷仁2020「新型コロナウイルス感染症クラスター対策」IASR41号（2020年7月号）108-110頁。

木村美也子・尾島俊之・近藤克則2020「新型コロナウイルス感染症流行下での高齢者の生活への示唆：JAGES研究の知見から」日本健康開発雑誌41号3-13頁。

厚生労働省2022「新型コロナワクチンQ＆A」https://www.cov19-vaccine.mhlw.go.jp/qa/（最終閲覧日：2022年2月1日）。

厚生労働省2021a「2019年国民生活基礎調査の概況」https://www.mhlw.go.jp/toukei/saikin/hw/k-tyosa/k-tyosa19/index.html（最終閲覧日：2021年10月11日閲覧）。

厚生労働省 2021b「高齢者虐待防止」https://www.mhlw.go.jp/stf/seisakunitsuite/bunya/hukushi_kaigo/kaigo_koureisha/boushi/index.html（最終閲覧日：2021年12月18日）。

厚生労働省2021c「介護事業所等における新型コロナウイルス感染症への対応等について」https://www.mhlw.go.jp/stf/seisakunitsuite/bunya/0000121431_00089.html（最終閲覧日：2021年10月5日）。

厚生労働省老健局2021「新型コロナウイルス感染症発生時の業務継続ガイドライン（令和2年12月）」https://www.mhlw.go.jp/content/12300000/000817384.pdf（最終閲覧日：2021年9月30日）。

国立感染症研究所2021「新型コロナウイルス感染症の直近の感染状況等（2021年12月16日現在）」https://www.niid.go.jp/niid/ja/2019-ncov/10835-covid19-ab63th.html（最終閲覧日：2021年12月18日）。

国立社会保障人口問題研究所2021「新型コロナウイルス感染症について」http://www.ipss.go.jp/projects/j/Choju/covid19/index.asp（最終閲覧日：2021年12月18日）。

新型コロナウイルス感染症対策本部決定2021「新型コロナウイルス感染症対策の基本的対処方針（令和2年3月28日）」https://corona.go.jp/expert-meeting/pdf/kihon_h.pdf（最終閲覧日：2021年9月30日）。

高山義浩2021「介護崩壊の瀬戸際　コロナ流行下の高齢者施設から」https://news.yahoo.co.jp/byline/takayamayoshihiro/20210820-00254065（最終閲覧日：2021年12月18日）。

東京商工リサーチ2021「2020年『老人福祉・介護事業』の休廃業・解散調査」https://www.tsr-net.co.jp/news/analysis/20210120_01.html（最終閲覧日：2021年9月30日）。

東京商工リサーチ2022「介護事業の倒産最多から一転，支援策や報酬改定の効果で3割減」

https://www.tsr-net.co.jp/news/analysis/20220114_01.html（最終閲覧日：2022年2月1日）。
政府CIOポータル2021「新型コロナワクチンの接種状況（一般接種（高齢者含む））2021年12月16日時点」https://cio.go.jp/c19vaccine_dashboard（最終閲覧日：2021年12月18日）。
西岡修2020「新型コロナウイルス感染症と高齢者福祉施設～東京都内での経過と現状から～」ゆたかなくらし2020年8月号4-9頁。
新田秀樹2021「地域のお年寄りを支えるのは誰？――地域包括ケアシステムの構築」増田幸弘・三輪まどか・根岸忠『変わる福祉社会の論点［第3版］』（信山社）199-205頁。
日本ケアラー連盟2021「新型コロナウイルス感染拡大とケアラーに関する緊急アンケート調査結果（最終版）について」https://carersjapan.jimdofree.com（最終閲覧日：2021年9月30日）。
原田啓一郎2021「AI×ロボット時代と社会保障――AI×ロボットとともに創る未来」増田幸弘・三輪まどか・根岸忠『変わる福祉社会の論点［第3版］』（信山社）128-135頁。
前田潔2020「介護施設など社会福祉施設における新型コロナウイルス感染症関連死」老年精神医学雑誌31巻7号767-774頁。
三輪まどか2021「『会うこと』の権利性とその保障――コロナ禍における高齢者への面会制限を契機とした覚書――」アカデミア社会科学編21号249-257頁。
武藤真祐2021「介護現場における新型コロナウイルス感染拡大予防への示唆」『日本在宅救急医学会誌』2021年5号24-27頁。
読売新聞朝刊2020「面会制限 認知症悪化恐れ」（2020年4月30日付）。
脇野幸太郎2021「『介護はきつい』は本当？――介護の担い手の多様化」増田幸弘・三輪まどか・根岸忠『変わる福祉社会の論点［第3版］』（信山社）229-236頁。
WHO2021「新型コロナウイルス感染症（COVID-19）と女性への暴力 保健分野・システムに何ができるか2020年4月7日版」https://extranet.who.int/kobe_centre/sites/default/files/G56_20200617_JA_Violence_Against_Children.pdf（最終閲覧日：2021年9月30日）。

（三輪まどか）

第8章 新型コロナウイルスが日本に居住する外国人に与える影響とその課題

8.1 はじめに

2020年1月，新型コロナウイルスの感染者が日本で初めて確認され，日本国内に暮らすすべての人が大きな影響を受けた。入国禁止や航空便の不足により帰国ができず，日本に留らざるを得ない人もいた。日本で生活するすべての人が何らかの影響を受ける中で，日本で暮らす外国人（以下「外国人居住者」）は，失業や経済的困窮，それに伴う居住や社会的孤立など日本国民が経験した内容と同様の経験のほか，異なる言語を母語とすることによる情報や医療へのアクセス，外国人特有の在留資格制度により日本国民と異なる経験をすることになった。日本政府や地方自治体は，外国人居住者が抱える問題に対して支援の手を差し伸べ，必要に応じて市民団体が支援を行い，そのおかげで多くの外国人居住者が助けられた。しかし，中には十分なサポートを受けることができなかった人たちもいた。

本章では，コロナ禍における日本に暮らす外国人居住者の経験と，それらを支援するための政策を概観する。本章は3つの節から構成される。第1節は外国人居住者の状況，第2節は，コロナ禍において彼らが直面した課題，第3節は日本政府，地方自治体，市民団体の課題対応についてである。

8.2　外国人居住者の現状

（1）日本における外国人居住者の状況と在留資格

法務省の統計によると2021年6月末現在，日本で生活する外国人居住者（在留外国人）は282万人で，これは日本の総人口の約2％にあたる。図8－1に見られるように，2014年から2019年末まで日本に生活する外国人居住者は増加傾向にあったが，2021年は前年末に比べて6万3,551人（2.2％）減少した（図8－1）。これはCOVID-19により，新たに入国する外国人が減少したためだと考えられる。

外国人居住者は，戦前・戦中から日本に住んでいる朝鮮半島出身者とその子孫，中国，台湾からの華僑とその子孫，中国残留孤児・中国帰国者を中心とした「オールドカマー」と，1980年代以降に来日した，ブラジルをはじめとする南米を中心とした日系人，中国，フィリピン，最近ではベトナムやネパール

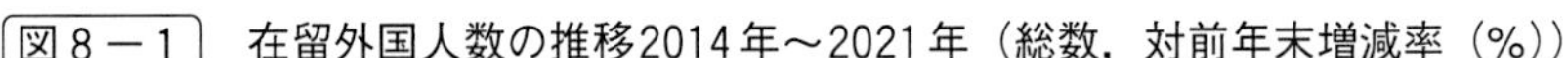

図8－1　在留外国人数の推移2014年～2021年（総数，対前年末増減率（％））

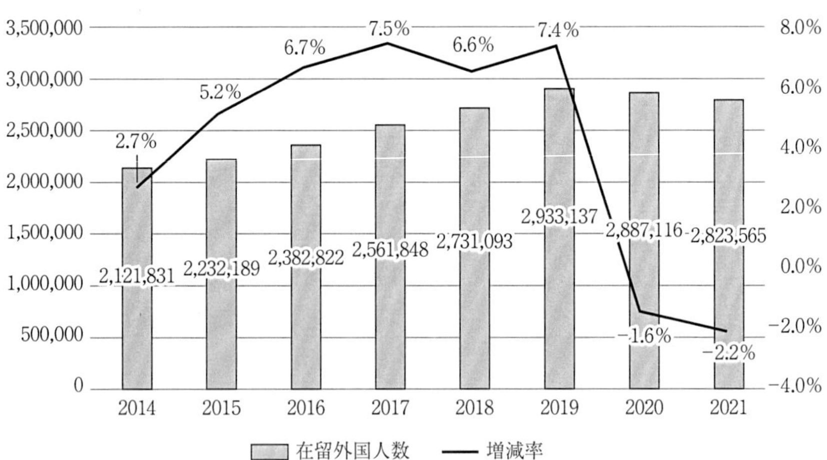

（注）各年12月（2021年のみ6月末）の在留外国人数
出所：法務省「令和3年6月末現在における在留外国人数について」により著者作成。

図8－2　在留外国人数の推移（国籍・地域別，上位5カ国）

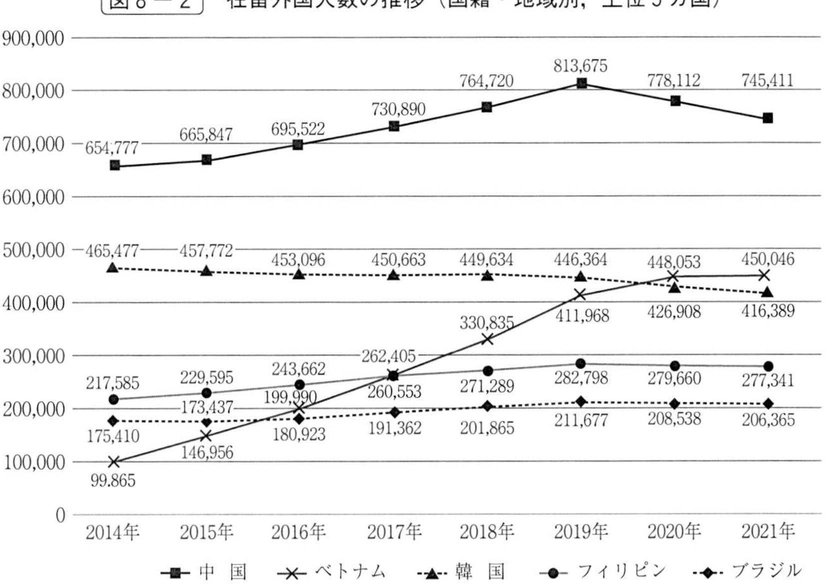

出所：法務省「令和3年6月末現在における在留外国人数について」により著者作成。

などの東南アジア諸国から来日した「ニューカマー」に分けられることが多い（宮島・鈴木2019：3-9）。オールドカマーは高齢化や帰化する者の増加により減少傾向にある。一方，ニューカマーは1980年代に演芸，音楽，演奏などの「興行」の在留資格で来日したフィリピン人女性や，1990年の出入国管理及び難民認定法改正により来日した多くの日系ブラジル人がいる。技能実習生や留学生は従来中国人が多かったが，近年はベトナム人に移行しつつあり，ベトナム人が急増しているのはそのためである（図8－2）。

オールドカマーはより地域に定着して生活しており，日本語が堪能な人も多いため，COVID−19や日本政府の支援策に関する情報にアクセスしやすい環境にあると言える。一方，ニューカマーのコミュニティは非常に多様である。地域によっては強固なコミュニティを確立しており，COVID−19に関連する支援情報も，それぞれの母語で提供された地域もあった。しかし，近年急増しているベトナム人やネパール人の多くは留学生や技能実習生であり，日本での

図８－３　都道府県別在留外国人数（上位９都道府県，令和３年６月末）

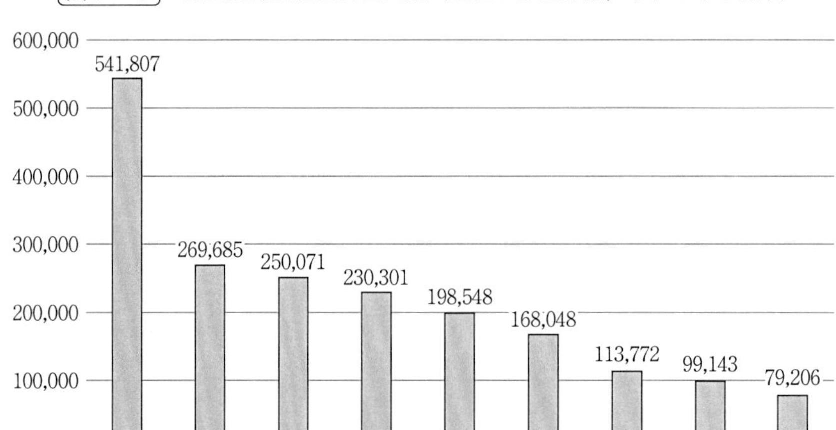

出所：出入国在留管理庁「令和３年６月末現在における在留外国人数について」により著者作成。

生活年数が短かったり，日本語に堪能ではない人も多く，COVID-19に関連する支援情報へのアクセスが困難であったと思われる。

外国人居住者は，東京を中心とした関東地方，愛知県や静岡県を中心とした中部地方，大阪府，兵庫県，京都府を中心とした関西地方，そして九州の福岡県の４つの地域に多く居住している（図８－３）。

これらの都道府県には製造業が盛んな地域があり，製造業に従事する外国人居住者が多く生活している。また製造業以外では，卸売・小売業，宿泊業，飲食業などのサービス業に従事する外国人居住者も多い（図８－４）。

日本国籍を有しない人が日本に住むためには，出入国管理及び難民認定法２条の２に基づき申請して在留資格を認定される必要がある。在留資格の種類により，就労が認められる在留資格，就労が認められない在留資格，身分・地位に基づく在留資格に大別され，それぞれ要件や認められる活動が異なる[1)]。

図８－４　産業別外国人労働者数の割合（2020）

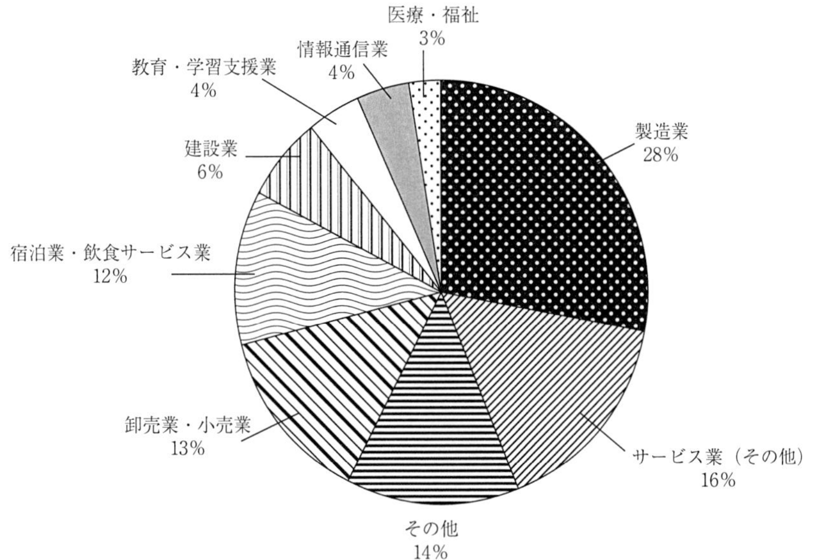

出所：厚生労働省「外国人雇用状況」の届出状況まとめ【本文】（令和２年 10 月末現在）」により著者作成。

（２）外国人居住者の雇用環境

外国人居住者の雇用形態の特徴として，鈴木は，①間接雇用の多さ，②小規模事業所で働く割合の多さ，③雇用先の存在を前提として在留資格が付与されていることを挙げる（鈴木2021：10）。

①間接雇用とは，派遣・請負といった雇用形態を指す。こうした形態で働く外国人居住者の割合が20.4％と多く[2)]，これは日本人の2.5％に比べて10倍近い割合である[3)]。②小規模事業所で働いている外国人居住者について，2019年の厚生労働省「外国人雇用状況届出状況まとめ」によると，100人未満規模で働く外国人は53.9％（30人未満規模は35.4％，30～100人未満規模は18.5％）であり，経営基盤が脆弱な事業所で雇用される傾向にある。③外国人居住者の中でも「就労が認められる在留資格（就労制限あり）」で在留する人は，雇用を前提として在留資格が付与されていることが多いため，職種の変更や転職が容易で

はない。

身分に基づく在留資格を持つ日系人は，就労の制限はないものの間接雇用で働く割合が多く（鈴木2021：11），技能実習生や間接雇用で働く人たちの中には，雇用主に住居を提供されている人も多い。また，2019年の厚生労働省「外国人雇用状況届出状況まとめ」によると，雇用されている外国人のうち19.2％が「留学」の在留資格の留学生であり，資格外活動許可[4]（現に有している在留資格に属さない収入を伴う事業を運営する活動又は報酬を受ける活動を行おうとする場合に必要な許可）を取得して働くアルバイトである。

8.3　COVID-19が外国人居住者に与えた影響

それでは，こうした外国人居住者はCOVID-19によりどのような影響を受けたのであろうか。著者らに寄せられた相談をもとに，失業に関する影響，社会的孤立による影響，在留資格による影響の３つに分けて述べる。

（１）失業に関する影響

①　失業そのものの影響

派遣労働者は日本経済の調整弁となっており，企業は増産が必要になると派遣労働者を雇用し，残業，夜勤，週末のシフトを増やして対応し，減産時にはこれらのシフトを減らすことで対応すると言われている。

COVID-19による流通の停滞や移動の制限，飲食業の営業制限により製造業やサービス業が縮小し（本書第１章），多くの派遣労働者は勤務時間を減らされたり，契約が更新されず（いわゆる「雇止め」）失業したりした。外国人居住者も例外ではなく，報道によれば[5]，非正規雇用で働く人が大きな影響を受けたという。なかでも，製造業等で派遣労働者として働く人は，収入が大きく減少した。工場，飲食店でアルバイトとして働いていた留学生もシフトを大幅に減らされたり，解雇されたりしたため，経済的に厳しい状況に陥った人が多くいたという。

外国人居住者は，解雇や雇止めの対処法について知る機会がなかったり，雇用主との関係で弱い立場に置かれていることが多く，自らの権利を主張することが難しい。本来，雇用期間の定めがある雇用の場合，途中で解雇や雇止めをすることができないが（労働契約法17条），契約途中で雇止めされてしまったケースや，会社都合の解雇や雇止めでも自己都合退職として扱われるケースもあった。会社都合の解雇・雇止めであれば，失業給付は待機期間を経てすぐに給付が開始されるが（雇用保険法23条２項１号），自己都合退職の場合すぐには給付されず不利な状況になる。

②　失業による住まいへの影響

更に，外国人居住者の中には，COVID-19の影響で残業や週末出勤が減り，収入が激減したため，ローンの返済が滞り，住宅や車を手放さなければならない人もいた。携帯電話料金を支払うことができなくなり，利用を止められてしまった人たちもいた。

派遣会社から提供された住居に住んでいた人は，解雇・雇止めと同時に住まいを失った。失業状態にある外国人に住居を貸す不動産会社はなく，知人宅を転々としたり，ホームレス状態になったりする人もいた。生活困窮自立支援法６条に基づく「住居確保給付金」制度を利用することができた人もいるが，制度を知らなかったり，知っていても相談支援機関に出向くことができない，申請手続きができない，条件を満たさない等の理由でこの制度を利用することができず，困窮する人たちもいた。

③　情報アクセスの影響

外国人居住者は，言葉の壁や限られた人的ネットワークにより，情報へのアクセスが限られていることが多く，その場合，正しい情報を迅速に得ることが難しい。行政が提供したCOVID-19に関連する情報や支援制度へアクセスすることができず，制度や行政サービスを利用することができない人もいた。正しい情報を必要な時に得ることが難しく，不安になったり，外出や人の訪問を断る等して孤立してしまい，精神的に不安定になる人もいた。

故郷の家族や友人は，日本の生活状況を理解していないこともあり，家族に心配をかけたくないと考え，自分が抱える問題を本国の家族には知らせないという人もいる。失業した外国人居住者，雇用契約が終了した技能実習生，学校を卒業した元留学生，学費を払うことが難しくなった留学生は，職場にも学校にも行かなくなり，社会との接点を失った。居場所を失い，方向性や目的，アイデンティティを失ってしまう人もいた。

④ 医療に対するアクセスへの影響

日本には公的医療保険制度があり，都道府県の区域内に居住する者は国民健康保険（以下「国保」）の被保険者となり（国民健康保険法５条），雇用されている者は健康保険（以下「健保」）の被保険者となる（健康保険法35条）。保険料を納付することで，診療・薬剤の処置等の給付を受けられる（国民健康保険法36条，健康保険法52条）。毎月の保険料は，国保の場合は前年の所得に応じて決められ（国民健康保険法76条，国民健康保険法令29条の７），健保の場合は一定割合（保険料率）が月々の給与から天引きされる（健康保険法155，156，160条）。受診をすると治療費の30％の自己負担をする（国民健康保険法42条）。

失業をすると，これまで加入していた健保から国保への変更手続きが必要になる。前述のように国保の毎月の保険料は，前年の所得に基づいて算定されるが，企業都合で失業をした場合，減免制度を申請することができる。しかし，申請制であるため，申請しなければ減免にはならない。保険料は，滞納すると１年後に健康保険証が失効し，医療費は全額負担となる（国民健康保険法63条の２）。そのため，受診が必要な状態になっても，命に関わる状態になるまで受診を控える人も多い。

また，医療へのアクセスについては，言葉の問題もある。感染予防，ワクチンやPCR検査の情報へのアクセス，感染時の保健所とのやりとりの際，子どもが電話口で通訳をするという状況もあった。通訳は精神的にも大きな負荷がかかる作業であり，子どもが担う役割としては相応しくないと言われている[6)]。

（２）社会的孤立による影響

困窮時に金銭的な支援をしてくれたり，住居を失った時に頼ることができる家族や親族，友人を持たない外国人居住者は少なくない。単身で来日していたり，コミュニティのつながりがない人の多くは，困窮時に頼れる人がいなかった。また，緊急事態宣言下の外出・移動の自粛などにより，人とのつながりを失い，長期にわたって人と会うことのない状況におかれる人もいた。特に，来日まもない単身の留学生や技能実習生の多くは，高校を卒業したばかりの10代後半から20代前半の若者である。彼らの多くは，適切な精神的サポートや行政，医療サービスを受けることができず，孤立した。

一方で外国人居住者には，民族，国籍，言語，宗教，文化を共有する独自のコミュニティがあり，コミュニティ内での相互扶助はCOVID-19の状況下で強固なものになった。行政や地域もこれらのコミュニティやそのリーダーを通じて外国人居住者とつながり，情報提供や困窮者支援を行うことを模索した。その結果，自治体，地縁組織とコミュニティとの連携による支援が行われた事例もあり，これについては次節で紹介する。

（３）在留資格による影響

日本への入国者全員を対象とした入国制限と検疫の強化は，外国人居住者に大きな影響を与えた。これらの制限や要件は時間の経過とともに変化した。2020年３月以降，日本に在留する外国人居住者は出国はできたが，一時的に海外にいた外国人居住者は2021年初頭まで特別な許可なしに日本に再入国することはできなかった。同時期に，日本政府は入国を希望する外国人へのビザ（査証）の新規発給をほぼ停止したため，例えば外国人居住者が重篤な病気になっても家族は看病のために来日することはできなかった。

2021年10月１日時点で日本への入国待ちは37万人となり，その多くが留学生，実習生，労働者，外国人居住者の家族であった。ビザの発給停止は日本で留学や就労する予定であった人たちのキャリア形成にも大きな影響を与えた（日本経済新聞 2021）。

この間に在留期限が超過した外国人居住者も多い。外国人居住者はそれぞれ在留する理由に基づいて在留資格を得るため，就労に基づく在留資格で在留する者は，職を失うと在留の資格を失う。留学生は出席日数が不足していたり学費が未納であれば退学となり「留学」の在留資格を失う。日本国民の配偶者として在留している人は離婚により「日本人の配偶者等」の在留資格を失うため，身体的，精神的DV等の被害にあっても現状に耐える選択をする人もいた。

8.4 外国人居住者が直面する課題への対応

COVID-19による外国人居住者への影響を軽減するために，行政，民間企業，市民団体は，様々な対応で外国人居住者を支援した。本節では，日本の外国人居住者に対する支援策について，前節で掲げた課題ごとに見ていく。

(1) 失業および生活を支える支援策

① 雇用をめぐる支援策

外国人居住者のうち，企業で働いていた人の多くは，日本国民と同様の雇用保険料を支払っており，失業した場合，申請者の離職前賃金の50％～80％の失業給付が支給された（雇用保険法17条）。

企業が休業する場合，企業は外国人居住者を含むすべての従業員に対して，休業手当を支払わなければならない（労働基準法26条）。COVID-19の影響で企業も経営上厳しい状況に置かれたことから，日本政府は雇用調整助成金に特例措置を設け，休業手当の一部を助成する施策を展開した[7)]。しかし，その責任を回避し，適切な手当を支払わない企業が多発した。この手続きは当初，雇用主のみが申請可能であったが，日本政府は新型コロナ対応休業支援金制度を整え，従業員が直接申請できる仕組みを導入した[8)]。

先に掲げた失業給付も給付日数が定められていることから，永久に受給し続けることはできない。そこで，仕事を失った外国人居住者に，次の仕事を見つけることも課題となった。公共職業安定所（ハローワーク）では，求職者に対して，求職支援（職業相談と職業紹介）と，雇用保険の手続き（失業給付，教育訓練給付，育児休業，介護休業など）や職業訓練コースの情報提供を行っている（職業安定法2章以下）。外国人居住者が適切な再就職先を見つけられるよう，ハローワークのホームページで，やさしい日本語のほか，英語，中国語，ベトナム語など

14カ国語に対応した雇用情報を提供している。全国の210カ所以上のハローワーク（各都道府県に１カ所以上）では，最大10言語で電話対応をしており，44カ所のハローワークでは最大６言語で対面による相談を受けている[9)]。東京，大阪，名古屋，福岡の計４カ所に設置されている「外国人雇用サービスセンター」では外国人居住者に特化した就労支援を行っている[10)]。

② 経済的支援策

金銭給付や融資などの経済的支援は，日本国民か外国人居住者かに関わらず，日本に居住する全ての人に対して公平に行われた（Oishi 2021）。

日本政府は2020年４月，外国人居住者を含む住民基本台帳に登録しているすべての人に，10万円の特例定額給付金を支給することを決定した（「新型コロナウイルス感染症緊急経済対策令和２年４月20日閣議決定」）。外国人居住者がこの給付金へ申請できるようにするため，総務省は案内を多言語で周知することとし，やさしい日本語のほか，10の言語での案内と申請用紙を用意した。大半の外国人居住者はこの支給を受けることができたが，３カ月未満の滞在許可で日本に居住している約８万人の外国人居住者は受給対象外であった（Oishi 2021）。

また，各地域に設置された，福祉活動を行う民間団体である社会福祉協議会を通じて，20万円を上限とし，最長10年の償還期間を設けて，一時的な資金の緊急貸付（生活福祉資金貸付）を行った。国籍を問わず，一時的に仕事が止まったり，失業したりした全ての世帯を対象とした。外国人居住者も融資申請ができるよう，厚生労働省のホームページには，やさしい日本語のほか，９カ国語で説明が掲載された[11)]。従来，この制度の対象は永住者の在留資格を付与されている外国人居住者に限られていたが，新型コロナウイルス感染症の拡大を受けて，在留資格がある全ての外国人居住者に対象が拡大された。しかし，地方自治体によっては，担当者の福祉関連法に関する理解度に差があったため，全ての外国人申請者が融資を受けられたわけではなかった（Tanaka 2020：6）。

以上のような経済的支援策は，恒久的なものではなく一時的である。恒久的な支援策として，日本には生活保護制度がある。しかし，1990年の厚生省口答指示により，生活保護を受給できる外国人は永住者および定住者等のみとなっているため（脇野 2021：242），短期滞在の外国人や留学生などは受給できない。

③ 居住支援

COVID-19の危機の中でも，外国人居住者が自宅に住み続けられるよう，様々な対応がなされた。日本における公営住宅の供給は，主に地方自治体が担当しており，外国人居住者が公営住宅に入居できるようにするための仕組みは地方自治体が提供している（公営住宅法4条）。例えば，愛知県住宅供給公社は，2021年4月に「外国人サポートデスク」を開設し，外国人居住者が県営住宅や市営住宅に入居できるよう7言語で対応している。

また国土交通省は，セーフティネット住宅情報提供システムにより，低所得者，被災者，高齢者，障害者，子育て世帯，外国人居住者と，手頃な価格の民間住宅を提供する家主との橋渡しを行っている（住宅セーフティネット法第4章以下）[12]。これらの対象となる居住者は家賃が軽減される。愛知県住宅供給公社「愛知県あんしん賃貸支援事業」[13]でも同様のサービスを提供している。しかし，これらの国や県のウェブサイトは日本語のみの対応となっており，外国人居住者への配慮はほとんどなされていない。

くわえて，民間団体も経済的に困窮した外国人居住者が生活を継続できるよう支援を行った。例えば，社会包摂サポートセンターでは，2021年8月から「ChanKanプロジェクト」[14]という全国規模のプロジェクトを開始した。このプロジェクトでは，COVID-19により収入が減少したり，家族が自宅で過ごす時間が増えたりして，住居や食事の確保が困難になった外国人居住者や若者を支援した。社会包摂サポートセンターのスタッフは，申請者が住む場所を見つけ，その後，自立した生活に戻れるようにサポートした。外国人居住者へは10言語で対応した。

④ 支援策に対する情報保障

これまで述べてきた支援策の多くは，やさしい日本語を含む多言語で周知された。厚生労働省はウェブサイトで「外国人の皆様へ 仕事と生活支援について」を開設し，雇用と生活に関わる情報を15言語で掲載した[15)]。

2020年7月には，出入国在留管理庁が東京都心部に外国人在留支援センター（Foreign Residents Support Center or FRESC（フレスク））を開設して，ビザ（査証）や法律，雇用に関して，ワンストップで相談に応じるとともに，多言語で対応する施設ができた[16)]。

また，出入国在留管理庁では「外国人のための生活支援ポータル」を掲載し，ワクチン接種をはじめ，外国人居住者のための生活支援に関する情報を提供した。さらに同庁では，2021年7月に電話相談の対象言語を，従来の日本語，英語，中国語，韓国語，スペイン語，ポルトガル語，ベトナム語，フィリピノ語に加え，新たに9言語（ネパール語，インドネシア語，タイ語，クメール語，ミャンマー語，モンゴル語，フランス語，シンハラ語，ウルドゥ語）を追加した[17)]。

⑤　医療へのアクセス

厚生労働省はCOVID-19に関する情報を21言語で提供し[18)]，「3密（3C）」（閉鎖空間，混雑した場所，接近した環境を避ける）は19言語に翻訳された。外国人従業員や留学生に対して，やさしい日本語を含む多言語でCOVID-19に関する情報を周知するためのガイダンスを行うという取り組みを実施した企業や学校もあった。(BUZZFEEDJAPAN 2021)。

厚生労働省の「コロナワクチンナビ」では，外国人居住者がワクチン接種を受けられるように，予防接種の内容や接種までの流れ，予防接種サイトへのリンクなどを，日本語，簡体字中国語（2021年6月～），英語（2021年7月～），繁体字中国語（2021年10月～）で掲載している[19)]。また，同省は2020年12月，保健所，医療機関，感染者の宿泊施設が利用できる多言語の電話通訳システムを設置した[20)]。

多くの接種会場の対応は日本語のみであったが，2021年10月から12月にかけて12の地方自治体で，多言語対応の特別接種会場が開設された。外国人居住者が多い地方自治体では多言語対応が可能な相談窓口を設け，情報提供を行った。例えば，名古屋市では，2020年1月末に新型コロナウイルスが原因と考えられる肺炎が多く発生していることを日本語，英語，中国語で発信して注意を促したり，特別定額給付金申請の質問に答えるコールセンターを設置し9言語で対応した。また，名古屋国際センターは，2020年7月と2021年8月に，名古屋市や名古屋出入国在留管理局，愛知労働局，支援団体の協力を得て外国人居住者やその支援者向けに無料の緊急相談会を開き，特別定額給付金手続き，在留資格や生活全般に関わる相談を，英語，ポルトガル語，スペイン語など8言語で対応した。

（2）社会的孤立を防ぐ策

① 行政による取り組み

COVID-19の影響が広がる中，社会的孤立や経済的不安による精神的負担が懸念された。外国人の集住地域では，従来，外国人居住者の心のケアに関するサービスが提供されていた。名古屋国際センターでは中国語，ポルトガル語，英語でのカウンセリング（心の相談）[21]，浜松市多文化共生センターでは心理学の専門家によるメンタルヘルス相談がポルトガル語で提供されている[22]。

また，厚生労働省は2011年から，誰でも利用できる悩み相談窓口を提供する全国規模の「よりそいホットライン」を開設しており，幅広いカウンセリングサービスを提供している[23]。外国語専用ラインは，英語，中国語，韓国・朝鮮語，ポルトガル語，スペイン語，タガログ語，タイ語，ベトナム語，ネパール語，インドネシア語による電話相談を実施している。電話での相談のほか，専用のSNSでの多言語相談も実施している[24]。

② コミュニティでの取り組み

地域，国籍，言語，宗教，企業によるつながりに支えられたコミュニティでは，多様な助け合いや支え合いが展開された。以下では著者が経験あるいはヒアリングした情報を示す。

（a）地域のつながり

愛知県は外国人人口が東京に次いで全国で2番目に多い地域であり（図8－3），製造業に従事する日系人が多い。瀬戸市は，トヨタ自動車がある豊田市に隣接しており，また，近隣の多治見市や土岐市へ高速道路でアクセスがしやすいことから，派遣労働者として働く海外出身者が多く暮らしている[25)]。

2020年8月，任意団体「せと・おせっかいプロジェクト」に「緊急ささえあい基金[26)]」の外国人電話相談の担当者から，「瀬戸市の菱野団地に暮らす外国人から生活困窮に関する電話相談が多いため，地域で直接支援ができる団体がないか」という問い合わせがあった。そのため，菱野団地ウイングビル商店街に拠点があるNPO法人エム・トゥ・エムと，地域の社会福祉関係の団体に呼びかけ緊急会議を開催し，現状の確認，今後の活動方法について話し合いが行われた。エム・トゥ・エムの代表が，手書きで「緊急のお願い」というチラシを作成し，地域で配布をすると，すぐに団地内の住民や幼稚園から寄付金や食料品が集まり，同団地内にある原山集会所で，自治会と連携をして，週末の緊急食料支援を3回行った。原山集会所は，愛知県立大学の大学院生によるスペイン語の継承語教室が開催されており，外国人居住者にとってなじみのある場所であった。その後，エム・トゥ・エムは商店街内にある拠点「さるなかとんなtoto」で食料配布を継続，毎週日曜日には食料を無償提供，「どうぞランチ」としてお弁当を提供している。この活動の中で新たにペルー出身の住民も活動メンバーに加わった。食料配布は当初は火曜日から土曜日まで毎日，2021年になってからは水曜日から日曜日まで毎日行っている。(山野上2021：44，神田2021：24-28)

（b）コミュニティ内の助け合いと言語によるつながり

約4,300人の外国人居住者（うち約半数がブラジル人）が暮らす愛知県半田市では，ブラジル出身の住民による支援が行われた。ブラジル出身のOさんは市内の小学校で外国籍児童の指導をしながら，ブラジル料理レストラン「マンゴーベレン」を経営している。COVID-19の拡大により，地域に暮らす日系ブラジル人が経済的に困窮すると，すぐに自身が経営するレストランを拠点として食料支援を行った。当初，レストランにあった食材を，困窮した人たちへ配布した。食料支援を開始して3週目から多くのボランティアがこの活動に加わるようになった。ブラジル人に限らず，日本を含む7カ国の人たちに食料を提供した。食料を受け取るためにレストランを訪れた人たちの中には，Oさんが小学校で教えていた教え子もいたという。市内に暮らす多くの日系ブラジル人が職を失ったため，食料支援だけでなく，半田市市民活動助成金制度を活用し，就労支援プログラムを立ち上げ，日本語の習得やビジネスマナー，面接の受け方を学ぶプログラムを提供した。

（c）宗教的なつながり

名古屋市昭和区の南山教会では，2020年5月に地域や教会関係者の協力を得て，困窮に陥っている人へ郵送，個別訪問をして食料を届けた。2020年5月30日に緊急事態宣言が解除となったため，6月からは一宮や小牧にある外国人居住者が集う地域の教会を拠点として，フードバンク機能を持たせ，必要とする人が取りに行くという方式に変更し，食料支援を継続した。

（d）企　業

引越し，トラック輸送をしている株式会社ジェイ・ロジコムは，2019年NPO法人フードバンク愛知を設立した。配送後の車両を活用，食品を提供する企業から拠点へ規格外の食品，梱包破損品等を輸送する仕組みを作り，地域の市民団体，子ども食堂，大学，行政と連携をして食品を提供している。フードバンク愛知は南山大学の学生を中心に，複数の大学と連携し，学生連盟を立ち上げ，名古屋市中区にあるナディアパーク等で，困窮する学生に食材と日用品を手渡す活動を開始した。その後，この活動は学生が自ら運営する市民活動となった。愛知県政策局国際課と名古屋大学愛知県留学生交流推進協議会事務局を通じて，愛知県内79の大学と連携し，地域の子ども食堂で食料を受け取ることができる仕組みを構築した。

（3）在留資格に関する特例

①　在留資格に関する特例措置

多くの外国人居住者にとって，最も重要な法律上の問題は，在留資格である。出入国在留管理庁は，COVID-19の影響を鑑みて様々な特例措置を講じた。

COVID-19の影響により失業した人や，在留資格期限が超過した留学生や技能実習生に対して，在留資格を変更した上で日本での滞在を6カ月間延長することができることとし，その後も必要な人に対して再延長の申請を可能とした。また，一定の条件を満たした上で，就労も可能とした[27)]。COVID-19の影響による渡航制限で帰国できない人に対しても同様の特例措置を講じた[28)]。

② 在留資格を問わないワクチン接種

厚生労働省は，在留資格がない人や出入国在留管理庁に収容されている外国人居住者に対して「入管法等の規定により本邦に在留することができる外国人以外の在留外国人に対する新型コロナウイルス感染症に係る予防接種について」（厚生労働省健康局健康課予防接種室令和3年3月31日事務連絡）と「地方出入国在留管理官署の被収容者等に対する新型コロナウイルス感染症に係る予防接種の実施について（周知）」（厚生労働省健康局健康課予防接種室令和3年4月16日事務連絡）という通知を出し，希望する人はワクチン接種ができるように配慮した。

8.5 おわりに

COVID-19は，日本に暮らすすべての人に多くの困難をもたらした。外国人居住者は特有の課題に直面したが，日本の国，都道府県，市町村，市民団体，コミュニティの積極的な支援により困難に立ち向かうことができた。

日本政府は，職を失った外国人居住者に対する就労支援，日本国民と同等の経済的支援を行った。住宅確保給付金により，住み慣れた自宅での生活を継続できるよう，あるいは新しい住居を見つけることができるよう支援した。情報は多言語で提供され，合法的に日本に在留できるよう在留資格制度に特例措置を講じ，柔軟な対応がなされた。従来なかなか進まなかった国の外国人居住者への配慮や多言語化は，COVID-19の状況下で前進した。出入国管理庁，厚生労働省，文部科学省が，重要な情報を比較的素早くやさしい日本語を含む多言語で情報提供するようになったことは評価できる。

COVID-19やワクチン接種に関する情報は多言語で提供され，弱い立場にある人たちへの配慮がされた。行政の支援が届かない人たちに対しては，地域のボランティアや市民活動団体，自助グループが支援に乗り出した。外国人居住者が直面する問題に対して，日本社会は可能な限り人道的で包括的なアプローチをしたといえる。このような支援があったからこそ，多くの外国人居住者が様々な課題を乗り越えることができたといえる。

しかし，社会的に孤立をしやすい状況になった来日間もない人に対する支援は手薄であった。加えて，都道府県や市町村レベルで多言語対応できていない地域もある。そもそも弱い立場に置かれやすい外国人居住者の問題は依然として残り，恒久的な支援の仕組みづくりが必要である。

とはいえ，COVID-19の状況下で，行政，企業，市民団体の各セクターが困窮する人たちを前に行動することができた。弱い立場に置かれている人たちに想いを寄せ，彼らの生活を守るために必要とされる変化を起こすことが可能であることを社会全体で経験することができたのである。そうであればなおさら，依然として存在する構造的な課題の解決に向けて，幅広い支援とそれらを実現させるための政策，日本社会に暮らす全ての居住民が安心して生活できる包摂的な社会の実現に向けて，COVID-19状況下の経験が，今後の社会のあり方を変革していく力となっていくことを期待したい。

【注】

1）厚生労働省 「外国人雇用状況まとめ」https://www.mhlw.go.jp/content/11655000/000728546.pdf（最終閲覧日：2021年12月23日）

2）厚生労働省「外国人雇用状況」の届出状況まとめ　令和元年10月末現在　https://www.hlw.go.jp/content/11655000/000729116.pdf（最終閲覧日：2021年12月23日）

3）総務省「労働力調査」2019年平均　https://www.stat.go.jp/data/roudou/rireki/nen/dt/pdf/2019.pdf（最終閲覧日：2021年12月23日）。

4）出入国在留管理庁「資格外活動許可について」https://www.moj.go.jp/isa/applications/guide/nyuukokukanri07_00045.html（最終閲覧日2021年2月3日）。

5）YOLOJAPAN “The jobs of approximately 80% of foreign residents in Japan affected by the novel coronavirus: a survey by YOLO JAPAN”　https://www.yolo-japan.com/en/information/details/62（最終閲覧日：2021年12月23日）。

6）愛知県国際交流協会「多文化ってこういうこと（社会福祉編）（2018年2月）」

http://www2.aia.pref.aichi.jp/sodan/j/manual/img/29shakaifukushi/00all.pdf（最終閲覧日：2021年12月23日）。

7）厚生労働省「雇用調整助成金（新型コロナウイルス感染症の影響に伴う特例）」https://www.mhlw.go.jp/stf/seisakunitsuite/bunya/koyou_roudou/koyou/kyufukin/pageL07.html（最終閲覧日：2022年２月６日）。

8）厚生労働省「休業支援金・給付金の申請方法について」https://www.mhlw.go.jp/stf/newpage_16961.html（最終閲覧日：2022年２月６日）。

9）厚生労働省「通訳がいるハローワークのご案内」https://www.mhlw.go.jp/content/000592865.pdf（最終閲覧日：2022年２月６日）。

10）厚生労働省　外国人雇用サービスセンター一覧https://www.mhlw.go.jp/stf/newpage_12638.html（最終閲覧日：2022年２月６日）。

11）厚生労働省「生活福祉資金貸付制度」https://www.mhlw.go.jp/stf/seisakunitsuite/bunya/hukushi_kaigo/seikatsuhogo/seikatsu-fukushi-shikin1/index.html（最終閲覧日：2021年12月23日）。

12）すまいづくりまちづくりセンター連合会「セーフティネット住宅情報提供システム」https://www.safetynet-jutaku.jp/guest/index.php（最終閲覧日：2021年12月23日）

13）愛知県 “Information for prospective tenants for prefectural housing” https://www.pref.aichi.jp/global/en/living/housing/index.html（最終閲覧日：2021年12月23日）

14）一般社団法人社会的包摂サポートセンター “ChanKan Project（English）” https://www.since2011.net/chankan/（最終閲覧日：2021年12月23日）

15）厚生労働省「がいこくじんのみなさんへ　しごとやせいかつのしえんについて」https://www.mhlw.go.jp/stf/seisakunitsuite/bunya/koyou_roudou/koyou/jigyounushi/page11_00001.html（最終閲覧日：2021年12月23日）。

16）出入国在留資格管理庁「外国人在留支援センターとは」https://www.moj.go.jp/isa/support/fresc/fresc_1.html　（最終閲覧日：2021年12月23日）。

17）出入国在留資格管理庁「外国人在留総合インフォメーションセンター等」https://www.moj.go.jp/isa/consultation/center/index.html（最終閲覧日：2021年12月23日）。

18）厚生労働省「COVID-19について色々な国の言葉で説明します」https://www.c19.mhlw.go.jp（最終閲覧日：2021年12月23日）

19）厚生労働省「コロナワクチンナビ」https://v-sys.mhlw.go.jp（最終閲覧日：2022年２月６日）。

20）厚生労働省「保健所及び医療機関並びに宿泊療養施設における新型コロナウイルス感染症対応に資する電話通訳サービスについて」https://www.mhlw.go.jp/stf/seisakunitsuite/bunya/kenkou_iryou/kenkou/nettyuu/index_00014.html（最終閲覧日：2021年12月23日）。

21）名古屋国際センターNIC「情報提供相談窓口」https://www.nic-nagoya.or.jp/japanese/servicecounter/kokoro/（最終閲覧日：2021年12月23日）。

22）はままつ多文化共生・国際交流ポータルサイトHAMAPO「多文化共生総合相談ワンストップセンター」http://www.hi-hice.jp/hmc/consultation.php#kokoro（最終閲覧日：2021年12月23日）。

23）神田は2011～2013年までよりそいホットライン多言語ラインの専門員をしていた。

24）一般社団法人社会的包摂サポートセンター「よりそいホットライン」https://www.since2011.net/yorisoi/（最終閲覧日：2021年12月23日）

25）瀬戸市「瀬戸市統計書（令和３年刊）C国勢調査」http://www.city.seto.aichi.jp/docs/2021071600010/files/C.pdf（最終閲覧日：2022年３月10日）

26）この基金は，移住労働者と連帯するネットワーク（移住連）と反貧困ネットワークが連携して行っている事業である。

27）出入国在留管理庁「新型コロナウイルス感染症に関する在留諸申請について帰国困難者に対する在留諸申請の取扱い」https://www.moj.go.jp/isa/nyuukokukanri01_00155.html（最終閲覧日：2021年12月23日）

28）出入国在留管理庁「新型コロナウイルス感染症に関する在留諸申請について帰国困難者に対する在留諸申請の取扱い」https://www.moj.go.jp/isa/nyuukokukanri01_00155.html（最終閲覧日：2021年12月23日）

参考文献

神田すみれ 2021「愛知県菱野団地における住民主体の地域連携?食料支援活動を中心に～」地域福祉実践研究，12号，24-28頁。

鈴木恵理子 2021『アンダーコロナの移民たち―日本社会の脆弱性があらわれた場所』明石書店。

名古屋国際センター2020「NIC NEWS 2020年10・11月号」No.400（令和２年10月１日発行）。

日本経済新聞2021「外国人，来日足止め37万人 入国制限緩和の遅れ際立つ」（2021年10月21日18：00配信）。

宮島喬・鈴木江理子 2019『外国人労働者受け入れを問う』岩波ブックレットNo.916，岩波書店。

山野上麻衣 2021「第１章 脆弱性はいかに露呈したか「二回目の危機」コロナ禍における南米系移民の人々の仕事と生活」鈴木江理子編著『アンダーコロナの移民たち 日本社会の脆弱性が現れた場所』明石書店，44-45頁。

脇野幸太郎 2021「第10章生活保護」本沢巳代子・新田秀樹『トピック社会保障法2021［第15版］』信山社／不磨書房，230-260頁。

BUZZFEEDJAPAN 2021「『言葉の壁なくワクチンを』外国人住民に向け多言語で案内，10言語での予約サイトも」（2021年７月15日17:04配信）。

Oishi, N. 2021, COVID, migration, and nationalism in Japan. Online lecture, Ludwig-

Maximilians-Universität, München, 2021-12-06. https://www.japan.uni-muenchen.de/veranstaltungen/abstracts-migrant-m-wise-21-22/abstracts_migrant_oishi/index.html（最終閲覧日：2021年12月23日）

Tanaka, M. 2020, Limitations of social protections of migrant families in Japan exposed by COVID-19: The case of Nepalese women. *The Asia-Pacific Journal*, 18(18), 1-9頁　https://apjjf.org/2020/18/Tanaka.html（最終閲覧日：2022年２月８日）

（クロッカー・ロバート，神田すみれ）

第9章

コロナ禍における生活時間と幸福度

9.1　生活時間と幸福度

新型コロナウイルス感染症の流行（以下，コロナ禍）は，人々の幸福度[1]にどのような影響を与えたのだろうか。本章では，コロナ禍が人々の幸福度にどのような影響を与えたのかについて，生活時間に着目することで考える。

これまでの幸福学の研究では，生活時間と幸福度の関係性について大きく2つの研究が存在する。１つは「労働と幸福度の関係性」に関するものであり，もう１つは「余暇と幸福度の関係性」に関するものである。以下，先行研究について説明を行いたい。

１つ目の「労働と幸福度の関係性」について考えるために，ここでは働くことのプラスの影響とマイナスの影響について幸福学の研究を整理する。働くことについては，例えばドイツで行われた研究で，所得が幸福度へ与える影響を分離して考えた場合にも，職を得ていない人が職を得ることには幸福度に対してプラスの影響が存在することが示されている（Maenning and Wilhelm 2012）。働くことの所得以外のプラスの影響はドイツ以外の国でも，スイス（Frey and Stutzer 2000），オーストラリア（Carroll 2007）を対象とした研究で見出されている。この所得以外のプラスの効果に該当するものとして「働きがい」が挙げられる。働くことで生きがいを感じるということである。

その他，幸福度に影響を与えるものとしては仕事の裁量の大きさ，適度な社員教育，雇用の安定性，上司や同僚との関係性，仕事内容の多様性などが挙げられる（Grün et al. 2010; Coad and Binder 2014; Cornelißen 2009; Geishecker 2012）。ただし，注意すべき点として，ヨーロッパでの研究によると，自営業者など，仕事の裁量があり，上下関係がなく，労働時間をコントロールすることができることは幸福度にプラスの影響を与える可能性はあるものの，長時間労働になりがちであること，仕事の責任の大きさがあることで，仕事のストレスや精神的健康の問題を感じやすいということも同時に指摘されている（Andersson 2008）。実際に，著者が行った日本における分析でも，裁量労働制の人は他の職種の人と比較してむしろ幸福度が低いことが示されている（鶴見ほか 2021）。コロナ禍における在宅ワークやフレックスワーク，裁量労働制の普及が，長時間労働，仕事の責任が増すことにつながるかどうかには注意を払う必要があると言える。

労働が幸福度に及ぼすマイナスの影響としては，健康問題と家庭問題が挙げられる。多くの研究で長時間労働が健康問題を引き起こすことが示されてきている（例えば，Virtanen et al. 2012）。加えて，アメリカを対象とした研究では，長時間労働が仕事と家庭の問題に関する夫婦間の衝突頻度を増加させるという研究もある（Adkins and Premeaux 2012）。日本を対象とした研究でも長時間労働がメンタルヘルスを毀損させる要因となること，サービス残業など金銭対価のない労働時間の長さはさらに大きくメンタルヘルスにマイナスの影響を与えることが示され（黒田・山本 2014），また，日本の共働き夫婦を対象とした研究でも，長時間労働が自分自身とパートナー両方のワークライフバランスやメンタルヘルスに悪影響を及ぼすことが示されている（Shimazu et al. 2011）。

著者が日本で行った研究では，特に共働きかつ子育て世代の労働者が長時間労働により幸福度を大きく低下させていること，特に女性の場合はその低下が大きいこと，そしてどのような個人であっても労働時間が11時間を超えたところから一気に生活満足度が低下することが見出されている（鶴見ほか 2018）。

ところで，コロナ禍において，人と人との接触を減らすことを目的に在宅勤務（以下，テレワークとする）が多くの企業で実施された。2020年４月の緊急事態宣言が出されたときには，学校の休校も同時にあり，子どもの世話を自宅でしながら，仕事を自宅で行うという，日本ではいまだかつてない状況が発生した。テレワークにより通勤時間が無くなったことから時間に余裕が生じ，仕事と家庭の両立が可能になったという声がある一方で，もともとテレワークの仕組みがなかった会社の場合には，自宅でできる仕事に制約があり，思うように成果が出せず，しかし成果は要求され，というところでストレスを感じた可能性も考えられる。コロナ禍のテレワークが人々の幸福度に及ぼした影響はどうだったのだろうか。

テレワークの１つのメリットとして，通勤の必要がなくなる点が挙げられる。通勤については幸福度研究で幸福度に対する強いマイナスの影響があることが指摘されてきている（例えばClark et al. 2019）。すなわち，通勤そのものが人々のストレスとなっていること，通勤時間が長いことによって余暇時間が減少することで幸福度が低下する可能性が指摘されている。テレワークによって通勤に対するストレスがなくなることによる幸福度へのプラスの影響が存在する可能性が考えられる。他方で，通勤時間の減少によって生じた余暇時間をどのように過ごしたのかは人それぞれであろう。この時間的余裕が幸福度にどのような影響を与えたのかを考えるためには「余暇と幸福度の関係性」についての先行研究に注目する必要がある。

33カ国の調査データを用いた研究では，余暇が個人の幸福を基本的には増大させる傾向が示されている（Wang and Wong 2014）。しかし，当然のことではあるが，先行研究では余暇の「中身」が幸福度の増減に影響することも示されている。例えば，ドイツを対象とした研究では，友人に会うこと，運動をすること，休暇に出かけることは幸福度を増大させるが，個人の目的のためにインターネットを使うことやテレビを見ることは幸福度を低下させることが示されている（Schmiedeberg and Schröder 2017）。そのほか，幸福度を低下させる余暇としては「失望したコンサート」および「サービスが劣悪だったビーチリゾート」（Nicolao et al. 2009），あるいは，「自発的ではない義務的に行う経験」（Zhang et al. 2013）などが研究されてきている。以上のように，余暇については，当然のことながらその余暇活動の「中身」によって幸福度に対してプラスにもマイナスにも影響を及ぼすことがあると言え，単純にプラスの影響を有するとは言えないことに注意が必要である。

9.2　調査データ

コロナ禍では自宅や自宅周辺で過ごす時間が増大するいわゆる「巣ごもり」の状況となった人も多かったのではないだろうか。そのような状況において，コロナ禍における生活時間は幸福度にどのような影響を及ぼしたのだろうか。著者は，コロナ禍前とコロナ禍に，同一個人に対して独自のアンケート調査を行った。このデータを用い，本章では人々の生活時間と幸福度の関係性について検証を行う。コロナ禍における生活時間は人々の幸福度にどのような影響を及ぼしたのだろうか。

調査は第1回目の緊急事態宣言前の2020年3月（コロナ禍前）と，2021年3月（コロナ禍）に，同一個人に対して行った。調査対象は日本全国の男女3,215名で，調査会社のモニターを対象としたインターネットによるアンケート調査の回答データである。回答者の居住地域と年齢，性別は日本全国の人口分布，年代分布，男女比に合わせて回収している。不正回答などの無効回答を排除した有効回答数は2,748名であった。調査概要を表9－1に示す。なお，主観的幸福度は幸福度研究でこれまで用いられてきている「全体としてあなたはどの程度幸せですか」という質問に対して「5．大変幸せである」「4．まあ幸せである」「3．どちらとも言えない」「2．あまり幸せでない」「1．全く幸せでない」とする5段階評価である。

表9－1に示した内容に加えて，本調査では「先月1か月のことを思い出してください。ご自身が抱えていた心配事（ストレス要因）としてあてはまるものをお答えください。」という設問を設け，ストレス内容について把握している。表9－2にその回答結果をまとめている。数値は上記設問であてはまると回答した人の割合である。表9－2ではコロナ禍前の2020年2月時点とコロナ禍の2021年2月時点を比較して，あてはまると回答した人の割合が増大したものが表の上部にくるように示している。

あてはまると回答した人の割合が最も増大したものは「運動不足」であり

表９－１　調査概要

項　目	質問概要	備　考
主観的幸福度	全体としてあなたはどの程度幸せですか。	「５：大変幸せである」，「１：全く幸せではない」とする５段階評価
働き方	「テレワーク（在宅勤務）の実施状況，労働時間，通勤時間，家事時間」 ※2020年３月実施調査＝2020年２月について回答 ※2021年３月実施調査＝2021年２月について回答	テレワークの実施状況（先月の週当たり平均実施日数：日），労働時間（先月の平日の平均労働時間：時間），通勤時間（往復）（先月の平日の平均通勤時間：時間），家事時間（先月の平日の平均家事時間：時間）
余暇の過ごし方（自宅内14項目）	(1)テレビ（一人で）(2)テレビ（家族と）(3)動画配信視聴（一人で）(4)動画配信視聴（家族と）(5)ゲーム（一人で）(6)ゲーム（家族と）(7)ネットサーフィン・ネットショッピング (8)SNS (9)ビデオ通話 (10)音楽 (11)本・雑誌・漫画・新聞 (12)自宅内での運動(13)その他の趣味(14)オンラインの習い事・セミナー ※2020年３月実施調査＝2020年２月について回答 ※2021年３月実施調査＝2021年２月について回答	単位：先月の週当たり合計時間
余暇の過ごし方（自宅外11項目）	(1)外食する(2)旅行に行く（日帰り含む）(3)キャンプに行く（日帰り含む）(4)買い物をする（日用品の買い物を除く）(5)運動・スポーツをする，ジムに行く (6)公園に行く (7)映画館に行く (8)博物館・美術館に行く (9)動物園・植物園・水族館・遊園地に行く (10)習い事やセミナーに参加する (11)その他の屋外での余暇 ※2020年３月実施調査＝2020年２月について回答 ※2021年３月実施調査＝2021年２月について回答	単位：先月の週当たり合計時間
性　別	あなたの性別をお答えください	分析では女性ダミー（女性が１，男性が０）を用いる
ライフステージ	質問文「あなたのライフステージは以下のどれにあたりますか」 選択肢：1. 未婚，2. 結婚（子どもなし），3. 第一子未就学児以下，4. 第一子小学生，5. 第一子中学生，6. 第一子高校生，7. 第一子大学生，8. 第一子独立（就職・結婚），9. 末子独立（就職・結婚），10. 孫あり	分析ではそれぞれのダミー変数を用いる（未婚が基準）
年間世帯所得	あなたの世帯の年収（世帯全体での年収合計）はいくらくらいですか。手当・副収入・年間のボーナスも考慮に入れたうえで，税込み（税金が引かれる前の金額）でお答えください。	単位：百万円
主観的健康度	あなたの健康状態は総合的にみてどうですか。	４：良い，３：どちらかというと良い，２：どちらかというと悪い，１：悪いの４段階

4.66ポイント増，次に「将来への不安」3.46ポイント増，そして「健康」2.47ポイント増，「金銭面」1.60ポイント増が大きい。健康面と経済面でのストレスを感じた人の割合が増大していることが読み取れる。逆にストレスを感じた人の割合が減少したものとしては，「職場の人間関係」が1.56ポイント減，「公共交通機関の混雑」が1.31ポイント減，「仕事内容」が0.95ポイント減，「オーバーワーク・過労」が0.87ポイント減，「道路の渋滞」が0.25ポイント減であり，コロナ禍では仕事や通勤関連でこれらの点でのストレスを感じた人の割合が減少したことが読み取れる。在宅勤務，フレックスタイム等の柔軟な働き方により，これらの状況となった可能性が考えられる。仕事に関連して，「余暇時間の不足」が0.11ポイント減となっていることも，在宅による時間的余裕の確保が影響している可能性が考えられる。

人とのつながりに関するものとしては「孤独感」が0.87ポイント増，「親子関係」が0.47ポイント増，「恋愛関係」が0.11ポイント増，となっている。コロナ禍での巣ごもりの状況がこの結果を生み出した可能性が考えられる。加えて「居住スペース」が0.25ポイント増となっているのは巣ごもりに慣れていない日本独特の状況と考えられる。他方で，「親戚付き合い」は0.29ポイント減，「夫婦関係」「友人関係」「嫁・姑（婿・舅）関係」はそれぞれ0.11ポイント減となっており，かならずしも巣ごもりの状況が人々の関係性を悪化させたとは限らないことが示唆される。コロナ禍の人と人との距離感がストレスを緩和させた面もあった可能性がある。また，「介護」「育児」についてはそれぞれ0.58ポイント減，0.18ポイント減であり，介護と育児については巣ごもりによって生じた状況がプラスに働いた可能性が示唆される。

健康面では，大きな影響があったことが読み取れる。上述のとおり「運動不足」が4.66ポイント増，「健康」が2.47ポイント増と大きく増えており，そのほかにも「体形」と「睡眠不足」が1.24ポイント増，「病気・けが」が1.06ポイント増，「ダイエット」が0.98ポイント増となっている。感染への不安に加え，運動不足の状況がストレスにつながったことが読み取れる。

最後に，コロナ禍における巣ごもりの状況が影響したと考えられるものとして，「騒音」0.51ポイント増，「家事」および「周りのマナー違反」0.33ポイン

表9－2 ストレス内容

ストレス内容	2020年2月（%）	2021年2月（%）	増　減
運動不足	13.57	18.23	4.66
将来への不安	17.65	21.11	3.46
健　康	22.49	24.96	2.47
金銭面	19.00	20.60	1.60
政治・社会的な不安（年金・医療制度・治安など）	8.41	9.79	1.38
体　形	7.97	9.21	1.24
睡眠不足	10.12	11.35	1.24
病気・けが	11.72	12.77	1.06
ダイエット	5.49	6.48	0.98
孤独感（家族との死別・離別）	2.87	3.75	0.87
取引先との関係	2.47	3.02	0.55
騒　音	3.38	3.89	0.51
親子関係	7.24	7.71	0.47
その他	2.22	2.58	0.36
周りのマナー違反	5.31	5.64	0.33
家　事	3.09	3.42	0.33
居住スペース	3.46	3.71	0.25
恋愛関係	1.46	1.56	0.11
近所付き合い	4.29	4.26	−0.04
夫婦関係	7.24	7.13	−0.11
友人関係	2.07	1.97	−0.11
余暇時間の不足	6.40	6.30	−0.11
嫁・姑（婿・舅）関係	1.78	1.67	−0.11
育　児	2.33	2.15	−0.18
自然災害	3.64	3.46	−0.18
道路の渋滞	1.35	1.09	−0.25
親戚付き合い	3.17	2.87	−0.29
介　護	4.51	3.93	−0.58
オーバーワーク・過労	6.11	5.24	−0.87
仕事内容	29.33	28.38	−0.95
公共交通機関の混雑	3.60	2.29	−1.31
職場の人間関係	17.18	15.61	−1.56

（注）増減をもとに降順に並べている

表９－３　幸福度および主たる生活時間（平日）の平均値変化

項　目	サンプル数	2020	2021	増　減
主観的幸福度（１～５）	2,748	3.20	2.71	-0.49
テレワーク（日／週）	1,224	0.27	0.97	0.70
家事時間（時間／日）	1,224	0.79	0.84	0.05
通勤時間（時間／日）	1,224	1.14	1.06	-0.08
労働時間（時間／日）	1,224	7.26	7.25	-0.01
年間世帯所得（百万円）	2,748	6.62	6.49	-0.13

（注）主観的幸福度のみ全サンプル，他はフルタイムの回答者

ト増が挙げられよう。

次に，調査で把握している他の主要項目のコロナ禍前とコロナ禍の平均値変化を表９－３から表９－６に示す。表９－３には主観的幸福度，テレワークの状況，そして主要な生活時間（家事時間，通勤時間，労働時間）の平均値の変化を示している。テレワークの状況や主要生活時間についてはフルタイムで働く人にサンプルを絞った平均値を示している。

まず特筆すべきことに全サンプル平均でみたときに，主観的幸福度が大きく減少していることが読み取れる。コロナ禍は人々の幸福度を低下させた可能性がある。次に，フルタイムの回答者について，コロナ禍前の2020年とコロナ禍の2021年を比較すると，テレワーク（週当たりの日数）が増大していることが読み取れる。その影響もあると考えられるが，平日の家事時間（時間／日）については若干ではあるが増大，通勤時間については若干の減少がみられる。また働き方と幸福度の関係性についての先行研究のところで触れたように，テレワークによってむしろ長時間労働増大となる可能性もある。しかし，フルタイムの回答者平均でみると，ほぼ変動はなく，そのような傾向は平均値変化からは読み取ることができない。なお，年間世帯所得は平均的に13万円ほどコロナ禍で低下している状況が読み取れる。

表９－４は自宅での過ごし方に関する14項目の平均値変化である。14項目を増減で降順に並べている。ほぼすべての項目でコロナ禍前とコロナ禍とで比較して時間が増大している。このことは巣ごもりの状況により自宅で過ごす時

表9－4　自宅での過ごし方（週当たりの合計時間）

項　目（単位は全て「時間／週」）	サンプル数	2020	2021	増　減
動画配信視聴（一人で）	2,748	1.34	1.51	0.17
テレビ（家族と）	2,748	1.70	1.83	0.13
テレビ（一人で）	2,748	2.31	2.43	0.12
ネットサーフィン・ネットショッピング	2,748	1.94	2.04	0.10
音　楽	2,748	0.81	0.90	0.09
ビデオ通話	2,748	0.11	0.18	0.07
SNS	2,748	0.61	0.66	0.05
ゲーム（一人で）	2,748	0.59	0.64	0.05
動画配信視聴（家族と）	2,748	0.38	0.43	0.05
その他の趣味	2,748	0.91	0.95	0.04
本・雑誌・漫画・新聞	2,748	1.95	1.99	0.04
オンラインの習い事・セミナー	2,748	0.10	0.12	0.02
ゲーム（家族と）	2,748	0.12	0.12	0.00
自宅内での運動	2,748	0.91	0.90	−0.01

（注）増減をもとに降順に並べている。週合計なので平日と休日の両方を含む。

間が増大したことを意味していると考えられる。特に動画配信視聴（一人で），テレビ（家族と），テレビ（一人で），ネットサーフィン・ネットショッピングが14項目の中では相対的に増加時間が多く，そのあと，ビデオ通話，SNS，ゲーム（一人で），そして動画配信視聴（家族と）が増えていることが分かる。増えている項目はテレビ，動画，ネット，ビデオ通話，音楽，SNSなどメディア関連が多いことが分かる。

表9－5は自宅外での過ごし方に関する11項目の平均値変化である。11項目を増減で降順に並べている。表9－4の自宅内での過ごし方とは対照的に，巣ごもりの状況が影響し，全体的に時間が減少していることが読み取れる。ただし，公園，運動，キャンプなどアウトドアの余暇時間の減少が一定程度にとどまっているのとは対照的に，映画，買物，外食など屋内での余暇活動，そして移動を伴う旅行の時間が減少していることが特筆される。

表9－5　自宅外での時間の過ごし方（週当たりの合計時間）

項　目（単位は全て「時間／週」）	サンプル数	2020	2021	増　減
公園に行く	2,748	0.32	0.28	−0.04
運動・スポーツ・ジムに行く	2,748	0.86	0.81	−0.05
キャンプに行く（日帰り含む）	2,748	0.12	0.07	−0.05
習い事やセミナーに参加する	2,748	0.18	0.12	−0.06
その他の屋外での余暇	2,748	0.34	0.22	−0.12
動物園・植物園・水族館・遊園地に行く	2,748	0.19	0.07	−0.13
博物館・美術館に行く	2,748	0.23	0.09	−0.14
映画館に行く	2,748	0.34	0.15	−0.19
買い物（生活必需品除く）	2,748	1.19	0.99	−0.20
外食する	2,748	1.20	0.79	−0.41
旅行に行く（日帰り含む）	2,748	1.07	0.47	−0.60

（注）増減をもとに降順に並べている。週合計なので平日と休日の両方を含む。

9.3　分析方法および分析結果

さて，調査内容の概要は以上のようなものであるが，こうした状況は人々の幸福度にどのような影響を及ぼしたのであろうか。以上の状況と幸福度の関係性について明らかにするために，以下，重回帰分析を用いた分析を行うことで，コロナ禍が人々の幸福度に及ぼした影響について考えていきたい。

重回帰分析では主観的幸福度の決定要因を検証するために，被説明変数を主観的幸福度，説明変数を表9－2から表9－5に示した要素とした分析を行う[2)]。それぞれの重回帰分析の説明変数には幸福学の先行研究で重要な要因とされている個人的特徴（性別，ライフステージ，年間世帯所得，主観的健康度）を含めている。なお，テレワークについては男女別に幸福度への影響が異なる可能性を考慮するためにテレワークと女性ダミー[3)]の交差項[4)]も説明変数に含めている。また，地域別の新型コロナウイルスの感染状況による不安感や地域の特性をコントロールするために都道府県ダミー[5)]も説明変数に含めている。分

表9－6　推計結果（モデル1）

説明変数	係　数	説明変数	係　数
女性ダミー	0.089***	取引先との関係	-0.172*
結婚（子どもなし）	0.421***	騒　音	-0.118
第一子未就学児以下	0.633***	親子関係	-0.271***
第一子小学生	0.456***	その他	-0.225**
第一子中学生	0.506***	周りのマナー違反	0.036
第一子高校生	0.513***	家　事	-0.036
第一子大学生	0.324***	居住スペース	-0.099
第一子独立	0.428***	恋愛関係	-0.318***
末子独立	0.436***	近所付き合い	-0.095
孫あり	0.528***	夫婦関係	-0.383***
年間世帯所得	0.018***	友人関係	0.050
主観的健康度	0.547***	余暇時間の不足	-0.016
運動不足	0.061	嫁・姑（婿・舅）関係	0.001
将来への不安	-0.111***	育　児	-0.044
健　康	0.100***	自然災害	0.032
金銭面	-0.355***	道路の渋滞	0.048
政治・社会的な不安	0.065	親戚付き合い	-0.018
体　形	0.108*	介　護	-0.135*
睡眠不足	-0.019	オーバーワーク・過労	0.065
病気・けが	0.186***	仕事内容	-0.032
ダイエット	0.100	公共交通機関の混雑	-0.081
孤独感	-0.223***	職場の人間関係	-0.142***

（注）サンプル数は2,748，修正済みR二乗値は0.399である。数値は得られた係数である。***は1％水準，**は5％水準，*は10％水準で統計的に有意であることを意味している。ストレス要素については表9－2の増減率をもとに降順に並べている。紙面の都合上，都道府県ダミーの推計結果は省いている。

析の結果を表9－6（モデル1），表9－7（モデル2），そして表9－8（モデル3）に示す。得られた係数の値は，説明変数が1単位（説明変数ごとに単位が異なる）増大したときの被説明変数への影響を意味する[6)]。

最初に表9－6のモデル1について以下，結果を説明する。女性ダミーの係数は先行研究と同様にプラスで統計的に有意な結果が得られている。ここで，係数が0.089であることは女性のほうが男性よりも平均的に0.089ポイント主観的幸福度が高いことを意味している（主観的幸福度は5段階評価）。多くの諸外国で女性のほうが幸福度が高いことが確認されてきているが，その説明としては通常，仕事によるストレスが指摘されてきている。例えば，日本では主婦の幸福度が他の働いている女性と比較して高いことが指摘されてきている（鶴見ほか 2021）。他方で，女性の社会進出が進んだ北欧では男女の幸福度の差が見出せないことも，著者のフィンランドやスウェーデンを対象とした研究で明らかになってきている。日本における女性の社会進出が女性の幸福度にどのような影響を及ぼすのかについては注視が必要と言える。

次に，ライフステージに関する説明変数の結果であるが，得られている係数は表9－1に示した10のライフステージのうちの1つ目の独身と比較したものである。例えば，「結婚（子どもなし）」の係数の0.421は，「独身」の人と比較して「結婚（子どもなし）」のライフステージの人は主観的幸福度が0.421ポイント高いことを意味している。全て統計的に有意な結果となっている。さて，幸福度研究では年齢と幸福度の関係性について，年齢を横軸に幸福度を縦軸にしたときに，両者の関係はアルファベットのUの形を描くことが指摘されてきている。すなわち，若い世代と高齢世代が最も幸福度が高く，中年の世代は幸福度が相対的に低いということが多くの国で指摘されてきている。この中年の幸福度が相対的に低くなる理由としては，女性と男性の違いのところで説明したのと同様に仕事によるストレスが影響する可能性が指摘されてきている（鶴見ほか 2021）。ただし，日本では若年層は幸福度が単純に高いとは言えず，若年層の将来不安もあると考えられるが，10代後半から20代前半の幸福度が低くなっていることが指摘されている（鶴見ほか 2021）。表9－6の結果はこれら先行研究と整合する。具体的には，まず未婚が最も幸福度が低く，結婚（子どもなし）は未婚と比較して0.421ポイント主観的幸福度が高い。先行研究では結婚は幸福度に対して強いプラスの影響を及ぼすことが指摘されてきており，先行研究と整合する。

その後のライフステージであるが，係数の大きさをみると，子どもが生まれ，第一子未就学児以下で最も幸福度が上昇する。しかし，その後，第一子小学生で幸福度が下がり，第一子中学生および第一子高校生でも低下が続く。そして第一子大学生ではさらに低下することになる（ただし未婚よりは主観的幸福度が0.324ポイント高い）。これらについては思春期の子育ての難しさに加えて，学費の面での経済的負担が大きい可能性が考えられる。その後，第一子独立，末子独立，孫あり，と徐々に主観的幸福度が上昇していくことが読み取れ，子育てが落ち着くことで幸福度が増大していくことが読み取れる。

最後に年間世帯所得と主観的健康度は，先行研究と同様に統計的に有意にプラスの係数が得られている。健康は主観的幸福に対して最も大きい影響を有することが指摘されてきている。主観的健康度１ポイント当たり0.547ポイント主観的幸福度が上昇するという本研究の結果も，それと整合する結果と言える。

次に，本研究の主たる説明変数であるストレス要素についてみていく。表９－６では各ストレス要素を表９－２と同様の順番で並べている（コロナ禍前とコロナ禍での増減をもとに降順に並べている）。まず，「将来への不安（−0.111）」と「金銭面（−0.355）」が統計的に有意になっていることが分かる。両説明変数は表９－２で見たように，コロナ禍前とコロナ禍でストレスを感じた人の割合が増加したものであり，コロナ禍によって「将来への不安」と「金銭面」の面で幸福度が低下したことが指摘できる。特に金銭面のストレスは係数が相対的に大きく，影響が大きいと言える。コロナ禍での先行きの見えない状況や経済面での状況悪化が幸福度にマイナスの影響を及ぼしたことが分かる。

その他の大きく幸福度を下げる要因として特筆できるのは，人とのつながりに関係のある項目と言える。具体的には「孤独感（家族との死別・離別）（−0.223）」，「親子関係（−0.271）」，「恋愛関係（−0.318）」，「夫婦関係（−0.383）」であり，それぞれ主観的幸福度を大きく低下させていることが示されている。コロナ禍で人とのつながりが低下していることは主観的幸福度に大きなマイナスの影響を及ぼすと言える。ただし，「友人関係」「親戚付き合い」については統計的有意性が得られていない。

仕事関連では，「取引先との関係（−0.172）」，「職場の人間関係（−0.142）」で幸福度が低下することが示されている。ただし，「余暇時間の不足」および

表９－７　推計結果（モデル２）

説明変数	係　数
テレワーク（日／週）	0.006＊
テレワーク×女性ダミー	−0.011＊
家事時間（時間／日）	0.001
通勤時間（時間／日）	−0.016＊
労働時間（時間／日）	−0.001

（注）サンプル数は2,748，修正済みＲ二乗値は0.343である。数値は得られた係数である。＊＊＊は１％水準，＊＊は５％水準，＊は10％水準で統計的に有意であることを意味している。紙面の都合上，コントロール変数と都道府県ダミーの推計結果は省いている。

「オーバーワーク・過労」で統計的有意性が得られていないことは，テレワークなどで時間的余裕がある程度生じたことを意味しているのかもしれない。

意外な結果としては「健康（0.100）」，「体形（0.108）」，「病気・けが（0.186）」でプラスの係数が統計的に有意に得られていることが挙げられる。しかし，これらのストレスは健康に気を付けて生活をしたという解釈もでき，その結果として健康な生活に結び付き，幸福度が上昇している可能性が考えられる。

次に表９－７のモデル２について説明を行う。本研究の興味である主たる説明変数以外の説明変数については表９－６と同様の結果が得られているため紙面の都合上，結果を省いている。本研究の興味の１つである働き方についてであるが，テレワークについて，統計的に有意にプラスの係数（0.006）が得られている。しかし，すでに述べたように，家事や子どもの面倒をみながらのテレワークで苦しんだ可能性も考えられるため，テレワークと女性ダミーの交差項を含めている。交差項の係数はマイナスで統計的に有意な結果（−0.011）が得られた。したがって，男性はテレワークが主観的幸福度に対してプラス（0.006）の影響を及ぼす一方，女性は主観的幸福度に対してマイナス（−0.005）の影響を有することが明らかとなっている。これは在宅勤務において家事や育児あるいは介護などの負担が女性に集中してしまった可能性を示唆するものと考えられる。テレワークに関連して通勤時間については，先行研究と同様に主観的幸福度にマイナス（−0.016）の影響があることが見出されている。テレワークに

表9－8　推計結果（モデル3）

説明変数（単位は全て「時間／週」）	係　数
動画配信視聴（一人で）	0.005
テレビ（家族と）	0.040***
テレビ（一人で）	−0.018**
ネットサーフィン・ネットショッピング	−0.018**
音　楽	−0.017
ビデオ通話	0.001
SNS	−0.015
ゲーム（一人で）	−0.002
動画配信視聴（家族と）	0.017
その他の趣味	0.026**
本・雑誌・漫画・新聞	0.005
オンラインの習い事・セミナー	−0.001
ゲーム（家族と）	0.026
自宅内での運動	−0.016
公園に行く	0.019*
運動・スポーツ・ジムに行く	0.014*
キャンプに行く（日帰り含む）	−0.013
習い事やセミナーに参加する	0.019
その他の屋外での余暇	0.041*
動物園・植物園・水族館・遊園地	−0.021
博物館・美術館	−0.025
映画館	0.012
買い物（生活必需品除く）	0.020
外食する	0.005
旅行に行く（日帰り含む）	0.005

（注）サンプル数は2,748，修正済みR二乗値は0.349である。数値は得られた係数である。***は1％水準，**は5％水準，*は10％水準で統計的に有意であることを意味している。生活時間の各要素については表9－4および表9－5の増減をもとに自宅内と自宅外についてそれぞれ降順に並べている。紙面の都合上，コントロール変数と都道府県ダミーの推計結果は省いている。

よる通勤時間の減少は主観的幸福度にプラスの影響を与えていることが読み取れる。なお，家事時間と労働時間については統計的有意性が得られていない。

最後に，表9－8は生活時間に関する説明変数を含めたモデル3の推計結果である。表9－8でも，本研究の興味である主たる説明変数以外の推計結果については表9－6と同様の結果が得られているため，紙面の都合上結果を省いている。生活時間の各要素については表9－4および表9－5の増減をもとに自宅内と自宅外についてそれぞれ降順に上から下に並べている。まず自宅内の余暇活動についてであるが，表9－4で示したコロナ禍前とコロナ禍で時間が相対的に大きく増大したものについてみていくと，テレビ（家族と）の係数が統計的に有意にプラス（0.040）となっているのに対し，テレビ（一人で）の係数が統計的に有意にマイナス（-0.018）となっていることが特筆できる。先行研究で，テレビをみることは幸福度に対してマイナスの影響を与えることが指摘されてきたが（Schmiedeberg and Schröder 2017），一人で見る場合にはそれが該当するが，家族と見る場合には逆に幸福度が高まることが示唆されたことになる。このプラスの影響は先行研究では見出されてきていないことである。人とのつながりが幸福度にとって重要であることを示唆するものであると考えられる。また，ネットサーフィン・ネットショッピングでSchmiedeberg and Schröder（2017）と同様にマイナスの係数（-0.018）が得られている。コロナ禍でテレビやインターネットの余暇時間が増える中で，時間の使い方により幸福度に差異が生じたことが指摘できる。自宅内については「その他の趣味」について統計的に有意にプラスの係数（0.026）が得られている。巣ごもりの時間的余裕の中で自分の趣味を見つけ，その趣味に時間を割いたことは幸福度増大に寄与した可能性があると言える。自宅内については，他の説明変数は統計的有意性が得られていない。

次に，自宅外での余暇について，公園（0.019）と運動（0.014）で統計的に有意な係数がプラスで得られている。コロナ禍で増大したこれらの余暇活動は幸福度にプラスに寄与した可能性が見出されたことになる。緑との触れ合いや運動は幸福度にとって主たる決定要因とされており（Tsurumi et al. 2015; 2017; 2018），先行研究と整合的な結果が得られたと言える。自宅外ではそのほかに「その他の屋外での余暇」で統計的に有意にプラスの係数（0.041）が得られている。自宅内での「その他の趣味」と同様に，コロナ禍の巣ごもり時間で自分なりの趣味を屋外で見つけ，その趣味に時間を割いたことで幸福度増大に寄与した可能性があると言える。自宅外について，他の説明変数は統計的有意性が得られていない。

総じて，幸福度にプラスに寄与した余暇の過ごし方は，「自発的ではない義務的に行う経験」(Zhang et al. 2013) ではなく，自発的に行った経験であったのかもしれない。

9.4 コロナ後の働き方と余暇

本章ではコロナ禍の生活時間に注目し，コロナ禍前とコロナ禍でどのように増減したのか，そして幸福度にどのような影響を及ぼしたのかについて分析を行い，その結果を提示した。分析の結果，生活時間に着目すると，在宅勤務によって通勤時間が減少することにより幸福度が増大した可能性，そして余暇時間に余裕が生じたことで余暇活動による幸福度への影響が生じたこと，が明らかとなった。ここで，余暇活動の中身が重要であり，余暇活動の中身によって幸福度へのプラスの影響とマイナスの影響が分かれることも示唆された。加えて，在宅勤務については男性には幸福度にプラスの影響があった一方で，女性にはマイナスの影響があったことも示唆され，家事や育児，介護の負担が女性に集中している可能性が示唆されたと言える。さらに自宅での過ごし方については，幸福学でこれまで得られてきた社会関係資本 (Social capital) が幸福度の主たる決定要因である (Tsurumi et al. 2021)，ということが余暇時間の過ごし方においても影響していることが読み取れた。

コロナ後の生活時間はどのようなものになるのだろうか。巣ごもりで経験した働き方，余暇の過ごし方の変化により，これまで気づいていなかった幸福度を高めるための「秘訣」に気付いた人々も多かったのではないだろうか。本研究ではその要素を統計的に洗い出したことになる。しかし，コロナ禍の巣ごもりで明らかとなった幸せになるための秘訣を今後活かしていけるかどうかは，個人でどうすることもできない働き方の制約の問題，家事育児介護の負担の問題次第とも言える。他方で，余暇の「中身」については個々人が選ぶ余地があると言える。コロナ禍の巣ごもりで経験した幸福になるための秘訣を今後活かしていくことができるかどうかは，その意味で個人の選択次第と言える。制度面からも個人の選択の意味でも，本研究で得られた知見が，今後のより良い生活に役立てられることを祈りたい。

【注】

1）本研究の議論で用いる幸福度はsubjective well-being（SWB：主観的幸福）である。国際連合，経済協力開発機構，日本政府，その他多くの国や自治体で政策への活用が検討されている。SWBについてのより詳しい議論は鶴見ほか（2021）を参照されたい。

2）分析では説明変数同士の相関が強い場合に生じる多重共線性を回避するために，表９－２のストレス要素を含んだ説明変数としたモデル１，表９－３（主観的幸福度を除く）の要素を含んだ説明変数としたモデル２，そして表９－４と表９－５の要素を含んだ説明変数としたモデル３の３つの分析を行う。多重共線性の問題がないことを確認するために，それぞれのモデルについて各説明変数のVIF（Variance Inflation Factor）値を計算しているが，多重共線性の問題が発生しないとされる10を下回る値となっている。

3）「ダミー変数」とは量的ではなく質的な変数（例えば性別，子どもの有無など）について，あてはまる場合を１，あてはまらない場合を０とし，あてはまらない場合と比較してあてはまる場合に被説明変数にどのような影響があるのかをみるために用いるものである。

4）説明変数同士の交互作用（相乗効果）を考慮するのが交差項である。具体的にはテレワークダミーと女性ダミーの積を１つの説明変数として使用している。この交差項によってテレワークの影響を男性の場合と女性の場合に分けてみることができる。

5）47都道府県それぞれについてダミー変数を作成し，47個の説明変数を作成している。重回帰分析では比較対象とする１つの都道府県を説明変数から外し，46個の説明変数を用いる。得られた係数は比較対象とする都道府県（説明変数から外した都道府県）と比較して，どの程度，被説明変数が大きいかあるいは小さいかを意味する。

6）ダミー変数の係数は，ダミー変数が０の場合と比較して，１の場合に被説明変数がどの程度増減するのかを意味する。

参考文献

黒田祥子・山本勲 2014「従業員のメンタルヘルスと労働時間―従業員パネルデータを用いた検証－」RIETI Discussion Paper Series 14-J-020。

鶴見哲也・今氏篤志・馬奈木俊介 2018「労働時間が生活満足度に及ぼす影響―人工知能の活用方策に関する検討―」（分担）『人工知能・人工生命の経済学 ―暮らし・働き方・社会はどう変わるのか―』第11章，ミネルヴァ書房（編：馬奈木俊介）。

鶴見哲也・藤井秀道・馬奈木俊介 2021『幸福の測定―ウェルビーイングを理解する』中央経済社。

Adkins, C. L., Premeaux, S. F. 2012, "Spending time: The Impact of Hours Worked on Work-Family Conflict," *Journal of Vocational Behavior*, 80, 380-389.

Andersson, P. 2008, "Happiness and Health: Well-Being among the Self-Employed," *The Journal of Socio-Economics*, 37, 213-236.

Binder, M., Coad, A. 2013, "Life Satisfaction and Self-Employment: A Matching Approach", *Small Business Economics*, 40, 1009-1033.

Carroll, N. 2007, "Unemployment and Psychological Well-Being," *The Economic Record*, 83, 287-302.

Clark, A. E. 2001, "What Really Matters in a Job? Hedonic Measurement Using Quit Data," *Labour Economics*, 8, 223-242.

Clark, A. E., Diener, E., Georgellis, Y., Lucas, R. E. 2008, "Lags and Leads in Life Satisfaction: A Test of the Baseline Hypothesis," *The Economic Journal*, 118, 222-243.

Clark, B., Chatterjee, K., Martin, A. et al. 2019, "How commuting affects subjective wellbeing," *Transportation*, 47, 2777-2805.

Coad, A., Binder, M. 2014, "Causal Linkages between Work and Life Satisfaction and their Determinants in a Structural VAR Approach," *Economics Letters*, 124, 263-268.

Cornelißen, T. 2009, "The Interaction of Job Satisfaction, Job Search, and Job Changes. An Empirical Investigation with German Panel Data," *Journal of Happiness Studies*, 10, 367-384.

Frey, B. S., Stutzer, A. 2000, "Happiness, Economy and Institutions," *The Economic Journal*, 110, 918-938.

Geishecker, I. 2012, "Simultaneity Bias in the Analysis of Perceived Job Insecurity and Subjective Well-Being," *Economics Letters*, 116, 319-321.

Gerlach, K., Stephan, G. 1996, "A Paper on Unhappiness and Unemployment in Germany," *Economics Letters*, 52, 325-330.

Grün, C., Hauser, W., Rhein, T. 2010, "Is Any Job Better than No Job? Life Satisfaction and Re-Employment", *Journal of Labor Research*, 31, 285-306.

Kassenboehmer, S. C., Haisken-DeNew, P. 2009, "You're Fired! The Causal Negative Effect of Entry Unemployment on Life Satisfaction," *The Economic Journal*, 119, 448-462.

Knabe, A., Rätzel, S., Schöb, R., Weimann, J. 2010, "Dissatisfied with Life but Having a Good Day: Time-Use and Well-Being of the Unemployed," *The Economic Journal*, 120, 867-889.

Knabe, A., Rätzel, S. 2011, "Income, Happiness, and the Disutility of Labour," *Economics Letters*, 107, 77-79.

Maennig, W., Wilhelm, M. 2012, "Becoming (Un)Employed and Life Satisfaction: Asymmetric Effects and Potential Omitted Variable Bias in Empirical Happiness Studies," *Applied*

Economics Letters, 19, 1719-1722.

Millán, J. M., Hessels, J., Thurik, R., Aguado, R. 2013, "Determinants of Job Satisfaction: A European Comparison of Self-Employed and Paid Employees," *Small Business Economics*, 40, 651-670.

Nicolao, L., Irwin, J. R., Goodman, J. K. 2009, "Happiness for sale: Do experiential purchases make consumers happier than material purchases?," *Journal of Consumer Psychology*, 36, 188-198.

Schmiedeberg, C., Schröder, J. 2017, "Leisure activities and life satisfaction: An analysis with German panel data," *Applied Research in Quality of Life*, 12(1), 137-151.

Shimazu, A., Demerouti, E., Bakker, A. B., Shimada, K., Kawakami, N. 2011, "Workaholism and well-being among Japanese dual-earner couples: A spillover-crossover perspective," *Social Science & Medicine*, 73, 399-409.

Tsurumi, T., Managi, S. 2015, "Environmental Value of Green Spaces in Japan: An Application of the Life Satisfaction Approach," *Ecological Economics*, 120, 1-12.

Tsurumi, T., Managi, S. 2017, "Monetary Valuations of Life Conditions in a Consistent Framework: the Life Satisfaction Approach," *Journal of Happiness Studies*, 18(5), 1275-1303.

Tsurumi, T., Imauji, A., Managi, S. 2018, "Greenery and well-being: Assessing the monetary value of greenery by type," *Ecological Economics*, 148, 152-169.

Tsurumi, T., R. Yamaguchi, K. Kagohashi, S. Managi 2021, "Are cognitive, affective, and eudaimonic dimensions of subjective well-being differently related to consumption? Evidence from Japan," *Journal of Happiness Studies*, 22, 2499-2522.

Virtanen, M., Stansfeld, S. A., Fuhrer, R., Ferrie, J. E., Kivimäki, M. 2012, "Overtime Work as a Predictor of Major Depressive Episode: A 5-Year Follow-Up of the Whitehall II Study," *Plos One*, 7, 1-5.

Wang, M., Wong, M. C. S. 2014, "Happiness and Leisure Across Countries: Evidence from International Survey Data," *Journal of Happiness Studies*, 15, 85-118.

Winkelmann, R. 2009, "Unemployment, Social Capital, and Subjective Well-Being," *Journal of Happiness Studies*, 10, 421-430.

Winkelmann, L., Winkelmann, R. 1998, "Why are the Unemployed so Unhappy? Evidence from Panel Data," *Economica*, 65, 1-15.

Zhang, J. W., Howell, R. T., Caprariello, P. A. 2013, "Buying life experiences for the "right" reasons: A validation of the motivations for experiential buying scale," *Journal of Happiness Studies*, 14, 817-842.

（鶴見哲也）

第10章 コロナ禍における リスクコミュニケーションの成功例

10.1 はじめに

新型コロナウイルス感染症に対する各国の対応は様々であったが，ニュージーランドでは2020年3月19日に政府がまず国境を閉鎖した上で，6日後の25日には全国を対象としたロックダウンという緊急事態宣言を発令することとなった。ロックダウンは3月26日から4月27日まで続き，その後，段階的な緩和を5週間程度取り入れながら，同年5月30日に新たな感染者が0になった時点で，ニュージーランド政府は緊急事態を翌月の8日より完全に解除することを決断した（New Zealand Government 2021a）。ロックダウンに対する国民の協力を要請したニュージーランド首相であるジャシンダ・アーダーン（Jacinda Arden）は，政府の対策を「Go Hard, Go Early」（厳しく，素早く）作戦と名づけ，その作戦がニュージーランド国民だけでなく，世界中にも高く評価されるようになった（りん 2020）。

新型コロナウイルス感染症（以下，COVID-19という）の対策においては，国民に対する情報の伝達と共有が欠かせない。特に重要なのはリスクコミュニケーションである。日本の厚生労働省（厚生労働省 2021）が示すように，「リスクコミュニケーション」とは，社会を取り巻くリスクに関して，行政や企業，市民を含む関係者の間で情報や意見が相互に交換され，意思疎通が図られることをいう。つまり，リスクに関する情報をどのように発信して，その中で次に何をすべきなのかを明確にすることが重要だと言われる。

リスクコミュニケーションが成功している国の例として挙げられるのは，迅速な対応で国内への感染拡大を食い止めたニュージーランドである。そこで，本章ではニュージーランド政府から国民へ感染症対策に対する協力要請をする際，どのようなコミュニケーション手法を取り，何が効果的だったのかを検証していきたい。

10.2　COVID−19感染状況に関する情報発信のあり方

ニュージーランド政府が2020年3月19日に国境の閉鎖を発表した頃から，ニュージーランド民放局であるTVNZ 1のチャンネルおよび政府の公式Facebookページにおいて，記者会見を生放送で定期的に行うようになった。そして，ロックダウンを踏まえて，COVID−19に対する4段階の警戒システム（COVID-19 ALERT SYSTEM）を実施することとなった。以下は，各警戒レベルの内容説明である。

表10－1　COVID-19 警戒レベル

レベル4 ロックダウンする段階	スーパーやガソリンスタンド等のような必要不可欠なサービスを除き，学校・小売店など，全ての企業が閉鎖され，必要不可欠な外出が厳しく制約される段階である。
レベル3 制約する段階	必要不可欠な外出以外は，自宅に留まることが強く推奨される。商売やビジネスについては，顧客との接触を避けることができ，職場の衛生対策がきちんとできている場合は，再開しても良い。小売業や飲食業はオンラインや電話での販売に限定し，公共施設など人が集まりやすいところは閉鎖される段階である。
レベル2 減らす段階	小売店・飲食店や一般企業のオフィス，学校などが開放され，公共交通機関におけるマスクの着用が義務となる他，店舗内等でソーシャル・ディスタンスを保てない場合はマスク着用が推奨される段階である。
レベル1 備える段階	特段の制限がなく，全ての企業，学校，公共施設を再開することができる。また，集会の人数についても上限はない段階である。

出所:「History of the COVID-19 ALERT SYSTEM」URL: https://covid19.govt.nz/about-our-covid-19-response/history-of-the-covid-19-alert-system/（2021年12月3日更新）

ロックダウンの期間中は，記者会見が毎日13時から約30分間行われた。アーダーン首相と保健局長のアシュリー・ブルームフィールド博士（Ashley Bloomfield）の2人が毎日実施された記者会見を取り仕切り，会見の内容によっては保健相，経済相，労働相が説明することもあった。

毎日実施された定期的な記者会見の狙いは，第一にはリスクコミュニケーションと言えよう。ロックダウン中は，4段階の警戒システムの説明はもちろんのこと，ロックダウンに伴う教育チャンネルの導入，小売店や飲食店の休業，民間企業の在宅勤務への切り替えなどの対策について，その内容を明確に説明したり，政府による協力金支給の申請方法，日常生活上の制限状況などについても丁寧に説明した。それに加えて，特徴的な内容としては，毎日必ずCOVID-19の感染について，地域別，世代別の感染者数と感染ルートなどの詳細な報告があった（丸山 2020）。

定期的に行われた記者会見での説明は，どの関係者が担当しても透明性があり，わかりやすい言葉で行われたことにより，国民から高い評価が得られた。当然，企業の経営者など一部の国民からはロックダウンの期間が長すぎるといった不満の声もあったが，2020年4月に実施されたニュージーランド国内の調査によると，87％の人が政府のCOVID-19対策を支持していた（Ministry of Health 2021）。定期記者会見などでアーダーン首相のリーダーシップを表す発信力の1つとして，繰り返し使っていた2つのフレーズ，「Kia Kaha」と「Be kind」がキーフレーズになり，ポスターやネット上のバナーなどの媒体でよく使われ，後に大きな効果をもたらすものとなった。「Kia Kaha」はニュージーランドの先住民の言語であるマオリ語で「強くあれ」，「Be kind」は「優しくあれ」という意味で，こういった呼びかけは，国民全員で協力して，コロナ禍による困難を乗り越えようという姿勢として有効なものであった（りん 2020）。

10.3　協力要請の展開と課題

ニュージーランド政府が新型コロナウイルス対策において様々な協力を要請

する中で，情報発信と共有の仕組みがしっかりしていることは，国民に厳しい要請に応じてもらうために重要なことである。ここでは，その情報の発信と共有が効果的であった要因を考察する。

まず，前述したニュージーランド政府による定期的な記者会見が効果的であった理由は主に2つある。1つ目は，政府のリスクコミュニケーションの良さである。アーダーン首相はコミュニケーション能力と共感力に優れているリーダーという高い評価を国民から得られている。発言そのものが理にかなっていて，国民から信頼されているため，政府の協力要請に対して厳守する人が多い。2つ目は，パンデミック対応を効果的にするために必要となる科学とリーダーの指導力の一体化ができていることである。そういった意味で，科学的な知見を提供する保健局長のブルームフィールド博士の役割が大きい。日々の記者会見にて，アーダーン首相の隣に立って，COVID-19に関連する感染者の増加や，今後の展望，複雑な健康問題を冷静かつ明確に伝えることによって，政府の決定に納得できる国民が多くなった（BBC NEWS JAPAN 2020年4月22日）。

ニュージーランド政府が定期的に記者会見を実施する他に，テレビのCM，COVID-19専用のホームページなど，様々な情報発信ツールを用い，国民に正しい情報を素早く提供する仕組みは，2020年3月のロックダウン直後から始まった。その中で，非常に効果的なのはSNSの活用である。政府はFacebookの活用には特に力を入れ，国民がテレビだけでなく，同時にニュージーランド政府の公式Facebookページでも情報を閲覧できるようにした。また，政府として重要な発表を行う際に，COVID-19専用の公式Facebookページを活用することが多いものの，アーダーン首相が自らの公式Facebookページも活用し発信するなど，国民との間であらゆる発信源を用いて効果的にコミュニケーションを展開するようにした。

さらに国民との距離を縮める試みとして，自らの公式Facebookページにおいて，ライブ配信中に国民と直接に対話することを定期的に行ったことも特筆される。このようなSNSの活用は，実はロックダウンが始まる前日の2020年3月25日から行われており，普段着の姿で，首相官邸から配信するものであった。「自宅隔離の準備はどうか？」などの問いかけや，国民から寄せられる質問に一つ一つ答えていった他，国境閉鎖，移民政策，テレワークの仕組み，学校の休校，交通機関の制約，政府の協力金制度などをわかりやすく説明する姿勢が，国民による高い支持と信頼に繋がったと言えよう。初のFacebookライブ配信の閲覧数は540万人を超え，約500万人であるニュージーランドの全人口から考えると，国内はもとより国外からも観られたと思われる。また，5万件以上のコメントも寄せられ，首相に対する感謝のコメントが多かった（Malpass 2021）。

こういったリスクコミュニケーション活動の中で，他の国と違うアプローチも見られた。諸外国の多くは「COVID−19との戦争」＝“Fight Against COVID−19”を宣言したが，ニュージーランド政府は「COVID−19に対して団結」＝“Unite against COVID−19”というメッセージを強調し，国民に理解と協力の要請をしてきた。アーダーン首相が記者会見やFacebookライブ配信で繰り返してきたのは，「500万人のチーム」による団結というキーワードである。つまり，国民一人一人が協力し合えば，パンデミックを乗り越えられるというものである（THE STRAIT TIMES 2020）。このメッセージは定期的に実施された記者会見やFacebookライブ配信だけでなく，郵送によるチラシの配布やテレビCM，“Unite against COVID−19”専用のホームページやFacebookなどの媒体でも共有され，その結果，国民の間に深く浸透する思考パターンとして定着した。

また，団結方法の１つとして，早い段階から接触追跡アプリ「NZ COVID Tracer」も導入された。このアプリは店舗や公共施設などの入口に掲示されたポスターのQRコードを読み取ることで，利用者の行動を31日間記録し，感染した場合や濃厚接触者となった場合，アプリのデータを基に利用者に連絡するという仕組みになっている。個人のプライバシー保護と安全なデータ保管に配慮し設計されているため，ニュージーランド保健省に提供される情報は公衆衛生対策以外に利用されることはなく，ニュージーランドの多くの国民が利用している（New Zealand Government 2021b）。

このように，細かなリスクコミュニケーション対応を打ち出したニュージーランド政府が世界中に高く評価されるようになったことは言うまでもないが，その評価は団結力の強さと対策実施の速さが大きな要因といえる。2021年1月にオーストラリアにあるシンクタンクが各国のCOVID-19対応度をランキングした中でも，98カ国の感染者数，死亡者数，1人当たりの病床数のデータを指数化した結果では，日本が45位という順位に対して，ニュージーランドが首位を獲得していたこともその証拠の1つである。ニュージーランドのリスクコミュニケーションは，感染症対策において多くの国民の協力を得ることに寄与し，その方法は各国の手本となった（藤沢 2021）。

上述したように，「500万人のチーム」として団結力を高めようとしていたニュージーランド政府の積極的なリスクコミュニケーションの効果は，様々な形で現れている。その1つがボランティアの増加とその積極的な活動である。例えば，大学生によるボランティア活動が増加した。

南島にあるカンターベリー大学を拠点とする全国的に有名なStudent Volunteer Army（SVA）という団体が代表的な例である。この団体は2011年2月にクライストチャーチで発生した大地震の時に復興事業を手助けするために立ち上げられ，その後も産学連携を通じて，様々なボランティア活動を続けてきた。その結果，現在では，カンターベリー大学のカリキュラムで「サービス・ラーニング」という科目が1年生から履修できるようになった。この科目では，ボランティア活動を通じて市民としての社会貢献や行政との連携，政策立案と実施方法などを学ぶことができるため，SVA団体のメンバーが増加している（O‘Connell & O‘Steen 2020）。SVAでは，COVID-19によって職を失い生活が困窮した家庭のためにフードバンクの配達を行ったり，高齢者に対して生活援助を行うといったボランティア活動が非常に活発になった。その活動は，ニュージーランド国内の他の大学でも手本として注目を集め，ほとんどの大学で同様の活動を行うようになり，ボランティアが増え活発な活動が行われるようになった（University of Canterbury 2020）。

また，SVAは医療体制を支援する活動も行っており，クライストチャーチ市保健局のワクチンセンター12カ所でサポートスタッフとして大事な役割を果たしている。センターの日頃の運営に直結する業務を手伝ったり，不安を抱える高齢者がワクチンの順番を待つ間に話し相手になるというコミュニケーションを取ったりする活動も行うなど，コロナ以前のボランティア経験を活かす活動を多くの学生が行っている（Kenny 2021）。

こういった大学生の積極的な活動は，地域への貢献や市民に対する援助にとどまっていない。ニュージーランド有数の医学部を誇るオークランド大学（University of Auckland）とオタゴ大学（University of Otago）は，新型コロナウイルスに感染した大学生を対象に，獲得した免疫力の研究を行ったが，この研究には一種のボランティア活動という意識で参加した学生が多かったという（University of Auckland 2021）。このような学外でのボランティア活動は「500万人のチーム」として団結力に大きく貢献するだけではなく，学生たちにとっても良い経験として価値あるものになったであろう。

10.4　2021年の再ロックダウン

2020年の6月から2021年の8月までは，ニュージーランド全国でCOVID-19に対して団結することによって，諸外国に比べて自由な暮らしを送ることができた。しかし，デルタ株の感染が拡大し，2021年8月より，感染者の増加によって再びロックダウンをせざるを得ない地域（オークランド市・ノースランド地方など）とそれ以外に制限付きの生活を送らなければならない地域が出てきた。ここでは，その状況を解説し，再ロックダウンまでの経験をどのように活かせたかについて述べる。

2021年8月17日にオークランド市でデルタ株の感染者1人が確認され，その後に全国的なロックダウンに入った。2020年のロックダウンより制約の厳しいものに切り替えなくてはならなくなり，再ロックダウン初日の8月18日にアーダーン首相はFacebookライブ配信を即座に行った。頻繁に行ってきたFacebook配信という意味では珍しくなかった。首相としての仕事のスケジュールの合間をうまく工夫し，こまめに国民との対話を行う姿勢は変わらなかった。その配信の中で，2020年より国民に向けて実施してきた「Be kind（お互いに優しく）」という呼びかけも変わらず，定期的に実施される記者会見やFacebookライブ配信を通じて，アーダーン首相をはじめ，ブルームフィールド保健局長等の関係者は，感染者数の最新情報，接触追跡アプリの記録による細かな情報共有，ロックダウンに伴う厳しい制約などを丁寧に説明してきた。また，厳しい状況や制約に耐えながら，国民がお互いを助け合ったり協力したりすることに対して，たびたび感謝の言葉を述べる姿勢が変わらず目立った。このように，アーダーン首相が国民にとって身近な存在になることによって，協力要請に応じる人が多くなる効果が出ている（Malpass 2021）。

また，2021年12月より，それまで感染防止対策の枠組みとして政府が実施してきたCOVID-19の４段階警戒システムに替わる信号システム（Traffic Light System）という新しい制度が導入されるようになった。新制度の目的は，３段階の市中感染拡大防止対策として実施されるもので，グリーン，オレンジ，レッドというニュージーランドの信号色を表す呼び方で，状況に応じてレベルが上がる仕組みとなっている。この切り替えに対しても，ニュージーランド政府の丁寧な説明の仕方には変わりはない。以下は，各レベルの内容である（New Zealand Government 2021c）。

表10－2　信号システム

レッド レベル	入院患者数の対応が不可能なほど市中感染が拡大し，感染リスクの高い人々と逼迫した医療体制を守る対策が必要な状況である。公共施設の最大人数が100名，小売店などの対人距離が１mのルールに基づいた人数制限の営業，在宅勤務の推奨，学校などの公衆衛生対策実施の義務化が導入される。また，地域間の交通禁止規制は適用される可能性があるレベルである。
オレンジ レベル	市中感染が拡大し，医療体制の逼迫状態が現れるため，医療体制全体の資源はCOVID-19対策に集中する。感染リスクは高まるが，感染拡大の管理及び抑制ができる状態で，一定の人数制限や公衆衛生対策実施の義務化が導入されるが，地域間の交通禁止規制は適用されないレベルである。
グリーン レベル	市中感染と海外からの感染者がある程度存在する状況ではありながら，感染そのものは限定的で入院患者数の対応が可能である。外出制限はほぼなく，公共施設，小売店，職場，学校，野外イベントに行くことができるし，地域間の交通禁止規制は適用されないレベルである。

出所：「COVID-19 Protection Framework（traffic lights）」URL：https://covid19.govt.nz/assets/COVID-19-Protection-Framework/COVID-19-Protection-Framework-traffic-lights-summary-table.pdf（2021年12月６日更新）

ニュージーランド政府が現状に合わせたCOVID-19対策を素早く実施しようと努力する姿勢は変わらないが，協力要請に応じる国民の反応は全て良いものというわけではない。再びロックダウンに入ってからは，ニュージーランドの与党である労働党の支持率は2021年9月の時点で45％，アーダーン首相の支持率は55％まで下がっている。ワクチン接種に対する反対デモや警戒レベル設定の厳しさに不満を述べる声も増えてきた。こういった反応はCOVID-19に対する精神的疲労も影響していることも考えられる。とはいえ，政府のCOVID-19への対応が「良い」と評価している人が少なくはない。市場調査会社 UMRリサーチによると，国民が正しい方向に進んでいると評価する人は67％で，半年前の3月に実施した調査と比較して5ポイント上昇していることから，アーダーン政権とその対策を受け入れる効果が出ていることが分かる（Radio New Zealand 2021）。

10.5　結論と今後の課題

本章では，ニュージーランド政府のCOVID-19対策におけるリスクコミュニケーションを述べた上で，国民への協力要請をする際の戦略について検証した。以下に効果が大きかった点と今後の課題についてまとめる。

まず，リスクコミュニケーションにおけるニュージーランド政府の姿勢は感染症対策として様々な効果をもたらしている。まず，2020年3月より始まった最初のロックダウンから，定期的に実施されてきた記者会見に国のリーダーであるアーダーン首相が頻繁に出たことが大きいといえる。国民に対する数多くの協力の要請に応じてもらうために，リーダーにはコミュニケーション力が必要であることは言うまでもないが，アーダーン首相のコミュニケーションが公式な場に止まらなかったことも効果を生んだと言えよう。また，記者会見以外に，COVID-19専用のホームページの立ち上げ，Facebookのライブ配信など，SNSを効果的に活用し，大切な情報の他に様々なメッセージが国民に直接に伝わっている。さらに，ライブ配信中に，国民から寄せられたコメントや質問に対して，丁寧に，そして分かりやすく応じるため，国民にとって首相が身近な存在になっていることが分かる。そういったやりとりから伝わるリーダーの誠実さと思いやりを感じ取れるからこそ，国民が団結する気持ちを持つようになっていることが明らかである。

ロックダウンによる厳しい制約などに対して国民の理解と協力を得るために，もう1つ効果的だったのは，政府から発信される特定のメッセージである。世界中で共通している「COVID–19との戦争」＝“Fight against COVID–19”という宣言に対して，ニュージーランド政府は「COVID–19に対して団結」＝“Unite against COVID–19” というメッセージを選んだ。その結果，国民に対する理解と協力の要請に成功し，アーダーン首相が繰り返してきた「500万人のチーム」による団結が全国的に共有されるキーワードとなった。それに加えて，上述した接触追跡アプリ「NZ COVID Tracer」についても，店舗や公共施設などの入り口に掲示されたポスターのQRコードで，多くの国民が自分自身の追跡記録の協力を積極的に行うようになった。また，様々な援助を必要とする国民に対して，カンターベリー大学SVA団体のメンバーをはじめ，全国的な大学生ボランティアの活動も素晴らしい団結力の表れといえる。

一方，2020年6月より2021年の8月までは市中感染をゼロに抑えられたニュージーランドであったが，2021年8月中旬に市中感染者が出ると，再びロックダウンを実施することとなり，その頃から国民の政府に対する支持率が少しずつ下がるようになった。これは，それまで自由な暮らしを取り戻しつつあったことに対する反発と不安とも言えるが，上述したように，それでもアーダーン首相の指導力とコミュニケーション方法が高く評価されることにより行動規制に従う協力および団結の気持ちを再び発揮できたことに繋がった。

本章で述べてきたことから，結論として言えることは，まずCOVID–19対策の効果を生み出すためには，国民を守る計画と準備を実施することだけではないことである。国民に協力を要請するには，国のリーダーと政権の指導力とコミュニケーション力が試されることから，リスクコミュニケーションのスキルも欠かせない。その点において，ニュージーランド政府が示したように，重要な情報を正確に提供する定期的な記者会見や，国民と直接にコミュニケーションをとるためのSNS活用などは，協力要請に応じてもらうための成功の鍵になるものである。つまり，COVID-19対応力の秘策は単にしっかりした政策を打ち出すだけではなく，政府と国民との間に，信頼関係を築けるようなコミュニケーションも不可欠だといえる。今後は，こういったニュージーランドの成功例を参考に，COVID-19対策における他国のリスクコミュニケーションに焦点を当て，どのような効果や課題が出ているかを更に検証する必要がある。

謝辞

本章に関する研究の一部は，科研費（20K02978）および2021年度パッヘ研究奨励金I-A-2により実施されたものである。記して感謝いたします。

参考文献

厚生労働省　2021『リスクコミュニケーションとは』 URL: https://www.mhlw.go.jp/stf/seisakunitsuite/bunya/kenkou_iryou/shokuhin/syokuchu/01_00001.html（最終閲覧日：2021年10月13日）

藤沢緑彩　2021『新型コロナ対応力No. 1はニュージーランド!?秘訣は首相のコミュ力』光文社 URL: https://honsuki.jp/pickup/44234.html（最終閲覧日：2021年12月20日）

丸山さとみ　2020『英米メディアが絶賛，ニュージーランドが新型コロナウイルスを抑え込んでいる理由とは』NEWSWEEK JAPAN. URL: https://www.newsweekjapan.jp/stories/world/2020/04/post-93115_1.php（最終閲覧日：2021年8月21日）

りんみゆき　2020『コロナ対策で世界中が評価，ニュージーランド女性首相のコミュニケーションは何がすごいのか』PRESIDENT INC. URL: https://president.jp/articles/-/36093（最終閲覧日：2021年8月30日）

BBC NEWS JAPAN　2020『科学と共感力で「成功」NZに注目集まる各地でロックダウン緩和の動き』 https://www.bbc.com/japanese/52364479（最終閲覧日：2021年8月20日）

Kenny, L. 2021 "Covid-19: Student Volunteer Army swings back into action, helping people get vaccinated" Stuff Ltd. URL: https://www.stuff.co.nz/national/health/coronavirus/126166194/covid19-student-volunteer-army-swings-back-into-action-helping-people-get-vaccinated（最終閲覧日：2021年12月18日）

Malpass, L. 2021 "Jacinda Ardern is a great communicator, but clearly not everyone's listening" Stuff Ltd. URL: https://www.stuff.co.nz/national/politics/opinion/124400849/jacinda-ardern-is-a-great-communicator-but-clearly-not-everyones-listening（最終閲覧日：2021年9月10日）

Ministry of Health 2021 “COVID-19 Health and Wellbeing Survey” URL: https://www.health.govt.nz/our-work/diseases-and-conditions/covid-19-novel-coronavirus/covid-19-resources-and-tools/covid-19-health-and-wellbeing-survey（最終閲覧日：2021年11月1日）

New Zealand Government 2021a “History of the Covid-19 Alert System” URL: https://covid19.govt.nz/about-our-covid-19-response/history-of-the-covid-19-alert-system/（最終閲覧日：2021年9月12日）

New Zealand Government 2021b “How Contact Tracing Works” URL: https://covid19.govt.nz/languages-and-resources/translations/japanese/contact-tracing/how-contact-tracing-works/（最終閲覧日：2021年10月11日）

New Zealand Government 2021c “COVID-19 Protection Framework” URL: https://covid19.govt.nz/assets/COVID-19-Protection-Framework/COVID-19-Protection-Framework-traffic-lights-summary-table.pdf（最終閲覧日：2021年12月19日）

O'Connell, S. & O'Steen, B. 2020 “Creating a Framework for Global Citizenship and International Service Learning Studies: An Experiential Education Approach”『アカデミア』人文・自然科学編，第21号，南山大学，pp.139-154。

Radio New Zealand 2021 “Support for Labour steadies, concern about catching Covid-19 rises - UMR poll” URL: https://www.rnz.co.nz/news/political/451554/support-for-labour-steadies-concern-about-catching-covid-19-rises-umr-poll（最終閲覧日：2021年10月1日）

THE STRAIT TIMES 2020 “PM Ardern's online messages keep spirits up in New Zealand during coronavirus lockdown” URL: https://www.straitstimes.com/asia/australianz/pm-arderns-online-messages-keep-spirits-up-in-new-zealand-during-coronavirus（最終閲覧日：2021年10月25日）

University of Auckland 2021 “Volunteers needed for Covid-19 research” URL: https://www.auckland.ac.nz/en/science/our-research/research-study-recruitment/long-covid.html（最終閲覧日：2021年12月20日）

University of Canterbury 2020 “UC SVA launches nationwide COVID-19 initiative” URL: https://www.canterbury.ac.nz/news/2020/uc-sva-launches-nationwide-covid-19-initiative.tml（最終閲覧日：2021年11月10日）

（オコネル・ショーン）

第11章

新型コロナ感染症と国際協力・国際政治

11.1 はじめに

人類の歴史は，感染症との闘いの歴史である。すでに，旧約聖書の時代（紀元前11世紀ごろ）にも，ペスト（黒死病）の流行をうかがわせる記述がみられる（村上 1983：14-15）。ミュージカルや映画で有名なビクトル・ユーゴの『レ・ミゼラブル（ああ無情）』では，主人公ジャン・バルジャンが，傷ついたマリウスを背負ってパリの下水道の中を逃げる場面が出てくる。下水道の整備は，都市政策の一環としての衛生対策であるが，衛生対策とはとりもなおさず感染症対策であることを意味していた。ただし，19世紀初頭の段階で水あるいは汚水が，当時のヨーロッパ諸国で流行を繰り返したコレラの原因であるとは考えられていなかった（コレラ菌の発見は19世紀半ば以降のことである）。また，第一次世界大戦中，「スペイン風邪」と呼ばれて大流行したインフルエンザも，最初にウイルスが発見されるのは1934年であり，さらに治療薬が承認されるまでには約半世紀を要している。

これに対し，今回の新型コロナウイルス感染症（COVID-19）についてはどうか。2019年12月ごろ中国・武漢市で最初の感染者が報告された後，ほどなくウイルスが特定され，約1年後にはワクチンが実用化された。そしてさらにその1年後には，経口治療薬も開発された。これは明らかに医学や薬学を中心とした科学技術の進歩の賜物であろう。またそもそも，コロナウイルスは未知のものではなく，ヒトに風邪を引き起こすウイルスも4種のコロナウイルスであることが知られているし，2002年のSARS（重症急性呼吸器症候群）にせよ，2012年のMERS（中東呼吸器症候群）にせよ，それらの原因は，型こそ違うものの，いずれもコロナウイルスである。今回のウイルスが「新型」と呼ばれるのは，従来，ヒトへの感染はないとされてきたものが，何らかの契機でヒトへの感染力を獲得した点についてである。そのように考えると，純粋な意味での「未知のウイルス」ではなかったのである。

本章では，新型コロナウイルス感染症に対する，「国際社会の対応」あるいは「国際社会への影響」に焦点をあてる。人類の長い歴史の中で，感染症対策では，科学的知見の未熟さにもかかわらず，さまざまな取り組みが行われてきた。ウイルスやそれを媒介する生物（たとえばノミやネズミ）は，われわれが人為的に引いた国境のような境界線とは無関係に移動する。したがって，自らが所属する政治的な共同体（今日的には国家）の中で感染症を封じ込めればよいのではなく，周囲の共同体と共に封じ込めに成功しなければ，自らの共同体の安全・安寧も取り戻すことはできない。そのため，国境を越えた感染症対策は，しばしば国際衛生協力とも呼ばれ，複数の国家が互いに共通の目的や利益（感染症の予防，発生時の封じ込め，日常の経済社会活動への復帰）を実現する過程として理解されてきた。

しかし，新型コロナウイルス感染症を巡っては，初期の段階から，協力・協調よりも対抗・反目が目につく。また，ワクチンの開発に成功してからは，ワクチンの分配を巡って先進国と途上国の間の不公平な構図が露呈すると共に，先進国がわれ先に必要以上のワクチンを確保し（ワクチン・ナショナリズム），さらに一部では途上国を「囲い込む」手段としてワクチンを利用する動き（いわゆる，ワクチン外交）もみられる。新型コロナ感染症対策という地球規模での共通課題（グローバル・イシュー）の場に，むき出しの国際政治が持ち込まれているのである。

国際衛生協力であれ，それを巡る国際政治であれ，それは単に「国家間の（inter-national）」問題ではない。公私の研究・医療機関はもとより，国際連合（国連）や世界保健機関（World Health Organization: WHO）といった国際機構，製薬会社，途上国向けにワクチンを寄付したり，実際に現地で人道・医療支援を行う財団や民間の援助機関（いわゆるNGO）など，さまざまなアクター（主体）が，地球規模（グローバル）に，かつ，複雑に関与したりしているのが，現在の動きである。そのため，近年では，国際衛生協力ではなく，グローバル・ヘルスやグローバル・ヘルス・ガバナンス，グローバル保健ガバナンスという呼び方も定着している。いずれの呼び名であろうと，その目的は，単にワクチンや医療の提供にあるわけではない。感染症の拡大は，国際社会全体にさまざまな影響を与え，経済さらには防衛といった分野にも影響を及ぼす「グローバルな危機」であるという認識が共有されている（詫摩 2021：47）。また，感染症対策の究極的受益者は一人一人の個人であるという認識も定着した。後に見るように，健康は人の基本的権利の一つであり，各国政府はその実現に向けた第一義的な責任を負う。今回の新型コロナウイルス感染症に直面した国際社会は，「健康の実現」という観点から何を達成し，いかなる困難に直面したのか。以下，国際衛生協力の歴史も踏まえて検討したい。

11.2　国際衛生協力の枠組み

（1）伝染病・感染症対策の起源

世界のどこかで発生した病気が，自らの共同体に持ち込まれないようにするため，人々は「検疫（quarantine）」を制度化した。すでに14世紀には，イタリア北部の貿易都市（ヴェネチアやジェノヴァ）で，検査，隔離，移動制限，監視といった手段による検疫制度を設け，同様の取り組みは16世紀から17世紀にかけてヨーロッパ諸国に広がっていった（植木 2015：18，安田 2014：21）。日本でも，2020年２月から４月にかけてクルーズ船ダイヤモンド・プリンセス号を横浜港の沖合に停泊させた。それは新型コロナ感染症に対する検疫を実施するためであったが，感染が疑われる人や感染源となるネズミなどの動物が潜んでいるかもしれない荷物の上陸・陸揚げを認めないという感染対策は，原始的ではあるものの，今なお有効な手段である。

19世紀のヨーロッパでは，産業革命をきっかけに，アメリカ大陸，アジア，アフリカとの貿易が急拡大する。それはヨーロッパ諸国にとって経済的な利益拡大のチャンスであった一方，ヨーロッパ以外の地域で発生する疾病（主要なものとしてペスト，コレラ，黄熱病）がヨーロッパに持ち込まれるリスクも増大することを意味する。そこで，1838年にはコンスタティノープル（現在のトルコ・イスタンブール），40年にはタンジール（モロッコ），43年にはアレキサンドリア（エジプト）に国際衛生理事会と呼ばれる組織が設置された。3カ所とも港湾都市であり，ヨーロッパ諸国の船舶の寄港地であるから，ここで検疫や衛生上の措置を実施することは一見合理的に見える。その一方で，当時，オスマン・トルコ帝国は弱体化していたし，モロッコやエジプトはフランスとイギリスの強い影響下にあった。したがって，国際衛生理事会は，現在のわれわれがイメージする「国際協力」というより，ヨーロッパの大国が地理的な周辺地域に干渉的な影響力を行使するための手段として理解するべきであろう（最上 2016：39）。

その後，1851年にはパリで第1回国際衛生会議が開催される。この国際衛生会議は，その後1938年まで，断続的に14回の会議を開催した。国際衛生会議の目的は，検疫措置と衛生措置をめぐる各国の制度の調整であった。その後，1903年の第11回国際衛生会議では，国際衛生規約と呼ばれる条約が作成され，1907年には16カ国の批准を得て同規約が発効するとともに，公衆衛生国際事務局（Office International d'Hygiène Publique：OIHP）が設立された（安田 2014：24-26）。19世紀後半以降，ヨーロッパ諸国とアメリカを中心に，各国間での経済活動を円滑に進めるため，国際会議の常設化とそれを通じた条約の作成という仕組みが郵便・鉄道・電気通信・度量衡といった分野で見られるようになる。それらの「国際会議と会議運営を支える事務局」のことを国際行政連合と総称するが，このOIHPも国際行政連合の一つと数えることができる。

さらに第一次世界大戦後に設立された国際連盟には，国際連盟保健機関が設置され，伝染病・感染症に関する情報収集と発信に加え，医学・薬学関連の国際標準の作成といった活動も行うようになる。これらの活動を基礎として，第二次世界大戦後の1946年に設立されたのが，現在のWHOである。

（2）WHOの役割と限界

WHOの設立根拠であるWHO憲章の第1条には，WHOの「目的」として，「すべての人民が可能な最高の健康水準に到達すること」が掲げられている。この目的を実現するため，第2条ではWHOの任務として，22の項目が列挙されている。ここでは，新型コロナウイルス感染症と関連すると思われる項目を確認しておこう。まず，WHOは，「国際保健事業の指導的且つ調整的機関として行動すること」（a項）とされ，「各国政府の要請又は受諾があったときは，適当な技術的援助及び緊急の際には必要な助力を与（あた）えること」になっている（d項）。感染症対策という文脈では，「伝染病，風土病及び他の疾病の撲滅事業を奨励し，及び促進すること」（g項）が挙げられている。また，国際的な規範（ルール）の作成については，「国際的保健事項に関して，条約，協定及び規則を提案し，並びに勧告を行うこと並びにこれらの條約，協定及び勧告がこの機関に與え且つこの機関の目的に合致する義務を遂行すること」（k項）になっている。

第1条だけからは読み取りにくいが，第2条もあわせて読むと，WHOの主要な任務は調整であり，WHOによる援助や助力は，各国政府の要請や受諾があることを前提としていることが分かる。いいかえれば，WHOの側が積極的に各国に対して行動をとったり，WHOが作成した規範を各国に強制的に実施させたりすることは想定されていない。これは，WHOに問題があるわけではなく，国際社会の構造的な特徴の表れである。国家は，「主権」を有しており，他の国家や，国連やWHOのような国際機構からの強制的な命令に従う必要はない。稀に，強い権限をもった国際機構も存在するが，あくまでも国家がそのような権限を国際機構に与える，あるいは，あらかじめ国家の側が受け入れていることが前提である。そもそも国際機構は国家によって設立されるので，国家が自らの主権を包括的に制限するような権限を有する国際機構を設立することは考えにくい。もし，強い権限をもった国際機構の出現に反対するのであれば，そのような国際機構に加盟（参加）しなければよいのである。

WHO憲章に基づき，より具体的な国家の義務やWHOの任務を定めた文書として，「国際保健規則（International Health Regulation：IHR。現行の規則は2005年に採択されたので，IHR2005と表記される）」がある。今回の新型コロナウイルス感染症の発生に際しても，各国は，また，WHOは，IHR2005に基づいて行動する必要があった。たとえば，WHO加盟国は「公衆衛生上の情報をアセスメントした後24時間以内に，決定手続に従い自国領域内で発生した国際的に懸念される公衆衛生上の緊急事態を構成するおそれのあるすべての事象及びそれら事象に対して実施される一切の保健上の措置を，IHR 国家連絡窓口を通じて，利用できる最も効率的な伝達手段により，WHO に通報しなければならない」（IHR2005第6条1項）とされているが，発生初期の段階で中国が適切に通報しなかったのではないかという国際的な疑念が渦巻いた。

また，WHOの事務局長は，加盟国からの情報提供を受けた後，「当該事象が本規則に規定する基準並びに手続に照らして国際的に懸念される公衆衛生上の緊急事態を構成するか否かを認定する」（同第12条1項）となっているが，テドロス事務局長が中国に配慮して認定を遅らせたのではないかという批判もあった。そのような配慮が事務局長個人の判断であったとしても，WHOという組織全体のものであったとしても，WHOの目的達成や組織の統治（ガバナンス）という観点からみて不適切といわざるを得ないだろう。

また，WHOは，流行初期（2020年1月から3月の時期）における国際的な人の移動の抑制にも消極的であった。それはIHR2005が，国際交通及び取引に対する不要な阻害を回避することに軸足を置いている（第2条）こととも関係する。感染症の国際的な流行を阻止するために貿易やそれに伴う人の移動を制限することは，19世紀以来の手法である。しかし，そのことは，各国の経済あるいは企業の収益を圧迫する政策でもあり，伝統的に貿易制限的な措置を採用することに各国は慎重であった。また，IHRの改正時期が，21世紀初頭におけるさらなるグローバリゼーションの加速化の時期に重なったことも，移動の制限に対する慎重な判断に至った要因の一つとして指摘されている（秋山 2020：3）。2021年11月末に南アフリカで新たな変異株（オミクロン株）が検出されたことを受け，日本を含む各国がただちに南部アフリカ諸国からの入国を拒否するなどの旅行制限措置を課した。オミクロン株の感染力や毒性（重症化リスク）についての十分な科学的知見が得られていない段階での旅行制限措置は，一見すると合理的であるが，感染症対策の歴史の中ではむしろ異例でもある。

新型コロナウイルス感染症の発生とそれに伴うさまざまな混乱は，現在のグローバル・ヘルス・ガバナンスの脆弱性を露呈することになった。それを改善するため，2021年5月に開催された，WHOの最高意思決定機関である世界保健総会（World Health Assembly：WHA）では，WHOの権限強化策が議論されるとともに，感染症の世界的大流行（パンデミック）の際の情報共有やWHOによる現地調査権限を盛り込んだ，通称，「パンデミック条約」作成に向けた議論を開始することが合意された。しかし，11月の特別総会では，条約作成そのものにも反対する加盟国の存在が伝えられた（日本経済新聞2021年12月3日）。自国が感染症の発生源であり，それに対してWHOが強い権限を行使して現地調査に乗り出せば，それは自国の公共衛生政策の失敗として受け止められ，政府に対する国民の支持は失われることになるだろう。国際機構の権限を強化し，国際協力のネットワークを充実させることが望ましいのは確かであるが，現状においてはアメリカや中国，ロシアといった大国の間でそのような機運が共有されていないのである。

11.3 国際政治からみた新型コロナ感染症

（1）国際政治の構造

国際政治（あるいは政治そのもの）を的確に定義するのは，極めて難しい。ここでは，「自国が相手国より優位にあることを示す行為あるいは過程」といった程度で理解しておこう。では，なぜ自らを相手より優位であることを示そうとするのか。それは，そのことを通じて自らを支持してくれる国（友好国・同盟国）を獲得できるからである。優位性の基準は多様である。古典的には，軍事・政治・経済があげられてきた。政治的側面でいえば，民主的であるかどうか，人権を尊重しているかどうか，といった「価値」をめぐる問題も含まれる。これらの基準は，一般的に「力（パワー）」と呼ばれるが，近年では，ある国に文化的な魅力があるかどうかという「ソフト・パワー論」も有力である。

国際政治を実践する行為あるいは過程が，「外交」である。友好国に対して働きかけを行い，関係を強化しようと試みることが，外交の一例である。これに加え，外交を通じて，それまで関係が希薄だった国に接近し，自らへの支持を取り付け，新たな友好国を獲得することも，外交の目的である。外交は友好国のみに対して行われるわけではない。ライバル国との外交を通じて，決定的な対決を回避することも外交の重要な役割である。また，今日では二国間の直接的な外交だけではなく，国連やWHOといった場での国際会議を通じた多国間外交も重要な手段である。

新型コロナウイルス感染症の拡大初期においてはマスクが，また，ワクチン開発後はワクチンが，それぞれ外交の道具（ツール）として用いられた（マスク外交，ワクチン外交）。マスクやワクチンが外交の道具として通用することは，次のように説明できる（以下，ワクチンのみで説明する）。ある人がワクチン接種を受ければ，本人に加えて周囲の非接種者の感染リスクも低減できる。何らかの理由でワクチン接種を望まない（望めない）人も，周囲の接種率が上がることで自らの感染リスクを低減できる。しかし，ワクチンの供給量が限定的（稀少財）であれば，接種コストは上がるので，人々は接種をためらい，かえって供給量は下がることになる。そこで国家（政府）は自国の感染リスクを下げるための介入的政策（国費による集団予防接種など）を採ることになる。このような構図は，特定の一国だけではなく，世界中の全ての国に当てはまることから，ワクチンは国際公共財（グローバル公共財）として認識されることになる。

しかし，そのような介入的政策を採る能力を持たない国はどうか。ワクチンを安価に（できれば無償で）供給してくれる他国が現れてくれれば，まさに「渡りに船」である。ワクチンの供給を受けた国やその国民が，供給国とその国民に信頼感や親近感を抱くことは想像に難くないであろう。また，外交においては，一つの特定の課題（例えば，ワクチンの供給）が，他の課題と切り離されて取り扱われることは稀である。ワクチン供給をめぐる交渉の中で，他の軍事・政治・経済をめぐる問題を取り上げれば，供給国に有利な形で交渉は進むに違いない。

（2）中国・ロシアのワクチン外交

ワクチン外交を積極的に推し進めてきた国として，中国，ロシア，インドを挙げることができる。ただし，インドは，国内での感染再拡大により，一時は輸出停止に追い込まれている。ここでは，中国とロシアについてワクチン外交の手法について整理しておく。

新型コロナウイルスの発生源が中国であったこともあり，中国は当初から個人用防護服やマスクの供給に熱心であったが，ワクチンでも同様の動きを見せた。シノバック・バイオテック（Sinovac Biotech：科興控股生物技術）とシノファーム（Sinopharm：中国医薬集団）がワクチンを開発するとすぐに，アフリカや東南アジア諸国への供給を開始した。この時点で両社のワクチンは最終的な臨床試験を終えておらず，有効性やそれを裏付けるデータの信頼性には疑問もあったという（山田敦 2021：672）。

それでも中国は，中東・中南米諸国でもワクチン外交を推し進めていくほか，2021年7月には，ワクチンの国際的分配システムであるCOVAXに合計5億5千万回分を供給するという契約を，COVAXを運営するGaviワクチンアライアンスと締結した[1)]。それを伝える報道では，シノバックス製ワクチンの有効性に疑問があるとして，シンガポールは，同社製ワクチンを接種済みのデータから除外することを決定したこともあわせて伝えられている。

ロシアも，中国同様，最終的な臨床試験終了前に，「スプートニクV」の実用化に踏み切った。このスプートニクVが「世界初」のワクチンであり，そこにやはり世界初の旧ソヴィエト連邦（ソ連）製人工衛星の名を冠したところに，いかに科学技術政策にも国家の威信がかかっているか，また，国際社会に対して自国の技術力・開発力の高さをアピールすることがいかに重要か，が伝わってくるだろう。ロシアも中国同様，中南米諸国やアフリカに供給を開始するとともに，旧ソ連時代の勢力圏である東ヨーロッパ諸国にも供給した。

中国やロシアによるワクチンの供給先は，アメリカや西ヨーロッパ諸国と勢力を競っている地域・諸国が多い。東南アジア諸国の中には中国と領有権問題を抱える国がある一方で，政治的経済的に中国に近い諸国も存在する。それぞれの国に中国が働きかけを強めることで，領有権問題で相手国からの譲歩を引き出したり，関係をより強化しようとしたりする狙いがあるのだろう。このような動きは，単に供給先の国との関係だけが要因ではない。当然，中国なりロシアにとってライバルである国との関係で自らを有利な地位に付ける手段でもある。具体的にいえば，欧米諸国より早く低コストでワクチンを供給することが，自らの優位性を見せつけるにあたって鍵を握ることになる。

11.4　国際社会の構造的問題として

（1）協調と対立

COVID-19に限らず，感染症対策が単に「国家間の」問題ではなく，さまざまな企業，国際機構そして一人一人の人間に関わる「グローバルな」問題であることはすでに述べた。そのためには，まず，すべての国家が協力的・協調的に政策を調整する必要がある。では，今回の新型コロナ感染症対策において，なぜ国際協調がうまく機能していないという批判を受けるのだろうか。

まず，流行の初期段階におけるアメリカと中国の対立構造が挙げられる。両国の政治体制の差（民主主義体制と共産党による権威主義体制）もあるが，2019年末時点でのアメリカ大統領が「アメリカ・ファースト」と呼ばれる自国第一主義を掲げるドナルド・トランプであった，という個人的な側面も大きい（託摩 2021：49）。翌年の大統領選挙を見据えた自身への支持獲得のため，中国を感情的ともいえる表現で批判し，さらにワクチン開発を巡っても自国への供給を優先する姿勢を示した。このようなトランプの対応に，当然，中国も批判的に応じ，両国の対立はさらに先鋭化することになった。

このような自国の利益を優先するという姿勢の背景に，現在の国際社会において，グローバルなレベルでの国際協調の前提となるリベラリズムに基づく世界観が弱まっているという構造的な問題があることを見逃してはならない。リベラリズムとは，「人間は合理的で自らの理性によって進歩する存在だから，世界も理性によって改善できるはずだという信念」（中西ほか 2013：24）に基づいて国際社会を観察し，国際政治を理解する立場を指す。感染症がグローバルな脅威である以上，諸国は互いに協力して対処することが合理的であるし，理性的な対応だということになる。このようなリベラルな国際秩序が成立する条件として，次のような二つの場面が考えられる。一つは突出した大国が存在せず，相互に協力しなければ社会秩序が保てないという状況である。もう一つは，大国は存在するが，その大国がリーダーシップを発揮して他の諸国に協力を促す，という状況である。歴史的にみれば，リベラルな国際秩序が存在したとされる時期は，後者の構造が成立していた時期だと考えられる。

単純化すれば，現在の国際社会においては，アメリカのリーダーシップが後退し，中国やロシアがアメリカに挑戦する構図が成立している。2021年1月にアメリカ大統領がトランプからジョー・バイデンに交代したことで，アメリカの自国第一主義は若干緩んだようにも見える。しかし，アメリカ国内にも依然として感染者が存在する限り，国際協調だけを推進することはできず，アメリカの国際的リーダーシップも国内の感染状況次第ということにならざるを得ない。中国やロシアの「ワクチン外交」も，こうした国際協力体制のゆるみをついた動きだと理解することができる。

もっとも，大国間に対立関係が存在することが，常に国際協力の阻害要因となるわけではない。第二次世界大戦後の冷戦構造の下で，アメリカとソ連は，いずれもウイルスによる感染症である天然痘やポリオ（急性灰白髄炎または脊髄性小児麻痺）の根絶に向け，WHOを通じた協調政策を採ったことがある。その背景には，天然痘もポリオもアメリカでの感染者数は少なく，アメリカ国内でのワクチン需要は低く，他国に供給する余裕があった。その一方，アメリカの同盟国や，ソ連とその同盟国では感染の拡大防止が必要であった。アメリカは同盟国に加え，ソ連に対してもワクチンを供給することで，自国の優位性を示すことができる。また，ソ連も自らの同盟国にワクチンを供給することで，東側陣営の盟主としてやはり優位性を示すことができる。しかし，その結果として，冷戦構造が解消することはなく，むしろそれを強化する効果を持つものとして機能したのである（詫摩 2020：68-90，詫摩 2021：47）。

（2）「グローバル」であることの意味

われわれの生活の多くの場面は，外国（人）の活動に影響を受けている。日本では，2021年12月からワクチンの３回目接種が開始された。その一方，11月下旬時点での途上国でのワクチン接種率が５％にも満たないことが報道されている（読売新聞2021年11月24日）。「先進国での３回目接種」と「途上国での１回目接種」のいずれが重要か，という議論がある。しかし，企業活動のグローバル化を考えれば，途上国での接種の遅れが先進国での企業活動に悪影響を及ぼすことは容易に想像できるし，人の往来が減少することで航空会社に世界規模で大きな影響を与えていることも繰り返し報道されてきた。したがって，先進国か途上国かに関係なく，同じペースで接種が進むのが望ましいことになる。しかし，現実には先進国での接種が順調に進み，途上国での接種は進展しない。その理由は，国際社会に特有の構造的な「偏り」の存在で説明をすることができる。

まず，先進国と途上国の間での「富の偏り」がある。先進国はワクチンを購入することができるが，途上国では困難である。それを是正する仕組みの一つがCOVAXファシリティであることは述べた。しかし，仮に途上国がワクチンを調達できても，途上国の内部でもさらに「富の偏り」や「医療の偏り」が存在する。自費でワクチンを接種できるのは，途上国の中でも富裕層に限られるだろう。また，都市と地方で医療体制やワクチンの保管・運搬体制にも格差が存在するであろうし，その格差も途上国へ行けばいくほど激しくなるであろうことも容易に想像できる。また，感染症対策としてワクチン接種が必要であることを理解する前提となる，「教育の偏り」もある。初等教育さえ受けられず，文字の読めない人に接種を呼びかけるには，コストや手間がかかる。ポスターやパンフレットといった活字媒体での広報・啓発活動が行えないし，ましてインターネット環境も期待できないからである。さらに，「健康の偏り」あるいは「命の偏り」とでも呼ぶべき格差も存在する。先進国と途上国を比較すると，途上国の方が平均余命は短い。その理由はさまざまであるが，途上国にとって新型コロナウイルス感染症だけをことさらに予防しても，他の感染症などによる死亡リスクが減るわけではないので，途上国の人々にとってワクチン接種のインセンティブは働きにくくなる。もちろん，このような「偏り」は先進国でもあり得ることであり，感染症によるさまざまなリスクは貧困層を中心とした社会的弱者により大きなダメージを生む。

さまざまな「偏り」があるからといって，途上国での接種の遅れを放置することは，途上国の住民をさらに弱い立場に追いやるばかりでなく，その影響は先進国にも波及する。オミクロン株は南アフリカで最初に確認されたとされるが，その理由の一つに南アフリカでのワクチン接種率が低いことが指摘されている。2021年12月11日付日本経済新聞によれば，南アフリカでの接種率は25％でアフリカの中では高いものの，世界平均（49％）の半分程度であり，ウイルスにとって変異しやすい環境が依然として存在することが指摘されている。先進国の国民でも，何らかの理由で接種率の低い途上国を訪問することで感染のリスクが高まり，それを自国に持ち込むことは当然起こる。

国際社会では，21世紀に入ってユニバーサル・ヘルス・カバレッジ（UHC）という考え方を提唱し，その実現を目指してきた。UHCとは，「全ての人が適切な予防，治療，リハビリ等の保健医療サービスを，支払い可能な費用で受けられる状態」[2)]のことである。このような発想は，2015年に策定された「持続可能な開発目標（SDGs）」の中でも「目標3　すべての人に健康と福祉を」として採り入れられている。しかし残念ながら，すべての人が同レベルの保健医療サービスを受けられるわけではない。先進国と途上国，富裕層と貧困層とで，それぞれ利用・調達可能なサービスには差がある。グローバルな脅威であっても，それを取り除くための手段は偏った形でしか提供されない。その偏りを少しでも是正するためには，さまざまなアクターによる協力・協調が必然的に必要となるのである。COVID-19という新たな感染症は，国際社会に新たな問題を持ち込んだのではない。国際社会がそもそも抱えてきた構造的問題を，さらに深刻化させただけなのである（山田 2021：61）。SDGsのキャッチフレーズでもある「誰一人取り残さない（no one left behind）」という発想は，まさにその存在意義を問われているのである。

11.5　むすびにかえて

人類は，さまざまな感染症の脅威にさらされてきた。20世紀末から今日までに限ってみてもSARSやMERSに加え，HIV/AIDS（ヒト免疫不全ウイルスによる後天性免疫不全症候群），エボラ出血熱，新型インフルエンザ（H5N1型）といったものが新型感染症として挙げられるだろうか。感染症の原因となるウイルスをすべて撲滅することは不可能であるから，新たな感染症が発生するたびに，ワクチンを開発し，治療法を確立していくということが将来的にも必要になるし，それまでの間，移動の制限など一定の感染予防策を講じることになる。新型コロナウイルス感染症は，近年の新型感染症と比べて，文字通り世界規模に流行し，その感染スピードも速かった。それは，ウイルスの感染力の問題でもあるが，グローバル化による人の移動の増加という要因もあったはずである。人の流れを抑制することは感染拡大防止の一歩であると同時に，さまざまな経済活動に影響を及ぼし，日本でも個人レベルの雇用・収入に深刻な影響を及ぼしている。感染症は，単に「個人の生命・健康」に関わるだけでなく，個人を取り巻くすべての社会的な事柄（身近なところでは，在宅勤務やオンラインでの授業など日々の行動パターン）に影響を及ぼし，さらにそれが国際社会全体にも波及する。

感染症の発生と流行に対して，まず対応するのは各国政府である。しかし，感染症の特徴として一国のみでの対応ではなく，多国間での協調や協力があって初めて対応策は有効になる。この点は，地球温暖化問題や海洋プラスチック廃棄物のような環境問題と構造的に似ている。しかし，これらの環境問題が個人の日常生活にどのような影響を及ぼしているかについて具体的に実感しにくいのに対し，感染症の場合，自らが患者になることで，または，感染予防策として行動に制限が課されることで容易に影響を実感することになる。各国の，あるいは，国際社会全体としての新型コロナウイルス感染症対策が成功したのか，失敗に終わったのかを結論付けることは早計である。日本のワクチン接種も初動では出遅れが批判されたが，アワ・ワールド・イン・データ（Our World in Data）の2021年12月９日現在の統計では人口の78％が2回の接種を完了したとしているので[3)]，一定の成果は達成したといえるだろう。他方，いわゆる第５波は沈静化しているものの，外国との往来を中心に現時点でもさまざまな制約があり，収束に向けた道筋がついたわけではない。

今回の新型コロナウイルス感染症をめぐる国際社会としての取り組みでは，大国間の対立と本来であれば調整役となるはずのWHOをはじめとした国際機構の機能不全に注目が集まることになった。WHOの機構改革や権限強化，あるいは，それに伴う加盟国の義務の強化が検討され始めてはいるものの，結論を得るにはまだ時間がかかる。国際機構の機能不全を是正するためには，加盟国の合意を必要とするし，その前提として大国（特にアメリカ，中国，ロシア）の協力関係が（再）構築される必要がある。しかし，国際政治の常として，大国間にはさまざまな対立要因があるので，感染症対策についてだけ協力関係が成立するということはあり得ない。また，途上国への支援に積極的な先進国も存在する一方で，逆に途上国は先進国に対して支援を求めてばかりであるという不満も存在する。同様の構図は，地球温暖化対策などの地球環境問題においても見られる。

冒頭にも記したように，「健康の実現」は個人の権利あるいは尊厳といった価値に関わる問題の一つである。しかし，そのような価値を一人一人の個人の力で実現することはできないため，人は共同体を構成し，共同体内部での協力・協調を通じて達成することを学んできた。現在の地球において，そのような共同体の基本単位が国家である。個々の国家の内部での協力や協調はある程度実現されるのに対し，国際社会の場合にはそれがなかなか達成されない。その原因は，それぞれの国家はそれぞれ独立であり，他国の干渉を受けないという意味での「主権」を持っているから，という国際社会に特有の構造に求めることができる。では，この国家の主権を否定すれば，問題は解決するのだろうか。残念ながら，現実はそれほど単純ではない。もし国家の独立を否定し，他国による干渉を許せば，国際社会は弱肉強食の世界となり，武力によって相手を屈服させようという動きが活発化するであろう。今日の国際社会において，国家間の「戦争」がほとんど発生していない一方で，内戦（国内紛争）が絶えないのは，国家がお互いの主権を尊重し，かつ，戦争を禁止する規範（武力不行使原則，という）が守られていることの証明である（内戦を禁止する直接的な規範はない）。このことによって，戦争がない，という意味での平和は比較的保たれている。

その一方で，人類が感染症によるリスクから自由ではないということを，今回，我々は思い知らされた。人類が戦争以外のさまざまなリスクから自由となることを目指す考え方に「人間の安全保障」というものがある。この考え方は，1994年に国連開発計画（UNDP）が初めて提唱したものであり，日本政府はこれを途上国向けの政府開発援助（ODA）政策の柱に据えている（「人間の安全保障」に関する入門的書物に〔長 2021〕がある）。感染症を含め，「人間の安全保障」の実現に向けては国際社会のさまざまなアクターによる協働と連帯が必要であるが，そのためには大国を含む多国間での協調的な行動が前提とされる。新型コロナウイルス感染症が最初に確認されてからの２年余の間，残念ながらそのような協調的関係が再構築される兆しは見られていない。協調的関係が修復される好機が訪れるのを，今しばらく待つしかないのだろうか。

【注】

１）CNNホームページhttps://www.cnn.co.jp/world/35173835.html（最終閲覧日：2021年12月11日）。

２）厚生労働省ホームページhttps://www.mhlw.go.jp/stf/seisakunitsuite/bunya/0000158223_00002.html（最終閲覧日：2021年12月11日）。

３）https://ourworldindata.org/covid-vaccinations?country=OWID_WRL（最終閲覧日：2021年12月11日）。

参考文献

秋山信将　2020「新型コロナウィルス対応から見る世界保健機関（WHO）の危機対応体制の課題」，https://www.jiia.or.jp/column/challenges-for-WHO.html.html（最終閲覧日：2021年12月11日）。

植木俊哉　2015「国際組織による感染症対策に関する国際協力の新たな展開」『国際問題』第642号，17-27頁。

植木俊哉　2015「国際組織による感染症対策に関する国際協力の新たな展開」『国際問題』第642号，17-27頁。

長有紀枝　2021『入門人間の安全保障』中央公論新社。

託摩佳代　2021「感染症への国際的対応の歴史」『国際法外交雑誌』第120巻第１・２号，42-51頁。

詫摩佳代 2020『人類と病』中央公論新社。
中西寛・石田淳・田所昌幸 2013『国際政治学』有斐閣。
村上陽一郎 1983『ペスト大流行：ヨーロッパ中世の崩壊』岩波書店。
最上敏樹 2016『国際機構論講義』岩波書店。
安田佳代 2014『国際政治のなかの国際保健事業：国際連盟保健機関から世界保健機関，ユニセフへ』ミネルヴァ書房。
山田敦 2021「ワクチン外交とグローバル・ヘルス・ガバナンス：パンデミック宣言から1年」『一橋法学』第20巻第2号，1-28頁。
山田哲也 2021「国連総会とCOVID-19：SDGsとの関係を中心に」『国際法外交雑誌』第120巻第1・2号，52-62頁。

（山田哲也）

第12章

インドのロックダウンに関する総合政策学的な一考察

12.1　はじめに

インドにおける新型コロナウイルス感染症の流行や対策は，二度にわたり世界的な注目を集めた[1)]。一度目は，インド国内でも検査陽性者がやや増えだした2020年3月下旬にいわば予防的に実施されたロックダウンである。世界最大規模とも評された突然のこの強い措置により，生活手段や移動手段を失った都市出稼ぎ労働者の苦境などが広く報道された[2)]。二度目は，それから約1年後に生じた第2波と呼ばれる感染の爆発的拡大である。2021年4月から5月にかけて新規陽性者数が1日当たり30万人を超える状況となり，火葬場や医療用酸素の不足状況に加え，デルタ株と後に呼ばれる変異株による感染拡大であることなどがやはり世界的に広く報道された[3)]。その後，6月から急速に鎮静化し，執筆時（2021年10月）では1日当たり約2万人の新規陽性者数で推移している[4)]。

1918年からいわゆるスペイン風邪が世界的に流行した際に，1,000万人以上という格段に多数の死者を記録した地域は，現在のインドにおおむね該当する南アジア地域であった[5)]。今回のインドの経験も，スペイン風邪の際の歴史と比較しつつ検討することから導き出せる含意があるかもしれない。ただし，感染の拡大や鎮静化についての考察には，人体の免疫のしくみやウイルス自体の疫学的な分析に加えて，居住形態や生活習慣，医療アクセスなど様々な要因について学際的な検討が必要となるだろう。こうした諸問題を包括的に扱うことは筆者の専門と能力をはるかに超える。

本章では，インドで新型コロナウイルス感染症対策として実施された政策，特にロックダウンについて，総合政策学的な観点から検討を加える。政策に関しては一般にその目的と手段が適切かを検討することになるが，いずれについても合憲性ないし適法性の問題を含む内容と手続の問題と，その効果と副作用に関わる有効性の問題が存在し，また，それらの問題が相互に連関してもいる。本章の目的は，インドの新型コロナウイルス感染症対策に関するこれらの論点の構造を明確化すること自体にある。具体的には，人権間の摩擦，社会グループ間の利害対立といった平時にも潜在している複雑な関係の束を，インドの事例に注目して考察する。

12.2　問題の基本的な構造

インド出身の世界的にも著名な法学者であるバクシは次のように述べる。「個人と社会全体の生き残りだけがグローバルなパンデミックの管理において最重要であり，そこではすべての憲法的な価値は二次的なものになるのだろうか。それとも，基本的な人権を侵害してはならないということは，新型コロナウイルス感染症対策にもあてはまるべきだろうか」[6)]。

新型コロナウイルス感染症対策として多くの国で実施された外出や移動の制限といった措置は，感染を抑制し人命の損失を防ぐことを目的とする手段である。同時に，そのような措置は，人類が歴史的に獲得してきた移動や集会の自由などの個人の自由を制約する。また，移動の制限といった対応は負の経済的影響を伴う可能性が高く，とりわけ貧困層は生活手段を失い生命の危機に晒されかねない。このようなせめぎ合う矛盾が，全人口比で２割あまりの貧困線以下の人口を抱えるインドでは，実際に深刻な問題として現れた[7)]。つまり，新型コロナウイルス感染症対策は，生命や自由といった人権間の複合的な緊張関係を，顕著に前景化させる性質をはらんでいる。

そのほかの憲法的な価値，特に統治機構に関する側面としてバクシが示唆している問題は，感染症という危機への対策における行政の裁量権の拡大傾向，あるいはそれらを受容しやすくなる社会的傾向である。近代に確立された議会民主制社会は，統治権力による個人の自由に対する侵害を抑制するため，立法，行政，司法の三権が相互にチェックしあう権力分立を基本とする。特に法の支配という観点から，国民の自由を制限する場合には議会の定める法の内容と手続が適正であること，そのような立法や行政活動が司法による統制に服することなども重要となる[8)]。衛生危機を含め緊急の危機が迫るというような事象が生じた場合，個人の自由を制限する措置を含む，政府による対応の社会的要請が重層的に強まり，行政権の強化あるいはその裁量の幅の拡大を進める傾向がある。このことは権力分立により個人の権利を擁護するしくみを基本とする統治システムを明に暗に揺すぶる可能性がある。世界最大の民主主義を誇るインドにおいても，平時には認められないような移動や集会の自由を制限する措置が実施され，またそのような措置によって著しい負の影響を被る社会グループのための救済策や経済対策も要請された。このように感染症対策は，行政権の在り方やそれに対する社会認識の変化という問題をも惹起している。

12.3　ロックダウンとは

コロナ禍を契機として「ロックダウン」という言葉が広く用いられるようになった。ケースによって全土封鎖，都市封鎖などと訳されているが，その意味は国ないしケースごとあるいは論者ごとに異なり，その定義や根拠法を整理しておくことが議論の出発点となる。インドでもロックダウンという言葉が使われているが，少なくとも既存の法律にはそのような言葉は存在しない。

新型コロナウイルスの感染が広がり始めると，ナレンドラ・モディを首相とする中央政府は，2020年3月19日に，22日の7時から21時までの自主的外出禁止を全土的に行うことを指示し，続いて3月24日には，「本邦の，中央政府直轄地を含むすべての州，すべての県，すべての市，すべての村，すべての道，すべての土地はロックダウンのもとにおかれる」と，翌日から21日間のロックダウンに入ることを宣言した[9)]。同日に，中央政府はロックダウンの内容を示すガイドラインを発し，これにより，政府機関や商業施設，工場，教育機関の閉鎖などが命じられ，さらに飛行機，鉄道，道路による移動なども原則として禁止された[10)]。

新型コロナウイルス感染症対策に関連する用語としては，ロックダウンのほか，外出禁止令（curfew），検疫期間（quarantine），隔離（isolation）がある[11)]。既存の法令に用いられている用語は検疫期間と隔離であり，例えば1954年インド航空機（公衆衛生）規則（Indian Aircraft (Public Health) Rules, 1954）などに使われている。

これに対して外出禁止令とは，1973年刑事訴訟法典（Code of Criminal Procedure, 1973）の144条に定められた権限のいわば通称である。同条は，一定の状況下で，一定人数以上の集会を禁止し，あるいは決められた時間につき外出を禁止して屋内に留まることを義務付けるなどの権限を州政府に与えている。つまり，この権限は必ずしも外出禁止とイコールではない。その主旨はテロや内乱などに対して法秩序を保つためのものであり，短期間の措置で対象地域も狭いことを想定した規定である。

他方でロックダウンとは，今回のコロナ禍の中で政府が採用した措置を便宜的に表現したものであるように観察される。そのおおよその意味は，不可欠の財・サービスへのアクセスを除いて人々の自由な移動を制限して自宅に留まるよう促すもので，上述の外出禁止令と比較すると長期であり，対象地域も広いというイメージを伴って用いられている。ただし，その具体的な内容につき一義的なロックダウンの定義があるわけではない。政府機関，商業施設，工場，学校の閉鎖や飛行機，鉄道，道路による移動の制限などが課される場合にこの言葉が用いられている。では，中央政府の指示したロックダウンや州政府の類似の対応は，どのような法的枠組みに基づきその内容が定められ，どのようにその法的効力が担保されているのだろうか。

12.4　感染症に関する法的枠組み

（1）憲法の枠組み

インド憲法は第三編に「基本権」を定めている。その19条1項d号は「インド領内を自由に移動すること」と移動の自由を，19条1項b号は「平和的かつ武器の携帯なく集会すること」と集会の自由をそれぞれ全ての市民が享受する基本権として定めている[12)]。また，21条にて「何人も，法律の定める手続によらなければ，その生命または人身の自由を奪われない」と規定している。さらに13条2項は基本権を「奪いまたは制限する法律は制定してはならず，本項に違反して制定される法律は，その限りにおいて無効」と定め，32条および226条により，基本権を実効あらしめるため，国民は最高裁判所（最高裁）あるいは高等裁判所（高裁）に直接訴える権利を保障され，最高裁と高裁は適切な指令や命令を発する権限を付与されている。

移動や集会の自由を制限することは，これらの憲法において保障された基本権を制限することであり，その制限を正当化する法的根拠が必要となる。集会と移動の自由については，それぞれ憲法19条3項および5項により合理的な制限に服するとの定めがある。また，非常事態宣言が352条により発された場合には，19条は停止される（358条）。

生命および人身の自由を定める憲法21条は，様々な新しい権利を基本権として認める包括的な権利として，とりわけ1980年代以降は機能してきた[13)]。もともと同条は刑事手続における人身の自由を保障するものと狭く解釈されていたが，1978年および1981年の最高裁判決で同条は人間としての尊厳をもって生きる権利（生命への権利）の保障を含むものとして再構成されたからである[14)]。これらの判決以降，政府が立法にあたって実現に努力すべきと規定されている憲法第四編に定められた「国家政策の指導原則」の様々な対象を，「生命への権利」に包含される基本権とする判決が次々に出されることとなった。例えば，健康，食料，生活手段，教育，プライバシー，環境の権利などが，この生命への権利に含まれる基本権であると判示されてきた。この21条に基づく権利については，非常事態宣言中であっても政府は訴えを停止することはできない（359条）。

つまり，ロックダウンにより，貧困層の生活手段や就学者の教育機会が制限されることになれば，ロックダウンは，移動の自由などのいわゆる「国家からの自由」を意味する基本権だけでなく，「生命への権利」に包含されることになったいわゆる「国家による自由」を意味する社会権的な権利群としての基本権を侵害することにもなる。

さらに，こうした基本権を保障し，あるいは制限する主体が，インドは連邦制を採用しているがゆえに問題となる。憲法上，公衆衛生に関わる立法権については基本的には州政府にあり，州際的な問題が関わる場合にのみ中央政府に立法権がある（憲法246条，第七附則）。中央政府と州政府の行政権の関係については，基本的にはこうした立法権限の配分に基づき制定される連邦および州レベルそれぞれの法律により役割が定められることになる。

コロナ禍に対して中央政府は非常事態宣言を発することはできなかった。なぜなら，非常事態宣言を発する要件が，戦争，外患，武装反乱の場合に限られているからである（憲法352条）[15]。つまり，広範な内容を含む生命への権利は制限できず，移動や集会の自由は合理的な範囲で法律に基づく制限は可能であるが，感染症についての立法権限はおもに州にあるということが，憲法に基づく整理ということになる。

（2）関連する議会制定法の枠組み

以上のような憲法上の枠組みの中で，感染症対策に関連する法律ないし法律の規定がいくつか存在する[16]。まず，刑事法上の規定として，1860年刑法典（Indian Penal Code, 1860）の269条（生命に危険な疾病の感染を広めうる過失行為に対する罰則），270条（生命に危険な疾病の感染を広めうる悪意ある行為に対する罰則），271条（検疫期間の違反に対する罰則）がある。そのほか公衆衛生に限られるわけではないが，同法典の188条（公務員により公布された命令に従わない場合の罰則），そして1973年刑事訴訟法典の133条（生活妨害の除去に関する命令）も関係する。

これらの刑事法関連の規定で対処できないような感染症の対策を定める法律

として，1896年にボンベイ（現ムンバイ）で発生したペストに対処するために急遽制定された英領時代の法律，1897年伝染病法（Epidemic Diseases Act, 1897）がある。同法2条は既存の法律の規定が伝染病対策に不十分であると思料する場合，州政府は伝染病を統制する必要な措置をとることができると規定し，伝染病対処のために行政に広範な裁量を授権している。同法3条は，2条に基づく政府の措置に従わない者に1860年刑法典188条の罰則が適用されることを規定している。

もう1つ重要な法律が，2005年災害管理法（Disaster Management Act, 2005）である。同法は，地震や洪水などの災害に対して行政がとりうる措置を定めるものである。その3条は全国災害管理機関の設置を中央政府に授権しており，首相が同機関の議長となる。同様に，州レベル（14条），県レベル（25条）の災害管理機関の設置権限が州政府に授与され，それぞれのレベルでの災害対策のプランの策定権限を規定している。さらに，これらの機関のもとにそれぞれ実施委員会が設置され，プランの策定を補助するほか，同委員会には必要な場合には交通や人の移動を制限する権限が与えられている。そのほか同法のもとで発された指示に従わない場合の罰則が規定されている（51条から60条）。この中にはソーシャルメディアを統制する手段も含まれている。このように同法も行政に災害時における広い裁量権を与えるものである。

ただし，1897年伝染病法は伝染病統制の権限を基本的に州に付与するものであり，2005年災害管理法は感染症や伝染病ではなく災害に対処するために制定されたものである。また，前述した1973年刑事訴訟法典144条も外出禁止の根拠となりうるものであるがこれも州の権限であり，かつ感染症や伝染病を想定した規定ではない。したがって，非常事態を宣言することができないなかで，中央政府が統一的なロックダウンを展開することは法的整合性という観点からは困難であり，また，憲法上の立法権限の配分から新たな立法措置を連邦レベルで採用することにもハードルがあったことが分かる。

12.5　行政による新型コロナウイルス感染症対策の展開と司法

（1）ロックダウン関連政策の展開

それでも，モディ政権は世界最大とも称されたロックダウンを2020年3月の時点で実施した。では，どのような法的根拠でそれは実施され，正当化されているのか。

州レベルでは，ウッタル・プラデーシュや西ベンガルなどのいくつかの州は，2020年3月上旬の時点で1897年伝染病法に基づき，感染区域の設置や移動の禁止を行った[17)]。他方で，中央政府は感染症対策の根拠法を欠く中で，2005年災害管理法を用いて，3月14日に新型コロナウイルスの感染状況を「公示上の災害（notified disaster）」とする解釈を告示した[18)]。つまり，中央政府は，コロナ禍に対して災害管理法を適用するという法解釈をなしたのである。そのことを前提に，3月24日のロックダウンは，同法に基づき，全国災害管理機関が必要な措置を中央政府および州政府に取るように命じ，全国実施委員会がロックダウンに関するガイドラインを発し，そのガイドラインに沿って州政府は伝染病法，災害管理法および1973年刑事訴訟法典144条の権限を発動するという形で「ロックダウン」が実施された[19)]。このように，おもに災害管理法，伝染病法，刑事訴訟法典の関連規定を連動させてロックダウンはその内容が形成され，またその法的効力が担保されるものとなっている。その後，現在に至るまでこの法的枠組みのもとで対応が行われており，より被害が深刻化した2021年の第2波についても，中央政府は全国一律にロックダウンを指示することはなかったが，各州の展開したロックダウンの法的根拠はこの枠組みに基づく。

次に問題となるのは，ロックダウンのいわば負の影響を軽減するための措置である[20)]。まず，中央政府は，ロックダウンを宣言した直後の2020年3月26日に，およそ8億人の貧困層を対象として1人当たり5キロの穀物を3カ月間無償支給すること，貧困層女性約2億人を対象として月500ルピー（約750円）を3カ月間給付することなどを柱とする対GDP比で1％ほどの1兆7,000億ルピー規模の対策を発表した[21]。また，当初21日間とされていたロックダウンが延長される中で，中央政府は5月に「自立したインド」という新たな政策イニシアティブを発し，約20兆ルピーの対策を改めて示した。内容としては，中小企業に対する担保不要のローンや，出稼ぎ労働者に対する配給支援などであった。さらに10月には需要喚起をねらう「自立したインド2.0」，11月には「自立したインド3.0」として，それぞれ7,300億ルピー，2兆6,500億ルピーの経済対策が発表された。11月の対策内容には，中小企業支援の延長や雇用インセンティブのほか，自動車や次世代電池，医薬品など10の主要分野に対する5年間の生産連動型インセンティブが盛り込まれるなど，産業政策的な性格が色濃いものとなっていた。より深刻な状況となった2021年の感染拡大後はじめて中央政府が経済対策を発表したのは6月であり，規模はおよそ6兆ルピー，その内容はこれまでの政策を踏襲するものである[22]。

（2）ロックダウン関連政策に対する司法統制

このような政府の対応をめぐっては，当然ながら様々な議論や評価がある。まず問題となる論点は，ロックダウンの法的根拠である。この点，2005年災害管理法を用いて，憲法上の非常事態を宣言せずに中央政府が州の管轄事項につき指示をする状況にあり，例えば，現地では「突然の対処で，中央政府は災害管理法を用いて州の権限を奪取した」と論評されるなど，法的にはかなり強引ともいえる措置と受け止められたことが伺える[23]。災害管理法はそもそも洪水などの短期間かつ地域の限定された措置を想定しており，中長期的かつ全国的な基本権の制限を想定しているわけではないからである。また，モディ政権は州政府と事前に協議することなくロックダウンを実施したという手続的な議論も存在した[24]。そのほかにも，ロックダウンという対応は，憲法や災害管理法などの法律の趣旨を厳格に考えるならば，結果的に憲法の規定にない事実上の緊急事態になっており，必要性は法にまさる，という状況に陥ってはいないかという批判もある[25]。

ロックダウンや経済救済措置の有効性という論点も重要である。2020年3月下旬の実施当初には21日間とされたロックダウンは，何度かの期限延長後に6月頃から緩和されていったものの，結局9月頃まで感染拡大は続いた。そのため，一方でロックダウンが感染拡大を防いだとはいいがたく，他方で社会的弱者層に対する救済措置は不十分であり，とりわけ労働者はその基本権や労働法上の権利を著しく侵害され，苦境に陥れられて放置されたに等しい，といった厳しい批判も少なくない[26)]。感染の爆発的拡大をみた第2波についても，モディ政権は安易な楽観論を示して感染拡大を招来したのみならず，医療崩壊の状況にも十分な対応を取らず，特に貧困層は医療アクセスもないままに見放されたというような批判もある[27)]。

こうした個々の論点に関する批判が妥当か否かは別の機会に考察するほかなく，ここではこうした批判があることを念頭に，行政の活動がどう制度的にチェックされているかを検討しておく。行政により展開された新型コロナウイルス感染症対策が適法かあるいは適切か否かをチェックする回路のうち，特に重要な機関が司法である。行政の作為不作為につき法的な効力をもって司法は判断できるからである。インドでは1980年代以降，社会的弱者層のために世界にもまれにみる司法積極主義が公益訴訟と呼ばれる訴訟形式を通じて司法により展開されており，ここでは，行政権による対策にどのような姿勢を司法がとったのかということを中心に整理しておく[28)]。

すでに触れたように，憲法は基本権の侵害がある場合には国民が直接に上位裁判所（最高裁，高裁）に訴えることを認めており，また，このような訴えを扱う憲法上の権限を公益訴訟の展開の中で司法自らが強力なものに変容させていた[29)]。例えば，裁判所が自ら訴訟を開始する権限がこの管轄権に含まれるとの解釈を打ち立てていた。それゆえ，新型コロナウイルス感染症問題についても，基本権に関わる重要な問題が存在すると思料すれば，上位裁判所が自ら訴訟を開始することが可能であり，実際に開始された。さらにその訴訟の手続や終結も，当事者間の権利関係を裁断するという基本的な司法の枠組みを超えて，中間的な命令を次々に発し，しかも当事者以外にも影響する法律のような判決や命令を発することもこの権限には含まれるとの判例が確立していた。

当初のロックダウンの時期のおもな論点は，出稼ぎ労働者など社会的弱者層への負の影響，つまり，彼らを苦境に追い込みかつ感染しやすい状況に陥れているのではないかという問題，こうした状況は憲法違反ではないかということであった。このような訴えにつき，最高裁は，基本的に行政への謙譲的な姿勢を維持した。当初は，食事や宿泊所を提供しており道に困窮した出稼ぎ労働者などいないとする政府側の主張を認め，後に政府が出稼ぎ労働者の困窮を認めると最高裁も追随したものの，政府の措置に代わる命令を出すことはできないとした[30)]。なお，全国的なロックダウンが実施される直前に，州政府により学校の閉鎖が行われた2020年３月中旬の段階で，最高裁が自ら開始した訴訟がある。その事例では，新型コロナウイルス感染症対策が重要だとしても，学校の閉鎖に伴う昼食提供の停止が子どもや母親の栄養状況を損ねることは認められず，対策を行うよう中央および州政府に対して命じている[31)]。

高裁レベルでもいくつか興味深い事例が存在する。例えば，オディシャ高裁は，市民の自動車による移動を原則として禁止する州の措置は非合理で障害者や女性には負担であり改めるべきと2020年４月上旬に命じている[32)]。ボンベイ，グジャラート，カルナータカの各高裁は自ら訴訟を開始するなど行政活動のチェックに乗り出し，例えば，カルナータカ高裁は，出稼ぎ労働者問題につき，出身地へ帰る交通費を州政府に提供するよう命じている[33)]。また，グジャラート高裁は，パンデミックに対する公立病院の不準備に対する改善策など広範な命令を出している[34)]。デリー高裁は，ハリヤーナー州が実施した医療関係者のニューデリーとの移動の禁止を問題とし，これを受けて州政府は禁止を緩和する措置をとった[35)]。そのほか，ケーララ高裁は，州政府の新型コロナウイルス感染症追跡アプリに関するプライバシーの権利の侵害問題を取り上げ，これを受けて州政府が関連企業との契約を打ち切るなどのことも生じている[36)]。さらに，グジャラート高裁には，ロックダウンは法の根拠なしに自宅軟禁を命じ，また社会的弱者層を危険に陥れたもので，違憲で権限踰越であると宣言することを求める公益訴訟が提起されている[37)]。

2021年４月頃の第２波においては，冒頭で触れたように，医療用酸素が不足するなどインドの医療インフラが麻痺する状況になった。この状況に対しても，上位裁判所はやはり自発的な訴訟開始など公益訴訟の形で介入している。例えば，デリー高裁は，ほぼ毎日ビデオ審理を開いて，酸素シリンダーの供給と配分に関する病院の訴えを扱い，中央や州政府に様々な命令を発した[38)]。最高裁も2021年4月22日に，ワクチン調達，酸素の配分，医療インフラ状況に関する訴訟を自らの発意に基づき始めている[39)]。この訴訟で，最高裁は，行政の判断を後知恵により批判する意図はないと述べながら，なぜ司法が介入するかを正当化して次のように述べている。「最高裁は，選択された政策措置が合理性の基準を満たしているか，明らかな恣意性を伴って実施されていないか，全ての人々の生命への権利を守っているかを判断する権限を行使し続ける。最高裁は，このパンデミックに対処することに関連する憲法上の問題を，様々な関係者が提起することのできるフォーラムを提供するため，対話的な管轄権（dialogic jurisdiction）を現在行使している」[40)]。

司法が新型コロナウイルス感染症問題により制限を被る諸権利の擁護のために，「対話的管轄権」なる概念を創出し，これを行使して関係者の対話の場を提供するという主旨を前面に出しながら，積極的に関与していることが分かる。ロックダウンそのものの合憲性問題について直接に判断を下した事例は調査した範囲では見受けられないが，上位裁判所は，様々な行政の作為あるいは不作為を合理性の基準などで審査することを宣明しており，また例えば州際移動の規制などロックダウンの一部の措置の取消しなども命じている。つまり，個人の自由の制限や権利保障について，行政の措置を司法はチェックしており，また明示的には言及していないものの，それらの措置を，目的と手段の関係につきバランスを求めるという広い意味でのある種の比例原則に基づき審査していると考えられる[41)]。ただし，以上のような司法の介入の仕方が行政の裁量権の拡大という社会全体としての流れにどの程度影響するものであるかは，そのための評価の機軸を考え別途検討する必要があろう。

12.6　おわりに：若干の考察

本章では，インドにおける新型コロナウイルス感染症対策をロックダウンという措置におもに焦点をあてて整理した。その結果，平時であれば曖昧な形で併存している諸価値のベクトルの違いが前景化していることが分かる。具体的には，少なくとも，人権間の摩擦，自由と民主の相克，社会グループ間の利害対立を看取することができる。つまり，ロックダウンなどの感染症対策は，人間の体を伝染病の感染源として捉え，そうした人間の体の集合体を管理して感染の広がりを抑える手段として法や政策を検討するという思考枠組みに基づくことになる。これに対して，感染者も含めて個人は人権を保持する主体であるという思考枠組みが対峙し，ロックダウンという措置に不可避的に付随する相互に絡み合ったいくつかの論点が浮かび上がったということである。

第一に，ロックダウンという措置は，人権と人権の摩擦を惹起している。インドの法体系に即した言葉で述べるならば，ロックダウンは国民の生命を感染症から守ること，すなわち生命への権利を保障することを目的とする手段である。同時に，その手段によって移動の自由など個人の自由が制限され，また貧困層など一定社会グループに属する人々の生命への権利が脅かされる可能性がある。さらには教育を受ける権利といった生命への権利に含められてきた基本権も制約されている。ある政策措置により生じるこのような権利間の摩擦を理論的かつ実証的に捉えることが，目的と手段についてその合憲性や適法性，合理性を検討する前提となる。

第二に，行政主導のロックダウンという措置の実施は，自由と民主の相克を浮き彫りにしている。ノーベル経済学賞受賞者であるハイエクは次のように述べている。「自由主義……は，民主主義的であるとないとにかかわらず，すべての政府の強制力を制限することに主たる関心を向けてきた」[42] のに対し，「民主主義はおそらく制約された政府の最善の形態であろうが，もしそれが無制約的な政府に変質するならば馬鹿げたものとなる」[43]。このように自由主義と民主主義を峻別する観点からは，ロックダウンや監視的措置など複合的に行政の裁量権が拡大される傾向は，自由と民主のバランスの懸念される揺れとして映ることになろう。インドでも，司法が行政による新型コロナウイルス感染症対策についてチェックを及ぼしている事例はあるものの，法的根拠に少なからず疑義が呈される形でロックダウンを中央政府が主導したこと自体に，行政の裁量権の拡大傾向が現れているように看取される。また，近年ヒンドゥ至上主義的な政治による多数者支配や社会的分断の傾向が強まっているという指摘もあり，この傾向と新型コロナウイルス感染症対策による行政権の拡大傾向との関係という論点も存在する[44]。

第三に，こうした人権と人権の摩擦，自由と民主の相克は，社会グループにより政策の影響が異なることと関連しており，ロックダウンという政策はとくにその傾向が著しいと考えられる。インド出身でノーベル経済学賞受賞者のセンは，飢饉の研究で，個々の主体が入手しあるいは自由に用いることができる財や権利の集合を意味する「エンタイトルメント（権原）」という概念を用いて，全体としての食料生産が十分に足りているにもかかわらず飢饉が起きた原因を分析し，飢饉により損なわれた権原の内容と程度が社会グループごとに違うことを示した[45]。この視角を敷衍するならば，ロックダウンにより生じる権原の崩壊の内容やその程度が，どう社会グループごとに異なるのかと分析を進めることになる。インドの文脈でも，例えば出稼ぎ労働者について，自己労働に基づく権原がどの程度失われ，それゆえに必要なものを手に入れる交換の権原がどの程度崩壊し，またもともと脆弱な社会保障による権原を経済対策が補えたのか，などが問われることになろう。社会グループごとにロックダウンの影響がどう異なるかを慎重に検討することが，関連する様々な対策の適切さを評価する出発点となるのではないだろうか。

問題の構造を把握して，新型コロナウイルス感染拡大により生じうる被害と対策により生じうる被害や毀損されうる憲法的価値を客観的に検討する社会的姿勢を維持し，そのような姿勢を担保する制度を機能させることは，とりわけ危機が拡大する過程ではおそらく容易いことではない。個々人あるいは社会グループごとに，なにを重視するかにつき合意に至ることも難しいということ自体も認識しておく必要があろう。そうした困難も含めて，インドを事例とした新型コロナウイルス感染症対策の以上の検討は，衛生危機により前景化している，緊張をはらむ様々な関係の構造自体を総合的に把握した上で，個々の論点と向かい合うことの重要性を示している。

【注】

1）本章は基本的に2021年9月末までに閲覧しえた資料に基づく。

2）失業し苦境に陥った出稼ぎ労働者が数千キロも徒歩で帰郷するなどの事態が生じた。その数は少なく見積もっても3千万人，都市出稼ぎ労働者の20％ほどと報道されている（“Explained: How many migrant workers displaced? A range of estimates”, *The Indian Express*, 8 June 2020）。

3）例えば，“Covid deaths due to oxygen shortage no less than genocide: Allahabad High Court”, *The Indian Express*, 5 May 2021.

4）統計はOur World in Data（https://ourworldindata.org/coronavirus）を参照している。数値の正確性は留保しておく必要があるが，2021年11月1日時点でのインドの新型コロナによる死者数はアメリカの747,597人に次ぐ458,880人，100万人当たりの死者は約330人であり，アメリカの約2,246人に比較すると少ないが，日本の約145人と比較すると2倍以上である。

5）インドにおけるスペイン風邪流行の分析については脇村（2002）の第4章を参照。なお南アジア地域の次に被害が大きかったアメリカでも死者数は100万人以下と推定されている。

6）Baxi, Upendra “Exodus Constitutionalism”, *India Forum*, 3 July 2020.
https://www.theindiaforum.in/article/exodus-constitutionalism（最終閲覧日：2021年11月1日）。また，新型コロナウイルス感染症対策に関する各国の憲法問題については，たとえば大林編（2021）を参照。

7）2011年時点でインドは22.5％の貧困率である（一人一日消費支出1.90ドル[2011 PPP]基準）。World Development Indicator（https://databank.worldbank.org/source/world-development-indicators）を参照。

8）行政権と法の支配の関係については，例えば大浜（2016）を参照。

9）Government of India, Press Information Bureau, Text of PM’s address to the nation on vital aspects relating to the menace of COVID-19 (24.03.2020).

10）関連する公式文書は，Government of India, National Disaster Management Authority, No. 1-20/2020-PP (pt.II) (24.03.2020) Order, Government of India, Ministry of Home Affairs, No. 40-3/2020-DM-I(A) (24.03.2020) Order. ロックダウンのガイドラインは，Annexure to Ministry of Home Affairs Order No. 40-3/2020-D dated 24.03.2020.

11）Tandon, Kunal “Coronavirus: The legal framework behind lockdown, curfew, and quarantine”, *Bar and Bench*, 29 March 2020.
https://www.barandbench.com/columns/coronavirus-the-legal-framework-behind-lockdown-curfew-and-quarantine（最終閲覧日：2021年11月1日）

12）インド憲法についてより詳しくは，例えばBhansali（2014）を参照。邦語では，憲法全文を翻訳し解説を加えた孝忠・浅野（2018）を参照。

13）憲法21条の解釈の変遷についてより詳しくは，Cassels（1989），Ullah and Uzar（2011），邦語では安田（2021）を参照。

14）*Maneka Gandhi v. Union of India,* All India Reporter (AIR) 1978 Supreme Court (SC) 597, *Francis Coralie Mullin v. The Administrator, Union Territory of Delhi,* AIR 1981 SC 746.

15）もともと「武装反乱」は「国内の混乱（internal disturbance）」という文言であったが，この要件により発動された非常事態宣言下で，当時の政権に批判的な勢力の拘禁や言論の自由への弾圧が行われたため，1977年の憲法第44次改正で改正された。孝忠・浅野（2018）を参照。

16）以下の関連法令についてより詳しくは，たとえばNomani and Tahreem (2020), Gowd et al. (2021) を参照。

17）Daniyal, Shoaib "Can the Centre bypass the states and declare a lockdown?", *Scroll. in,* 26 March 2020.
https://scroll.in/article/957239/can-the-union-government-bypass-the-states-and-declare-a-lockdown（最終閲覧日：2021年11月1日）

18）Government of India, Ministry of Home Affairs, No. 33-4/2020-NDM-I (14.03.2020).

19）前掲注10の公式文書。

20）2020年中の経済的な措置についてより詳しくは，邦語では例えば近藤・佐藤（2021）を参照。

21）2021年10月時点の為替レート。なお，貧困線の月支出は，都市と農村で異なるが，おおよそ1,500円から2,000円強ほどである。

22）Government of India, Press Information Bureau, Press Release (Release ID: 1730963), 28 June 2021.

23）Daniyal（前掲注17）。そのほか，例えば，Bhatia, Gautama "COVID-19 and courts symposium: India: Covid-19, the executive, and the judiciary", *OpinioJuris,* 26 July 2021.
http://opiniojuris.org/2021/07/26/covid-19-and-courts-symposium-india-covid-19-the-executive-and-the-judiciary/（最終閲覧日：2021年11月1日）

24）"Coronavirus: PM should have consulted State govts. before announcing lockdown, says Chhattisgarh CM Bhupesh Baghel", *The Hindu,* 31 March 2020.

25）例えば，Ghose, Sanjoy "Is the national lockdown in India constitutionally valid?", *The Wire,* 28 March 2020.
https://thewire.in/law/is-the-national-lockdown-in-india-constitutionally-valid（最終閲覧日：2021年11月1日）

26）例えば，Kumar and Choudhury（2021）を参照。邦語でも，例えば湊一樹「世界最大のロックダウンはなぜ失敗したのか：コロナ禍と経済危機の二重苦に陥るインド」『IDEスクエア』2020年7月。
http://hdl.handle.net/2344/00051797（最終閲覧日：2021年11月1日）

27）例えば，Venkataramakrishnan, Rohan "As India is battered by severe Covid-19 second wave, where is Narendra Modi and his government?", *Scroll. in,* 16 April 2021.
https://scroll.in/article/992402/as-india-is-battered-by-severe-covid-19-second-wave-

where-is-narendra-modi-and-his-government（最終閲覧日：2021年11月1日）

28）コロナ禍ということもあり，判例集へのアクセスが執筆時ではまだ難しいものもあり，その場合には基本的にBhatia（前掲注23）に言及のある裁判例につき，現地の新聞等でクロスチェックして確認している。

29）イギリスの大権令状に由来する，この上位裁判所の権限の歴史的展開についてより詳しくは佐藤（2020）を参照。

30）"Safe return: On migrant worker distress", *The Hindu,* 27 April 2020. "Payment of minimum wages to migrant workers: SC leaves decision to centre", *The Time of India,* 21 April 2020.

31）*In Re: Regarding Closure of Mid-Day Meal Scheme,* Suo Motu Writ Petition (Civil) No. 2/2020, 18 March 2020.

32）"Odisha HC modifies order; Allows elderly & handicapped people to use vehicles during lockdown", *Business Standard,* 10 April 2020.

33）"Why a recent Karnataka High Court order is compulsory reading in Covid times", *The Indian Express,* 22 May 2020.

34）*Suo Motu v. State of Gujarat,* Writ Petition (PIL) No. 42/2020, 29 May 2020. "Civil hospital worse than dungeon, says Gujarat HC", *The Indian Express,* 24 May 2020.

35）"Movement of persons involved in essential service to be allowed in Lockdown: Haryana to Delhi High Court", *The Economic Times,* May 14 2020.

36）Jacob, Jeemon "Kerala backs out of Sprinklr deal, cancels controversial pact over privacy issues", *India Today,* 21 May 2020.
https://www.indiatoday.in/india/story/kerala-sprinklr-deal-covid-19-pinarayi-vijayan-high-court-1680484-2020-05-21（最終閲覧日：2021年11月1日）

37）"Was the lockdown constitutional? Gujarat HC asks Centre to respond to plea", *Business Standard,* 02 June, 2020. その後どのように訴訟が展開したかは確認できなかった。

38）"'Last resort': Desperate for oxygen, Indian hospitals go to court", *Mint,* 04 May 2021.

39）*In Re: Distribution of Essential Supplies and Services During Pandemic,* Suo Motu Writ Petition (Civil) No. 3 of 2021, Order (30 April 2021), Order (31 May 2021)

40）前掲注39のOrder (31 May 2021), Paragraph 17.

41）インド最高裁はこの法理を1950年以来用いていると述べている（*Om Kumar v. Union of India,* AIR 2000 SC 669）。行政活動に対する比例原則に基づく司法審査の考察については，例えば須藤（2008）を参照。

42）ハイエク（2021: 145）。

43）ハイエク（2021: 164）。

44）インドにおけるヒンドゥ至上主義的な傾向の拡大と新型コロナウイルス感染症対策との関係については，例えば中溝（2020）を参照。

45）エンタイトルメント概念についてより詳しくは，セン（2000），邦語では絵所（2001）

を参照。

参考文献

絵所秀紀 2001「後期アマルティア・センの開発思想」『経済志林』69(2), 155-192.

大浜啓吉 2016『「法の支配」とは何か：行政法入門』岩波新書。

大林啓吾編 2021『コロナの憲法学』弘文堂。

孝忠延夫・浅野宜之 2018『インドの憲法（新版）：「国民国家」の困難性と可能性』関西大学出版部。

近藤則夫・佐藤創 2021「新型コロナウイルス禍に苦慮するモディ政権：2020年のインド」『アジア動向年報』(2021年版), 459-490.

佐藤創 2020『試される正義の秤：南アジアの開発と司法』名古屋大学出版会。

須藤陽子 2008「比例原則と違憲審査基準」『立命館法学』(321・322), 265-278.

セン，アマルティア 2000（黒崎卓・山崎幸治訳）『貧困と飢饉』岩波書店。

中溝和弥 2020「コロナ禍と惨事便乗型権威主義：インドの試練」『国際問題』(697), 15-26.

ハイエク，フリードリヒ・A 2021（気賀健三・古賀勝次郎訳）『自由の条件：１自由の価値』春秋社。

安田信之 2021「インドにおける「社会権」の生成過程（１）（２）」『ノモス』(48), 1-22, (49) 近刊。

脇村孝平 2002『飢饉・疫病・植民地統治：開発の中の英領インド』名古屋大学出版会。

Bhansali, Sanwat Raj 2014 *The Constitution of India*, 2nd edition, New Delhi: Universal Law Publishing.

Cassels, Jamie 1989 "Judicial Activism and Public Interest Litigation in India: Attempting the Impossible", *The American Journal of Comparative Law*, 37(3), 495-519.

Gowd, Kiran Kumar, Donthagani Veerababu and Veeraiahgari Revanth Reddy 2021 "COVID-19 and the Legislative Response in India; The Need for a Comprehensive Health Care Law", *Journal of Public Affairs*, 21(4) e2669, http://doi.org/10.1002/pa.2669, 1-8.

Kumar, Shailendra and Sanghamitra Choudhury 2021 "Migrant Workers and Human Rights: A Critical Study on India's Covid-19 Lockdown Policy", *Social Sciences and Humanities Open*, 3(1) 100130, https://doi.org/10.1016/j.ssaho.2021.100130, 1-8.

Nomani, M.Z.M. and Madiha Tahreem 2020 "Constitutionality and Legality of Corona Virus (COVID-19) in India: Limits of Sanction and Extent of Liberation", *International Journal on Emerging Technologies*, 11(3), 14-18.

Ullah, Aman and Samee Uzair 2011 "Right to Life as Basic Structure of Indian Constitution", *South Asian Studies*, 26(2), 393-399.

（佐藤　創）

索　引

ナ

ハ

マ

ヤ

ラ

ワ

《著者紹介》(執筆順)

石川良文（担当：第１章，第３章）
※編著者紹介参照

大八木英夫（担当：第２章）
南山大学総合政策学部 准教授　自然地理学，水文学，環境科学
【主要業績】（共著）“Seasonal Changes in Water Quality as Affected by Water Level Fluctuations in Lake Tonle Sap, Cambodia.” *Geographical Review of Japan*, Series B. 90-2, 2017, pp.53-65.

澁谷英樹（担当：第４章）
南山大学総合政策学部 准教授　財政学
【主要業績】（単著）「海外との税率差がわが国の法人実効税率に与える影響：税効果会計に関する注記を用いた推計」『税に関する論文入選論文集』第14巻，pp.49-89.

前田洋枝（担当：第５章）
南山大学総合政策学部 准教授　社会心理学
【主要業績】（共著）「社会的リスク管理における市民参加とエンパワーメント」広瀬幸雄(編)『リスクガヴァナンスの社会心理学』ナカニシヤ出版，2014年，pp.155-174.

狭間諒多朗（担当：第６章）
南山大学総合政策学部 講師　社会学，若者論
【主要業績】（共編著）『分断社会と若者の今』大阪大学出版会，2019年.

三輪まどか（担当：第７章）
南山大学総合政策学部 教授　社会保障法
【主要業績】（単著）『契約者としての高齢者』信山社，2019年.

クロッカー・ロバート（担当：第８章）
南山大学総合政策学部 教授　比較社会学
【主要業績】（共編著）*Qualitative Research in Applied Linguistics: A Practical Introduction*, Palgrave, 2009.

鶴見哲也（担当：第９章）
南山大学総合政策学部 准教授　環境経済学，幸福学
【主要業績】（共著）『幸福の測定―ウェルビーイングを理解する』中央経済社，2021年.

オコネル・ショーン（担当：第10章）
南山大学総合政策学部 教授　異文化間コミュニケーション学，多国籍職場コミュニケーション対策
【主要業績】（単著）*Negotiating Cultural Intelligence: An Investigation of Australian Expatriate and Japanese Local Staff Intercultural Workplace Communication*, CreateSpace, 2017.

山田哲也（担当：第11章）
南山大学総合政策学部 教授　国際法，国際機構論
【主要業績】（単著）『国際機構論入門』東京大学出版会，2018年.

佐藤　創（担当：第12章）
南山大学総合政策学部 教授　開発経済学，国際経済論，国際開発論
【主要業績】（単著）『試される正義の秤:南アジアの開発と司法』名古屋大学出版会，2020年.

神田すみれ（担当：第８章）
愛知県立大学 多文化共生研究所 客員共同研究員
【主要業績】（単著）「外国人労働者と企業におけるコミュニケーション」『共生の文化研究』第13号，2019，pp.60-64.

Tithipongtrakul Nontachai（担当：第３章）
(株) Create-C 社会経済コンサルタント
【主要業績】（共著）「東日本大震災の復旧・復興事業による地域経済の効果」『土木学会論文集』第76巻第５号，2021年，pp.165-172.

《編著者紹介》

石川良文（いしかわ　よしふみ）担当：第1章，第3章
南山大学総合政策学部　教授
専門は，地域経済学，都市環境政策，政策評価　博士（工学）
岐阜大学卒業後，㈱東海総合研究所（現：三菱UFJリサーチ＆コンサルティング），富士常葉大学（現常葉大学）を経て現職
VU University Amsterdam客員研究員（2010年～2011年）
名古屋大学未来社会創造機構客員教授（2020年～）
環太平洋産業連関分析学会副会長（2022年4月～）
内閣府「経済・財政一体改革推進委員会」評価・分析WG及び国と地方のシステムWG委員の他，国土交通省，愛知県，名古屋市など国・自治体の政策関連の各種委員を歴任。

【主要著書】
『大震災からの復興と地域再生のモデル分析』（共著）文眞堂，2014年.
『環境政策統合ー日欧政策決定過程の改革と交通部門の実践ー』（共著）ミネルヴァ書房，2013年.
『地域公共交通政策の新展開』（共著）勁草書房，2022年.
「Economic Impact Analysis of Installing Renewable Energy：A Multiregional Input-Output Model for a Small Region and the Rest of the Country」『A Broad View of Regional Science：Essays in Honor of Peter Nijkamp』（共著）Springer, 2021年
など

（検印省略）

2022年3月30日　初版発行　　略称：コロナ

コロナの影響と政策
―社会・経済・環境の観点から―

編著者　石　川　良　文
発行者　塚　田　尚　寛

発行所　東京都文京区春日2－13－1　株式会社　創　成　社

電　話 03（3868）3867　　ＦＡＸ 03（5802）6802
出版部 03（3868）3857　　ＦＡＸ 03（5802）6801
http://www.books-sosei.com　振　替 00150-9-191261

定価はカバーに表示してあります。

ISBN978-4-7944-3233-9 C3033
Printed in Japan

組版：でーた工房　印刷：エーヴィスシステムズ
製本：エーヴィスシステムズ
落丁・乱丁本はお取り替えいたします。

経済学選書

コロナの影響と政策 —社会・経済・環境の観点から—	石川良文	編著	2,700円
テキストブック租税論	篠原正博	編著	3,200円
テキストブック地方財政	篠原正博 大澤俊一 山下耕治	編著	2,500円
財政学	望月正光 篠原正博 栗林隆 半谷俊彦	編著	3,100円
復興から学ぶ市民参加型のまちづくりⅡ —ソーシャルビジネスと地域コミュニティ—	風見正三 佐々木秀之	編著	1,600円
復興から学ぶ市民参加型のまちづくり —中間支援とネットワーキング—	風見正三 佐々木秀之	編著	2,000円
地方創生 —これから何をなすべきか—	橋本行史	編著	2,500円
地方創生の理論と実践 —地域活性化システム論—	橋本行史	編著	2,300円
地域経済活性化とふるさと納税制度	安田信之助	編著	2,000円
日本経済の再生と国家戦略特区	安田信之助	編著	2,000円
地域発展の経済政策 —日本経済再生へむけて—	安田信之助	編著	3,200円
福祉の総合政策	駒村康平	編著	3,200円
環境経済学入門講義	浜本光紹	著	1,900円
マクロ経済分析 —ケインズの経済学—	佐々木浩二	著	1,900円
ミクロ経済学	関谷喜三郎	著	2,500円
入門経済学	飯田幸裕 岩田幸訓	著	1,700円
マクロ経済学のエッセンス	大野裕之	著	2,000円
国際公共経済学 —国際公共財の理論と実際—	飯田幸裕 大野裕之 寺崎克志	著	2,000円
国際経済学の基礎「100項目」	多和田眞 近藤健児	編著	2,500円
ファーストステップ経済数学	近藤健児	著	1,600円

（本体価格）